大数据解构
青年律师的困惑与期待

2022年深圳青年律师执业状况调研报告

深圳市律师协会 / 编著

Explication with Big Data: Difficulties and Expectations of Young Lawyers

Research Report on the Status of Practices of Young Lawyers in Shenzhen in 2022

法律出版社
LAW PRESS · CHINA
北京

图书在版编目(CIP)数据

大数据解构青年律师的困惑与期待：2022年深圳青年律师执业状况调研报告／深圳市律师协会编著. -- 北京：法律出版社，2023
ISBN 978-7-5197-7563-6

Ⅰ. ①大… Ⅱ. ①深… Ⅲ. ①律师-工作-调查报告-深圳-2022 Ⅳ. ①D926.5

中国国家版本馆CIP数据核字(2023)第027632号

大数据解构青年律师的困惑与期待
——2022年深圳青年律师执业状况调研报告
DASHUJU JIEGOU QINGNIAN LÜSHI DE KUNHUO YU QIDAI
— 2022 NIAN SHENZHEN QINGNIAN LÜSHI ZHIYE ZHUANGKUANG DIAOYAN BAOGAO

深圳市律师协会 编著

策划编辑 朱轶佳
责任编辑 朱轶佳
装帧设计 鲍龙卉

出版发行 法律出版社
编辑统筹 司法实务出版分社
责任校对 韩梦超
责任印制 胡晓雅
经　　销 新华书店

开本 710毫米×1000毫米 1/16
印张 18.5　**字数** 270千
版本 2023年3月第1版
印次 2023年3月第1次印刷
印刷 唐山玺诚印务有限公司

地址：北京市丰台区莲花池西里7号(100073)
网址：www.lawpress.com.cn
投稿邮箱：info@lawpress.com.cn
举报盗版邮箱：jbwq@lawpress.com.cn

销售电话：010-83938349
客服电话：010-83938350
咨询电话：010-63939796

书号：ISBN 978-7-5197-7563-6　**定价**：98.00元
凡购买本社图书，如有印装错误，我社负责退换。电话：010-83938349

编 委 会

深耕细作正当时，抱定初心期未来

梁启超曾言：少年强则国强。故今日之责任，不在他人，而全在我少年。

青年，如骄阳初升、斑斓绚丽的年龄。

青年律师是律师行业发展的基石，是律师行业不断延续发展的生力军和希望所在。深圳市律师协会一直以来高度重视青年律师的队伍建设和发展，陆续采取一系列措施，积极探讨青年律师的生存之道、发展之道。此次，深圳市律师协会开展的青年律师生存与发展调研，由其青年律师工作委员会专门成立课题组对深圳市青年律师的执业现状、困境与期待进行了调研并形成报告，我有幸见证该报告的出炉，既激动又欣慰。

正所谓"无青春，不未来！"青年律师思维活跃，富有激情，学习能力强，承担着越来越多的基础性法律服务工作，在服务经济社会发展、保障群众合法权益，维护社会公平正义、促进社会和谐方面都发挥着越来越重要的作用。这报告，载赋深情，承载着深圳律师行业对青年律师的关怀、支持和期望，相信深圳青年律师未来可期！

发人深省，调研和总结为我们提供了青年律师生存发展状况最鲜活的一手资料，对于我们司法行政部门、律师协会、律师事务所以及青年律师个人都有很强的指导意义，促使我们对青年律师的成长与发展有更深入的思考，为推动青年律师培养、扶持工作指明方向。

催人奋进，我们倾听到了青年律师的心声，感受到了他们执业的困惑，但困难也是挑战，它绝不会遮蔽已经行进在路上的青年律师们的熠熠光芒！一批又一批青年律师人才已经涌现。我们的青年律师要坚定初心，有“生如逆旅，一苇以航”的气度，深耕细作，锲而不舍，久久为功！

时代正好，深圳又是沃土，有阳光雨露，有辛勤的园丁，更有良种——青年律师。毫末必能长成合抱之木！

深圳市司法局党委书记、局长　蒋小文

二〇二三年一月三十一日

前言 Foreword

习近平总书记指出："青年一代有理想、有本领、有担当，国家就有前途，民族就有希望，实现我们的发展目标就有源源不断的强大力量。"深圳40周岁以下的青年律师占比已超过61%，律师行业青年职业人才已然成为深圳法治城市建设的生力军，也是深圳律师业未来振兴的中流砥柱。

青春是多彩的。红色是底色，绿色是本色，蓝色是特色。首先，青春是红色的，它激情澎湃，热情似火，积极向上。新时代的青年律师政治坚定，拥护中国共产党领导，拥护社会主义法治，底色就是红色的。其次，青春是绿色的，因为绿色是青春的本色，青春就是希望和未来，代表着生命力和新生力，是律师行业的源头活水。最后，青春是蓝色的，蓝色是智慧的颜色。年轻人学习能力强，充满创新精神和创造力，是法治建设的生力军，深圳是海洋城市，也是科技之城，蓝色应当成为深圳青年的特色。

青春是多姿的。在政治上，立场坚定，做政治上的明白人；在专业上，精专淡定，做专业上的内行人；在社会上，大爱心定，做社会上的责任人。

深圳市律师协会秉承"一切以会员为中心"的理念，始终以支持鼓励青年律师队伍发展为重任，开展了包括雏鹰计划、青年律师研修班、青年律师导师团、悦读书活动、青年律师说、单身交友活动等多种形式的青年律师培养活动，深圳青年律师工作已经成为深圳市律师协会的一张闪亮名片。

本次调研也是青年律师工作的重要一环。通过调研，我们收集了2062份调查问卷，并对这些调查问卷进行全面分析、比对和归纳，进一步了解了深圳青年律师的生存现状、问题、困惑与希冀，对于在今后的工作中如何有的放矢地从律师协会、律师事务所和青年律师个人等不同维度开展对青年律师的培养扶持工作积累了第一手资料、打下了坚实基础。本次参与调研和报告撰写的青年律师工作委员会成员不辞辛劳、夜以继日地工作，交出了这份精彩答卷，对他们的辛勤工作表示崇高的敬意！同时，对广大关心、支持和配合本次调研的台前幕后的律师同仁和工作人员表示由衷的感谢！

青年律师兴则律师行业兴，律师行业兴则国家法治兴，青年律师任重而道远。希望广大深圳青年律师能在迷茫挫败时提振信心，在春风得意时冷静克制，在潦倒浮华中坚持梦想、践行信仰。在全面建成社会主义现代化强国的百年目标下，在“双区”驱动、“双区”叠加的宏大背景下，踔厉奋发、不忘初心、砥砺前行，成长为有理想、敢担当、能吃苦、肯奋斗的新时代好青年，担当“政治过硬、勤勉敬业、乐于奉献”的深圳优秀青年律师，用青春的能动力和创造力激荡起深圳律师业振兴的澎湃春潮，用青春的智慧和汗水打拼出一个更加美好的深圳律师业。

深圳市律师协会会长　张　斌

二〇二二年十二月三十一日

目录 Contents

CHAPTER

1

第一章

调研对象、范围及调研方法

一、调研对象及范围

本次深圳青年律师执业状况调研的对象为：在深圳市律师协会注册会员的40周岁（含）以下的社会律师，未包含公职律师、公司律师。

二、调研及数据分析方法

本次深圳青年律师执业状况调研主要采用线上问卷调查、线下走访的调研方法开展。

根据深圳市律师协会发布的《2021年度律师行业发展报告》，截至2021年年底，深圳市40岁以下的律师共10,896人（不含公职律师、公司律师、法律援助律师），占全市律师总人数的约61.04%。其中，30岁（含）以下律师共3747人；30~40岁（含）律师共7149人。

本次线上问卷调查期间为自2022年6月2日起至2022年6月17日止，其间共回收有效问卷2062份，取得超过两成的数据样本。针对有效问卷，通过问卷数据筛查、交叉对比分析、与2018年历史数据对比分析的方式研判后形成调研结果。

深圳市律师协会还通过线下走访的方式，走访了广东卓建律师事务所、广东晟典律师事务所、广东广和律师事务所、北京市盈科（深圳）律师事务所、北京大成（深圳）律师事务所、广东深宝律师事务所、广东坚果律师事务所、广东深展律师事务所等多家律师事务所，通过座谈的形式与律师事务所的管理者沟通交流，了解青年律师面临的执业困境以及青年律师对未来发展的希冀，听取青年律师对律师事务所、律师协会的意见和建议。

CHAPTER

2

第二章

深圳青年律师的执业状况

一、基本情况

（一）年龄

问卷调查显示，本次受访青年律师中，30 岁及以下的有 968 人，占比约为 46.95%；31 ~ 35 岁的有 716 人，占比约为 34.72%；36 ~ 40 岁的有 378 人，占比约为 18.33%。（参见表 2 – 1、图 2 – 1）

表 2 – 1　青年律师年龄统计

选项	小计/人	比例/%
30 岁及以下	968	46.95
31 ~ 35 岁	716	34.72
36 ~ 40 岁	378	18.33
本题有效填写人数	2062	—

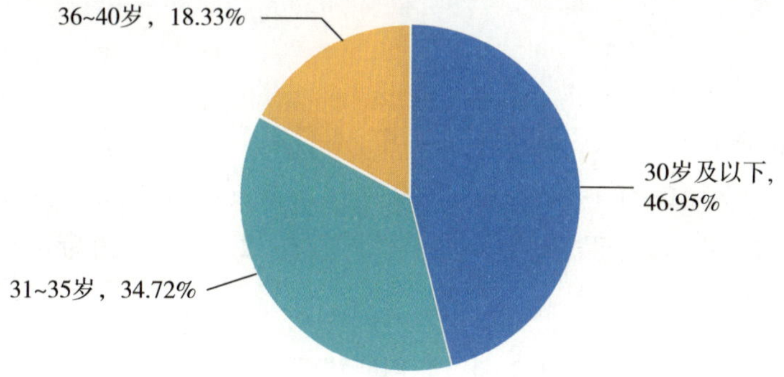

图 2 – 1　青年律师年龄比例示意

（二）性别

问卷调查显示，本次受访青年律师中，男性青年律师有 929 人，占比约为 44.91%；女性青年律师有 683 人，占比约为 55.09%。（参见表 2 – 2、图 2 – 2）

表 2－2　青年律师性别统计

选项	小计/人	比例/%
男	926	44.91
女	1136	55.09
本题有效填写人数	2062	—

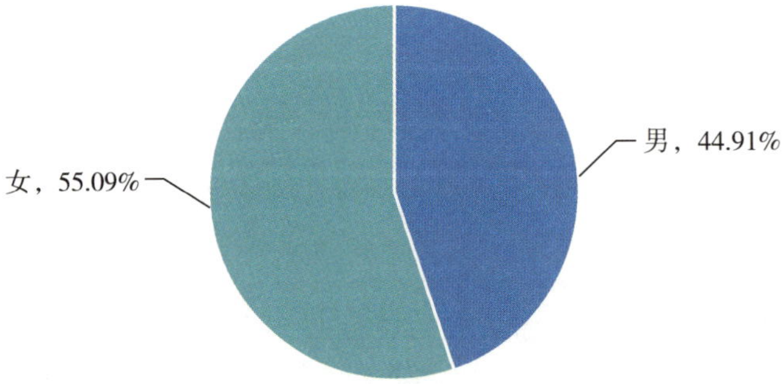

图 2－2　青年律师性别比例示意

（三）学历

问卷调查显示，本次受访青年律师中，本科以下学历的有 16 人，占比约为 0.78%；本科学历的有 1462 人，占比约为 70.90%；硕士研究生学历的有 572 人，占比约为 27.74%；硕士研究生以上学历的有 12 人，占比约为 0.58%。（参见表 2－3、图 2－3）

表 2－3　青年律师学历统计

选项	小计/人	比例/%
本科以下	16	0.78
本科	1462	70.90
硕士研究生	572	27.74
硕士研究生以上	12	0.58
本题有效填写人数	2062	—

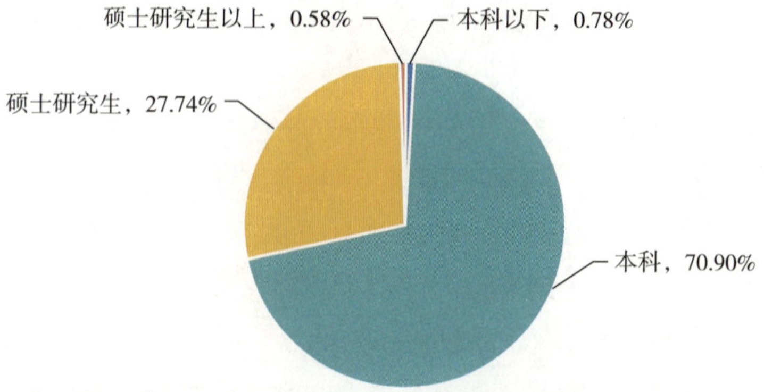

图 2-3　青年律师学历比例示意

（四）体检情况

问卷调查显示，本次受访青年律师中，一年进行一次全面体检的有 629 人，占比约为 30.51%；两三年进行一次体检的有 684 人，占比约为 33.17%；感觉自己很健康，比较少做体检的有 663 人，占比约为 32.15%。还有 86 人选择“其他”，占比约为 4.17%，“其他”选项中填写的内容主要为没有做过体检、没有时间做体检，也有受访者建议应该每年组织体检，有利于健康管理。（参见表 2-4、图 2-4）

表 2-4　青年律师体检情况统计

选项	小计/人	比例/%
一年一次体检	629	30.51
两三年一次体检	684	33.17
感觉自己很健康，比较少做体检	663	32.15
其他	86	4.17
本题有效填写人数	2062	—

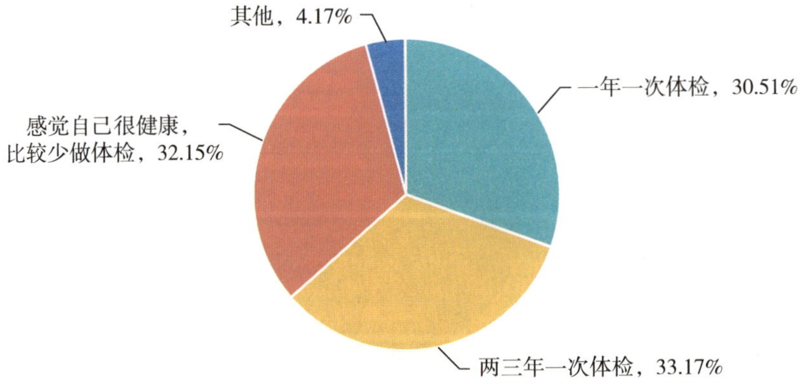

图 2－4　青年律师体检情况比例示意

(五)身体健康状况自评

问卷调查显示，本次受访青年律师自我身体健康状况的评估中，认为自己身体非常健康的有 139 人，占比约为 6.74%；认为自己身体状况良好的有 837 人，占比约为 40.59%；认为自己的身体状况为亚健康的有 833 人，占比约为 40.40%；认为自己身体健康状况一般的有 174 人，占比约为 8.44%；认为自己身体的健康状况为不健康的有 79 人，占比约为 3.83%。（参见表 2－5、图 2－5）

表 2－5　青年律师身体健康状况自评情况统计

选项	小计/人	比例/%
非常健康	139	6.74
良好	837	40.59
亚健康	833	40.40
一般	174	8.44
不健康	79	3.83
本题有效填写人数	2062	—

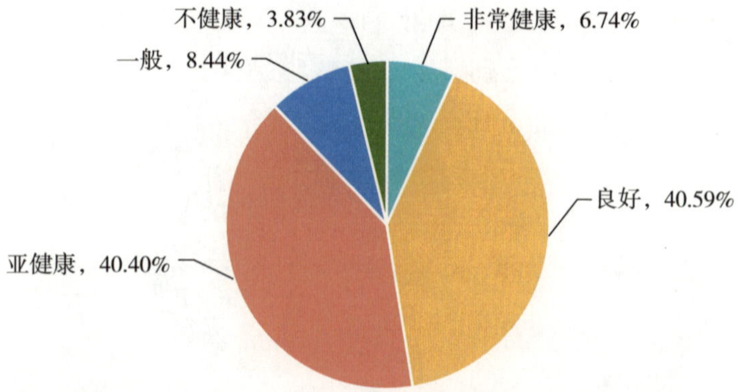

图2-5 青年律师身体健康状况自评情况比例示意

（六）心理健康状况自评

问卷调查显示，本次受访青年律师自我心理健康状况的评估中，认为自己心理健康状况正常的有889人，占比约为43.12%；认为自己心理健康状况不稳定、时好时坏的有466人，占比约为22.60%；感到工作、生活单调的有345人，占比约为16.73%；认为自己工作压力大、很烦躁的有352人，占比约为17.07%；还有10人选择“其他”，占比约为0.48%，“其他”选项中填写的内容主要包含“压力”“焦虑”等关键词。（参见表2-6、图2-6）

表2-6 青年律师心理健康状况自评情况统计

选项	小计/人	比例/%
正常	889	43.12
不稳定、时好时坏	466	22.60
感到工作、生活单调	345	16.73
工作压力大、很烦躁	352	17.07
其他	10	0.48
本题有效填写人数	2062	—

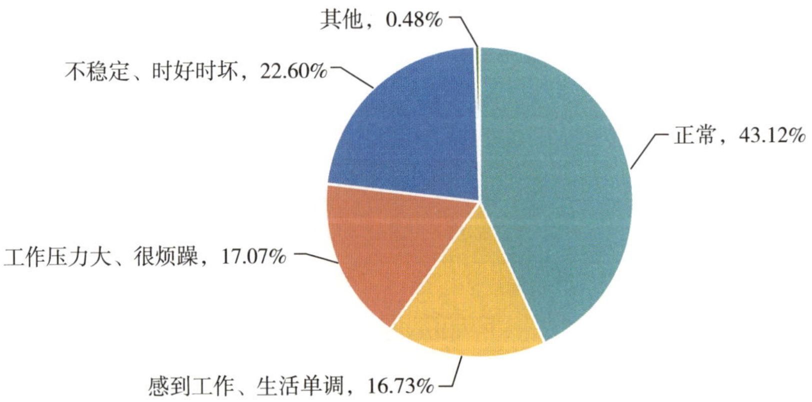

图 2－6　青年律师心理健康状况自评情况比例示意

二、执业状况

(一)执业年限

问卷调查显示，本次受访青年律师中，执业年限为5年及以下的有1571人，占比约为76.18%；执业年限为6～10年的有395人，占比约为19.16%；执业年限为11～15年的有88人，占比约为4.27%；执业年限为16～20年的有8人，占比约为0.39%。可以看出，绝大部分受访青年律师执业年限在10年及以下，合计占比约为95.35%。(参见表2－7、图2－7)

表 2－7　青年律师执业年限统计

选项	小计/人	比例/%
5年及以下	1571	76.18
6～10年	395	19.16
11～15年	88	4.27
16～20年	8	0.39
本题有效填写人数	2062	—

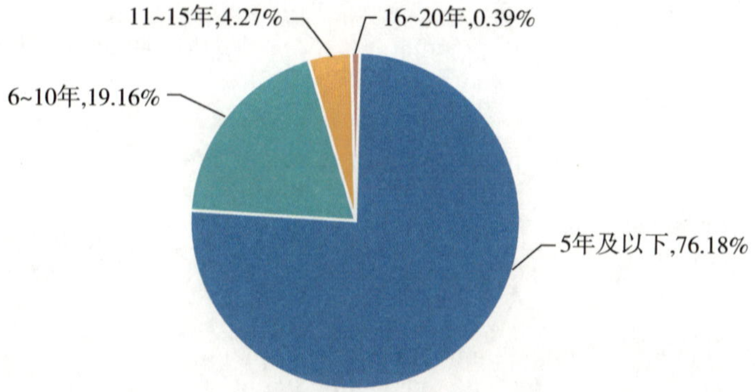

图2－7　青年律师执业年限比例示意

(二)律所职位

问卷调查显示,本次受访青年律师中,在律师职位为主任的有20人,占比约为0.97%;在律所中的职位为合伙人(非主任)的有220人,占比约为10.67%;在律所中的职位为授薪专职律师的有677人,占比约为32.83%;在律所中的职位为非授薪专职律师的有1145人,占比约为55.53%。(参见表2－8、图2－8)

表2－8　青年律师在律所中担任职位统计

选项	小计/人	比例/%
主任	20	0.97
合伙人(非主任)	220	10.67
专职律师(授薪)	677	32.83
专职律师(非授薪)	1145	55.53
本题有效填写人数	2062	—

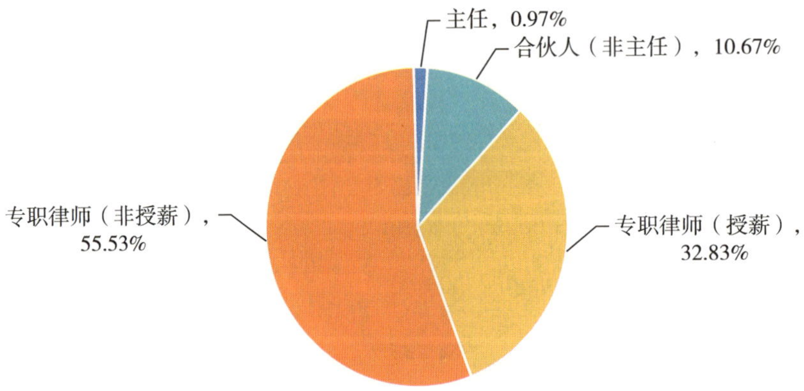

图2－8　青年律师在律所中担任职位比例示意

(三)所在律所的组织形式

问卷调查显示,本次受访青年律师中,在普通合伙所执业的有1442人,占比约为69.93%;在特殊普通合伙所执业的有512人,占比约为24.83%;在个人所执业的有92人,占比约为4.46%;在联营所执业的有16人,占比约为0.78%。(参见表2－9、图2－9)

表2－9　青年律师所在律所组织形式统计

选项	小计/人	比例/%
普通合伙所	1442	69.93
特殊普通合伙所	512	24.83
个人所	92	4.46
联营所	16	0.78
本题有效填写人数	2062	—

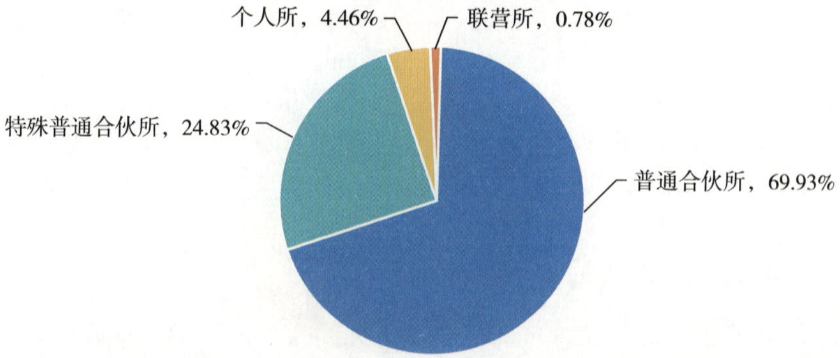

图 2－9　青年律师所在律所组织形式比例示意

（四）所在律所规模

问卷调查显示，本次受访青年律师中，在 10 人及以下规模的律所执业的有 215 人，占比约为 10.42%；在 11～30 人规模的律所执业的有 327 人，占比约为 15.86%；在 31～50 人规模的律所执业的有 148 人，占比约为 7.18%；在 51～100 人规模的律所执业的有 334 人，占比约为 16.20%；在 101 人及以上规模的律所执业的有 1038 人，占比约为 50.34%。（参见表 2－10、图 2－10）

表 2－10　青年律师所在律所规模统计

选项	小计/人	比例/%
10 人及以下	215	10.42
11～30 人	327	15.86
31～50 人	148	7.18
51～100 人	334	16.20
101 人及以上	1038	50.34
本题有效填写人数	2062	—

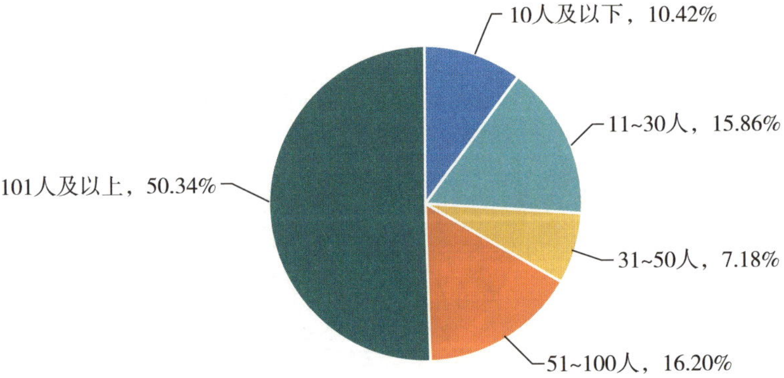

图 2－10　青年律师所在律所规模比例示意

（五）所在律所注册地

问卷调查显示，本次受访青年律师中，所在律所注册地为福田区的有 1275 人，占比约为 61.83%；在南山区的有 242 人，占比约为 11.74%；在龙岗区的有 147 人，占比约为 7.13%；在宝安区的有 145 人，占比约为 7.03%；在罗湖区的有 107 人，占比约为 5.19%；在龙华区的有 78 人，占比约为 3.78%；在坪山区的有 22 人，占比约为 1.07%；在前海合作区的有 21 人，占比约为 1.02%；在光明区的有 13 人，占比约为 0.63%；在盐田区的有 11 人，占比约为 0.53%；在深汕合作区的有 1 人，占比约为 0.05%。本次受访青年律师中，没有所在律所注册地在大鹏新区。（参见表 2－11、图 2－11）

表 2－11　青年律师所在律所注册地统计

选项	小计/人	比例/%
福田区	1275	61.83
南山区	242	11.74
龙岗区	147	7.13
宝安区	145	7.03
罗湖区	107	5.19
龙华区	78	3.78

续表

选项	小计/人	比例/%
坪山区	22	1.07
前海合作区	21	1.02
光明区	13	0.63
盐田区	11	0.53
深汕合作区	1	0.05
大鹏新区	0	0
本题有效填写人数	2062	—

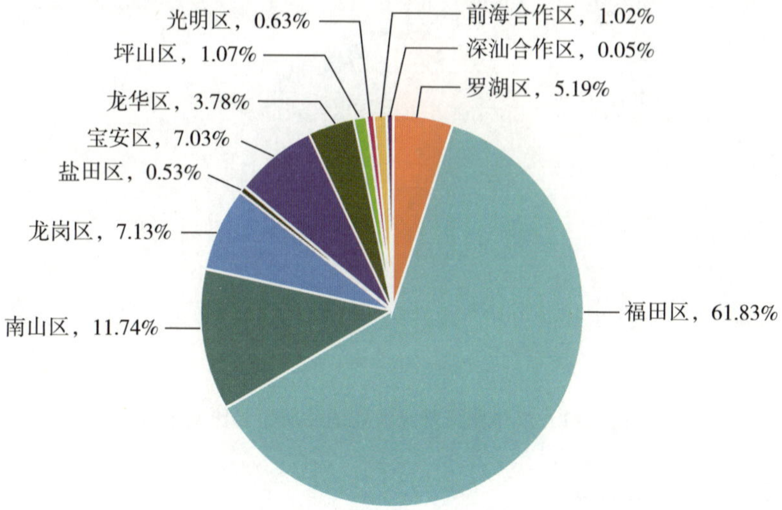

图 2－11　青年律师所在律所注册地比例示意

（六）曾经执业的律所数量

问卷调查显示，本次受访青年律师中，只在 1 家律所执业的有 715 人，占比约为 34.67%；曾在 2 家律所执业的有 804 人，占比约为 38.99%；曾在 3 家律所执业的有 400 人，占比约为 19.40%；曾在 4 家及以上律所执业的有 143 人，占比约为 6.94%。（参见表 2－12、图 2－12）

表 2-12　青年律师曾经执业的律所数量统计

选项	小计/人	比例/%
1 家	715	34.67
2 家	804	38.99
3 家	400	19.40
4 家及以上	143	6.94
本题有效填写人数	2062	—

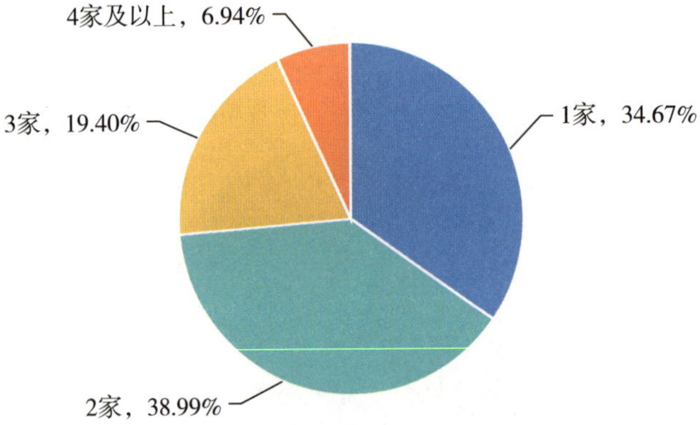

图 2-12　青年律师曾经执业的律所数量比例示意

(七)从事业务类型

问卷调查显示,本次受访青年律师中,目前从事的业务类型为诉讼业务的有 1026 人,占比约为 49.76%;从事非诉业务的有 125 人,占比约为 6.06%;从事综合性业务的有 773 人,占比约为 37.49%;根据律所和指导律师的分配决定业务类型的有 138 人,占比约为 6.69%。可以看出,大部分青年律师主要从事的是诉讼业务和综合性业务。(参见表 2-13、图 2-13)

表 2-13　青年律师从事业务类型统计

选项	小计/人	比例/%
诉讼业务	1026	49.76
非诉业务	125	6.06
综合性业务	773	37.49
根据律所和指导律师的分配决定	138	6.69
本题有效填写人数	2062	—

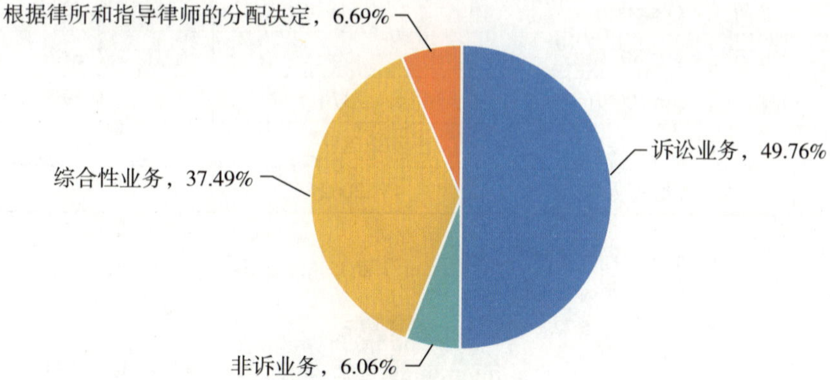

图 2-13　青年律师从事业务类型比例示意

（八）近三年年平均业务营收（税前）

问卷调查显示，本次受访青年律师中，近三年年平均业务营收（税前）在 10 万元及以下的有 607 人，占比约为 29.44%；近三年年平均业务营收（税前）在 10 万元以上 15 万元及以下区间的有 518 人，占比约为 25.12%；近三年年平均业务营收（税前）在 15 万元以上 30 万元及以下区间的有 482 人，占比约为 23.38%；近三年年平均业务营收（税前）在 30 万元以上 45 万元及以下区间的有 169 人，占比约为 8.20%；近三年年平均业务营收（税前）在 45 万元以上 60 万元及以下区间的有 118 人，占比约为 5.72%；近三年年平均业务营收（税前）在 60 万元以上 80 万元及以下区间的有 50 人，占比约为 2.42%；近三年年平均业务营收（税前）在 80 万元以上 100 万元及以下区间的有 37 人，占比约为1.79%；近三年年平均业务营收（税前）在 100 万元以上区间的有 81 人，占比约为 3.93%。由此可以看出，大部分受访

青年律师的年平均业务营收水平集中在30万元以下。（参见表2－14、图2－14）

表2－14　青年律师近三年年平均业务营收（税前）统计

选项	小计/人	比例/%
Q≤10万元	607	29.44
10万元＜Q≤15万元	518	25.12
15万元＜Q≤30万元	482	23.38
30万元＜Q≤45万元	169	8.20
45万元＜Q≤60万元	118	5.72
60万元＜Q≤80万元	50	2.42
80万元＜Q≤100万元	37	1.79
100万元＜Q	81	3.93
本题有效填写人数	2062	—

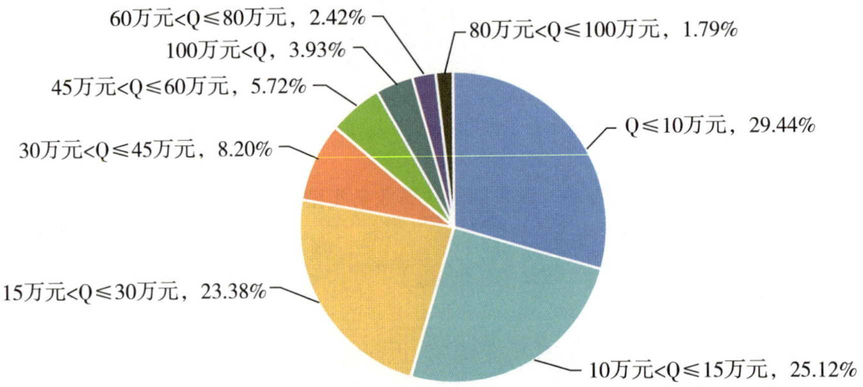

图2－14　青年律师近三年年平均业务营收（税前）比例示意

（九）案件来源的主要方式

问卷调查显示（本问题为多选题），本次受访青年律师中，主要案件来源为亲戚朋友介绍的有1398人，占比约为67.80%；主要案件来源为本所同事介绍的有886人，占比约为42.97%；主要案件来源为外所同行介绍的有381人，占比约为18.48%；主要案件来源为第三方案源平台推荐的有129人，占比约为6.26%；主要案件来源为自寻客户（含自媒体）的有430人，占比约为20.85%；

主要案件来源为原客户介绍的有785人，占比约为38.07%；主要案件来源为法律援助中心指派的有132人，占比约为6.40%；主要案件来源为客户自行上门的有211人，占比约为10.23%；还有135人选择的主要案件来源为“其他”，占比约为6.55%，“其他”选项中填写的内容主要包括“团队案源”“无案源”等关键词。可以看出，亲戚朋友介绍、原客户介绍、本所同事介绍是青年律师最主要的案件来源方式。（参见表2-15、图2-15）

表2-15 青年律师案件来源的主要方式统计

选项	小计/人	比例/%
亲戚朋友介绍	1398	67.80
本所同事介绍	886	42.97
外所同行介绍	381	18.48
第三方案源平台推荐	129	6.26
自寻客户（含自媒体）	430	20.85
原客户介绍	785	38.07
法律援助中心指派	132	6.40
客户自行上门	211	10.23
其他来源	135	6.55
本题有效填写人数	2062	—

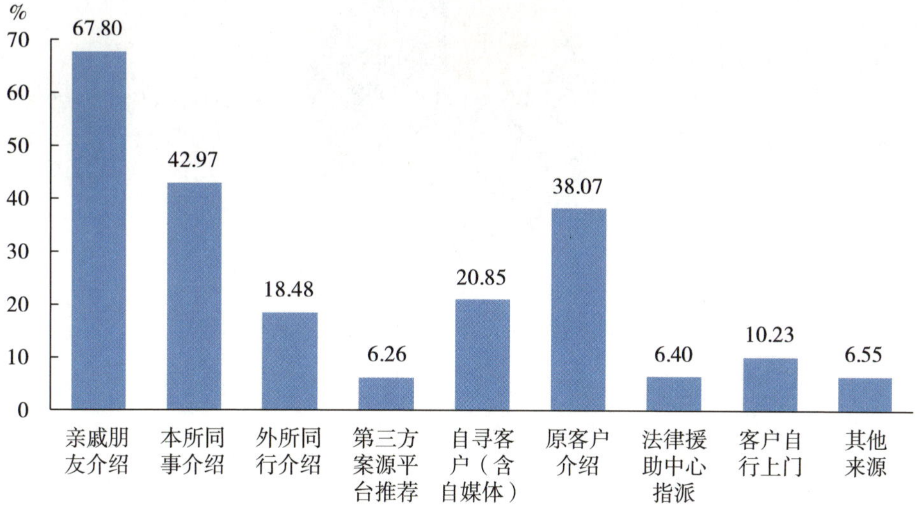

图2-15 青年律师案件来源的主要方式比例示意

（十）近三年年平均执业成本

问卷调查显示，本次受访青年律师中，近三年的年平均执业成本在 50,000 元及以下的有 1140 人，占比约为 55.29%；年平均执业成本在 50,001 ~ 100,000 元的有 592 人，占比约为 28.71%；年平均执业成本在 100,001 ~ 150,000 元的有 150 人，占比约为 7.27%；年平均执业成本在 150,001 元及以上的有 180 人，占比约为 8.73%。（参见表 2 - 16、图 2 - 16）

表 2 - 16　青年律师近三年年平均执业成本统计

选项	小计/人	比例/%
50,000 元及以下	1140	55.29
50,001 ~ 100,000 元	592	28.71
100,001 ~ 150,000 元	150	7.27
150,001 元及以上	180	8.73
本题有效填写人数	2062	—

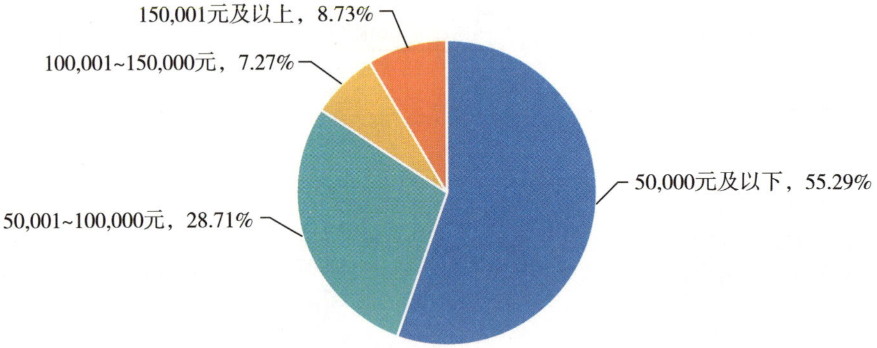

图 2 - 16　青年律师近三年年平均执业成本比例示意

（十一）每月生活成本

问卷调查显示，本次受访青年律师中，每月生活成本（含衣食住行、按揭还贷、住房租金等）在 5000 元及以下的有 370 人，占比约为 17.95%；月生活成本在5001～10,000元的有770人,占比约为37.34%;月生活成本在10,001～20,000元的有469人,占比约为22.74%;月生活成本在20,001元及以上的有453人,占比约为21.97%。(参见表2－17、图2－17)

表2－17　青年律师每月生活成本统计

选项	小计/人	比例/%
5000元及以下	370	17.95
5001～10,000元	770	37.34
10,001～20,000元	469	22.74
20,001元及以上	453	21.97
本题有效填写人数	2062	—

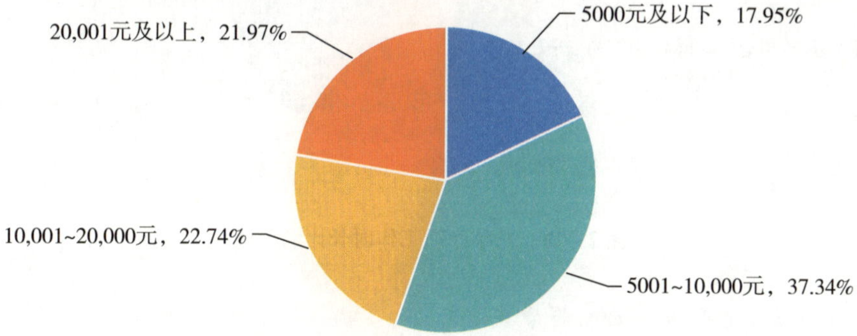

图2－17　青年律师每月生活成本比例示意

(十二)工作时长

问卷调查显示,本次受访青年律师中,每天工作时间基本超过8小时、经常加班的有843人,占比约为40.88%;工作时间一般不超过8小时的有339人,占比约为16.44%;业务不多、工作时间较为宽裕的有405人,占比约为19.64%;不确定、时忙时闲的有475人,占比约为23.04%。(参见表2－18、图2－18)

表 2－18　青年律师工作时长统计

选项	小计/人	比例/%
每天基本超过 8 小时，经常加班	843	40.88
一般不超过 8 小时	339	16.44
业务不多，工作时间较为宽裕	405	19.64
不确定，时忙时闲	475	23.04
本题有效填写人数	2062	—

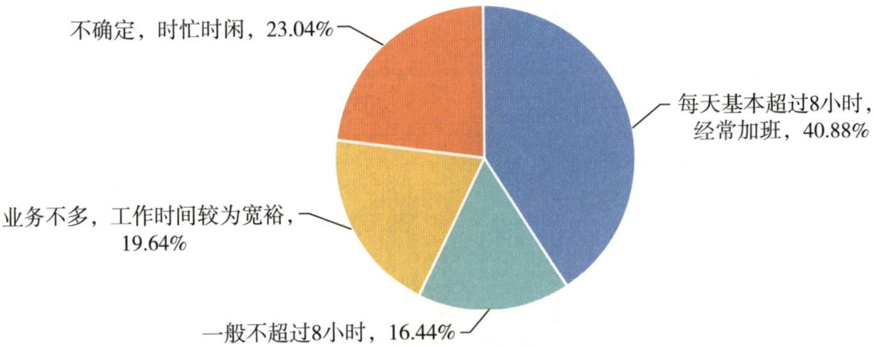

图 2－18　青年律师工作时长比例示意

（十三）自我提升的主要方式

问卷调查显示（本问题为多选题），本次受访青年律师中，选择通过自学专业书籍、文件和司法判例的方式自我提升的有 1924 人，占比约为 93.31%；选择通过同行交流的方式自我提升的有 1595 人，占比约为 77.35%；选择通过实务培训提升的方式自我提升的有 1435 人，占比约为 69.59%；选择通过学历提升的方式自我提升的有 125 人，占比约为 6.06%；还有 21 人选择其他方式自我提升，占比约为 1.02%。（参见表 2－19、图 2－19）

表 2－19 青年律师自我提升的主要方式统计

选项	小计/人	比例/%
自学专业书籍、文件和司法判例	1924	93.31
同行交流	1595	77.35
通过实务培训提升	1435	69.59
学历提升	125	6.06
其他	21	1.02
本题有效填写人数	2062	—

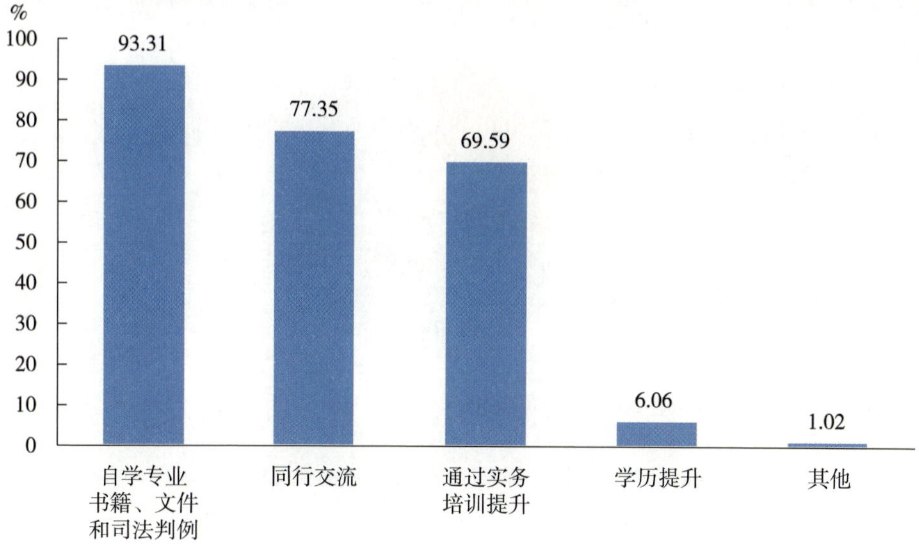

图 2－19 青年律师自我提升的主要方式比例示意

（十四）对所在律所的认同感

问卷调查显示，本次受访青年律师中，对其律所有感情，愿意在该所长期发展的有 684 人，占比约为 33.17%；对其律所有感情，但最多是作为执业平台的有 771 人，占比约为 37.39%；对其律所有感情，但无长期打算，等待时间成熟会选择离开的有 441 人，占比约为 21.39%；已有离开其律所的打算的有 166 人，

占比约为8.05%。(参见表2－20、图2－20)

表2－20　青年对所在律所的认同感情况统计

选项	小计/人	比例/%
很有感情,愿意在该所长期发展	684	33.17
有感情,但最多是作为执业平台	771	37.39
有感情,但无长期打算,等待时机成熟会选择离开	441	21.39
已有离开的打算	166	8.05
本题有效填写人数	2062	—

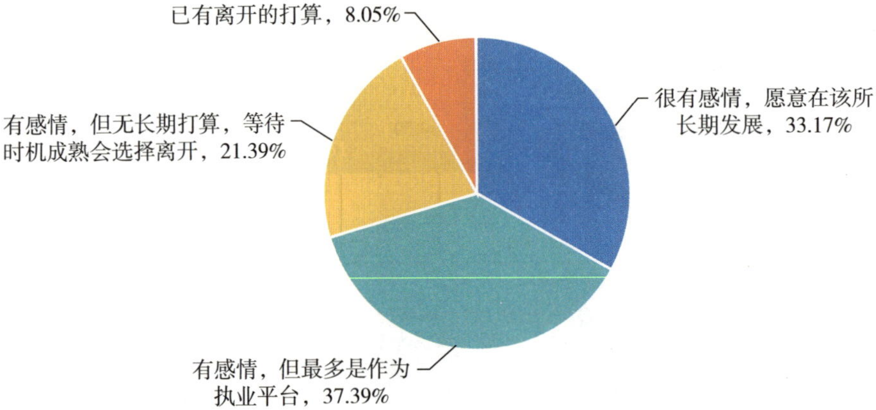

图2－20　青年律师对所在律所的认同感的情况比例示意

(十五)职业发展规划

问卷调查显示,本次受访青年律师中,有过职业发展规划,且很清晰、具体的有474人,占比约为22.98%;有过职业发展规划,但不是很清晰、具体的有1287人,占比约为62.42%;没有目前阶段的职业发展规划的有246人,占比约为11.93%;一直没有职业发展规划的有55人,占比约为2.67%。(参见表2－21、图2－21)

表 2－21 青年律师职业发展规划情况统计

选项	小计/人	比例/%
有过职业发展规划，很清晰、具体	474	22.98
有过职业发展规划，但不是很清晰、具体	1287	62.42
没有目前阶段的职业发展规划	246	11.93
一直没有职业发展规划	55	2.67
本题有效填写人数	2062	—

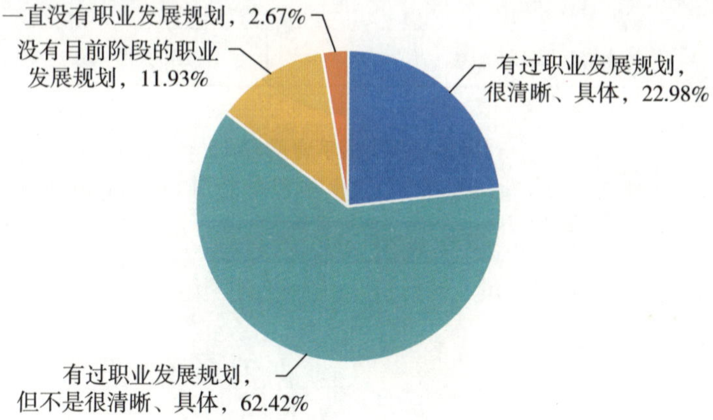

图 2－21 青年律师职业发展规划情况比例示意

（十六）压力来源

问卷调查显示，本次受访青年律师中，目前最大的压力为生活压力的有 282 人，占比约为 13.68%；目前最大的压力为案源压力的有 1152 人，占比约为 55.87%；目前最大的压力为业务压力的有 277 人，占比约为 13.43%；目前最大的压力为对案件结果的压力（胜诉等）的有 192 人，占比约为 9.31%；目前最大的压力为处理与当事人、对方当事人、法官等关系的压力的有 130 人，占比约为 6.30%；还有 29 人选择了其他，占比约为 1.41%。（参见表 2－22、图 2－22）

表 2-22　青年律师压力来源情况统计

选项	小计/人	比例/%
生活压力	282	13.68
案源压力	1152	55.87
业务压力	277	13.43
对案件结果的压力(胜诉等)	192	9.31
处理与当事人、对方当事人、法官等关系的压力	130	6.30
其他	29	1.41
本题有效填写人数	2062	—

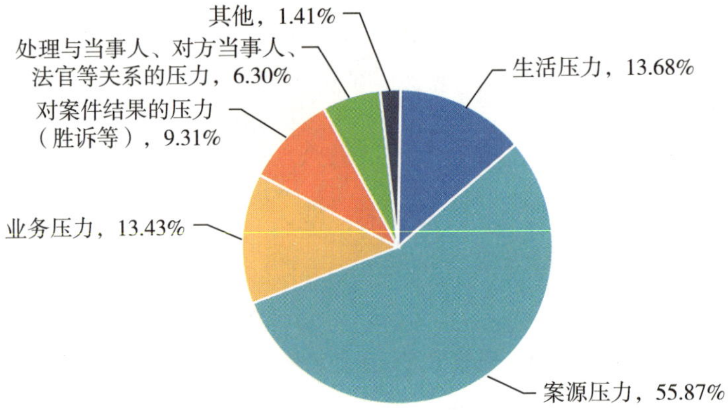

图 2-22　青年律师压力来源情况比例示意

(十七)所在律所青年律师指导机构设立情况

问卷调查显示,本次受访青年律师中,所在律所有专门的青年律师指导机构(如青年工作委员会等)的有 919 人,占比约为 44.57%;所在律所没有专门的青年律师指导机构的有 1143 人,占比约为 55.43%。(参见表 2-23、图 2-23)

表 2－23 青年律师所在律所青年律师指导机构设立情况统计

选项	小计/人	比例/%
有	919	44.57
无	1143	55.43
本题有效填写人数	2062	—

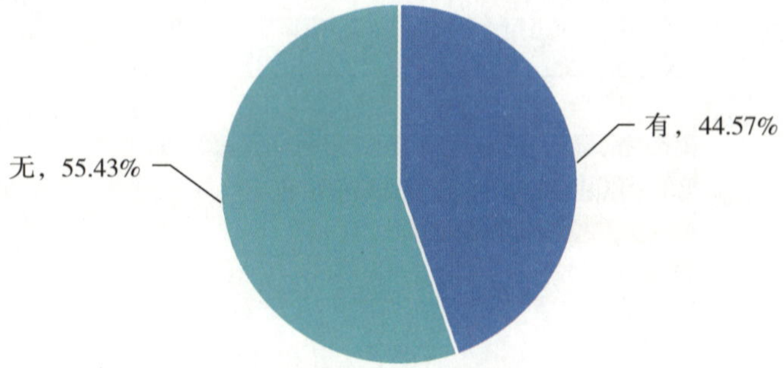

图 2－23 青年律师律所青年律师指导机构设立情况比例示意

三、影响近三年年平均业务营收（税前）的因素

（一）近三年年平均业务营收（税前）与年龄的交叉对比

问卷调查显示，30 岁及以下的青年律师中，近三年的年平均业务营收（税前）在 10 万元及以下的人数占比约为 39.57%，接近四成；31～35 岁青年律师中，年平均业务营收（税前）在 15 万元以上 30 万元及以下的比例最高，约为 25.84%；36～40 岁的青年律师中，虽然年平均业务营收（税前）在 15 万元以上 30 万元及以下的比例也是最高的（20.11%），但与 10 万元及以下收入的青年律师人数的比例（19.84%）相比，差距仅为不到一个百分点。（参见表 2－24、图 2－24）

表 2－24 青年律师近三年年平均业务营收（税前）与年龄的交叉对比统计

单位：人

年龄	近三年年平均业务营收（税前）								答题人数
	Q≤10 万元	10 万元＜Q≤15 万元	15 万元＜Q≤30 万元	30 万元＜Q≤45 万元	45 万元＜Q≤60 万元	60 万元＜Q≤80 万元	80 万元＜Q≤100 万元	100 万元＜Q	
30 岁及以下	383	294	221	44	12	0	1	13	968

续表

年龄	近三年年平均业务营收（税前）								答题人数
	Q≤10万元	10万元<Q≤15万元	15万元<Q≤30万元	30万元<Q≤45万元	45万元<Q≤60万元	60万元<Q≤80万元	80万元<Q≤100万元	100万元<Q	
31~35岁	149	158	185	86	58	30	20	30	716
36~40岁	75	66	76	39	48	20	16	38	378

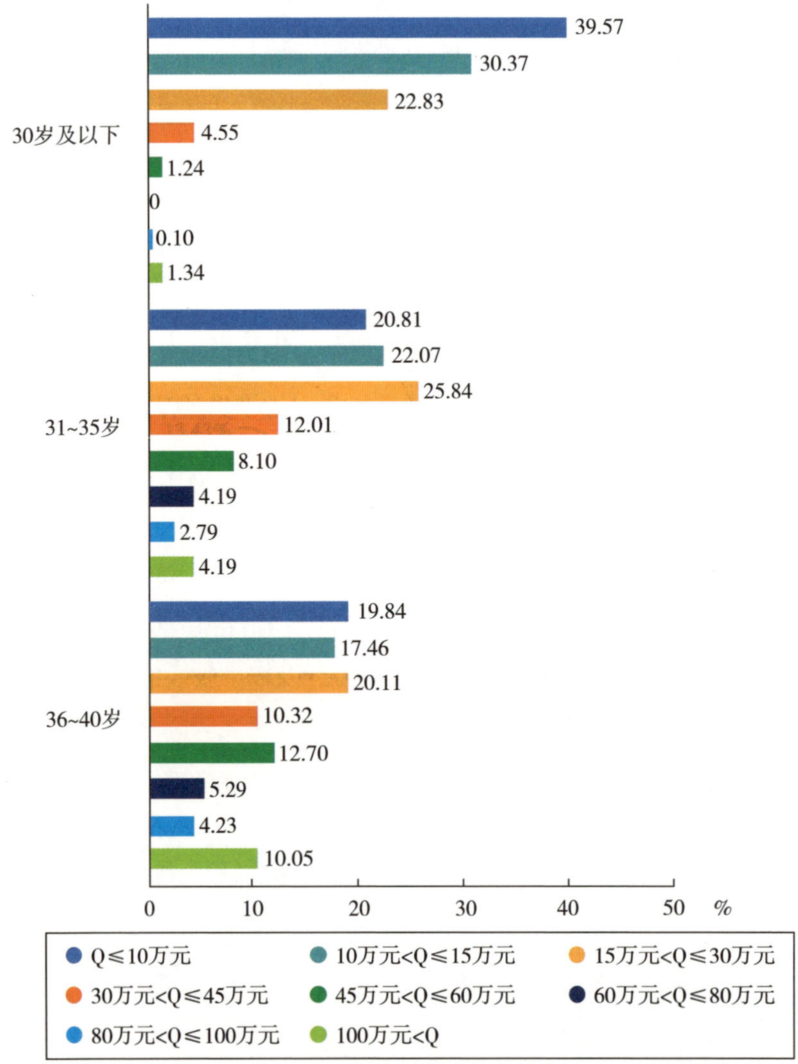

图2-24　青年律师近三年年平均业务营收（税前）与年龄的交叉对比示意

（二）近三年年平均业务营收（税前）与性别的交叉对比

问卷调查显示，无论是男性还是女性，青年律师近三年的年平均业务营收（税前）都集中在30万元及以下，其中，年平均业务营收（税前）在10万元及以下的占比最高。同时，男性青年律师年平均业务营收在15万元及以下的人数比例低于女性青年律师，年平均业务营收在30万元以上的人数比例高于女性青年律师。（参见表2－25、图2－25）

表2－25 青年律师近三年年平均业务营收（税前）与性别的交叉对比统计

单位：人

性别	近三年年平均业务营收（税前）								答题人数
	Q≤10万元	10万元＜Q≤15万元	15万元＜Q≤30万元	30万元＜Q≤45万元	45万元＜Q≤60万元	60万元＜Q≤80万元	80万元＜Q≤100万元	100万元＜Q	
男	249	204	215	94	65	29	19	51	926
女	358	314	267	75	53	21	18	30	1136

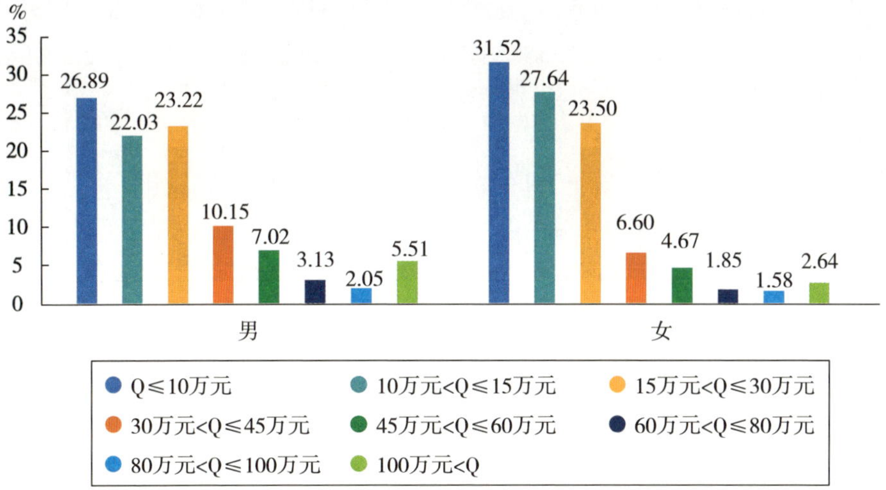

图2－25 青年律师近三年年平均业务营收（税前）与性别的交叉对比示意

(三)近三年年平均业务营收(税前)与执业年限的交叉对比

问卷调查显示,执业年限在5年及以下的青年律师,近三年的年平均业务营收(税前)在10万元及以下的占比是最高的,约为36.48%。执业年限在6~10年的青年律师,年平均业务营收在15万元以上30万元及以下区间的占比是最高的,约为27.09%。执业年限在11~15年的青年律师,年平均业务营收在100万元以上的占比最高,约为29.55%。要说明的是,因执业年限在16~20年的青年律师的样本较少,数据仅供参阅。(参见表2-26、图2-26)

表2-26 青年律师近三年年平均业务营收(税前)与执业年限的交叉对比统计

单位:人

执业年限	近三年年平均业务营收(税前)								答题人数
	Q≤10万元	10万元<Q≤15万元	15万元<Q≤30万元	30万元<Q≤45万元	45万元<Q≤60万元	60万元<Q≤80万元	80万元<Q≤100万元	100万元<Q	
5年及以下	573	458	370	88	42	13	6	21	1571
6~10年	26	52	107	67	59	30	22	32	395
11~15年	7	6	5	13	16	7	8	26	88
16~20年	1	2	0	1	1	0	1	2	8

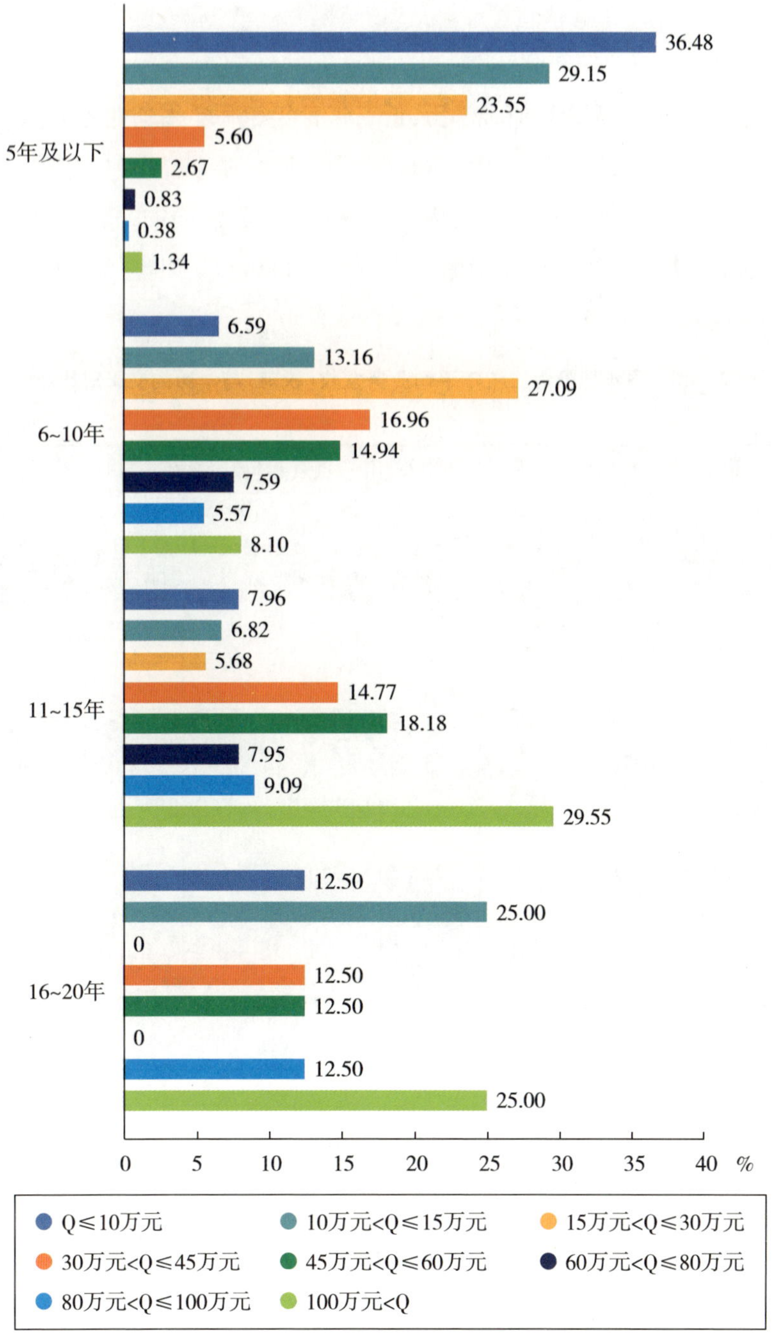

图 2－26　青年律师近三年年平均业务营收（税前）与执业年限的交叉对比示意

(四)近三年年平均业务营收(税前)与学历的交叉对比

问卷调查显示,无论是何种学历,近三年青年律师年平均业务营收(税前)都集中在30万元及以下。其中,本科学历的青年律师占比约为79.89%,硕士研究生学历的青年律师占比约为73.43%。需要说明的是,学历在本科以下、硕士研究生以上的青年律师的样本较少,数据仅供参阅。(参见表2-27、图2-27)

表2-27 青年律师近三年年平均业务营收(税前)与学历的交叉对比统计

单位:人

学历	近三年年平均业务营收(税前)								答题人数
	Q≤10万元	10万元<Q≤15万元	15万元<Q≤30万元	30万元<Q≤45万元	45万元<Q≤60万元	60万元<Q≤80万元	80万元<Q≤100万元	100万元<Q	
本科以下	7	2	3	1	0	0	1	2	16
本科	462	374	332	107	82	31	26	48	1462
硕士研究生	134	141	145	59	36	18	10	29	572
硕士研究生以上	4	1	2	2	0	1	0	2	12

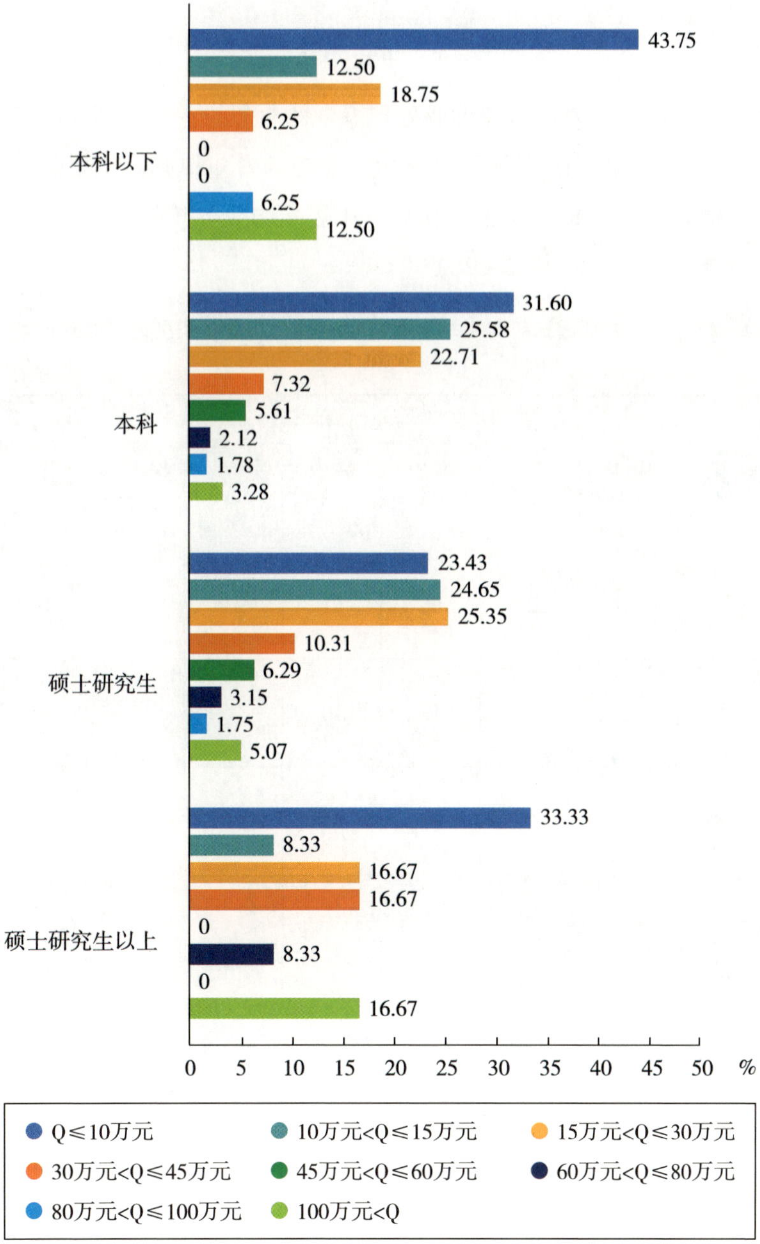

图 2－27 青年律师近三年年平均业务营收(税前)与学历的交叉对比示意

（五）近三年年平均业务营收（税前）与业务类型的交叉对比

问卷调查显示，主要从事非诉业务和综合性业务的青年律师取得较高收入的比例高于主要从事诉讼业务和律所指派业务的青年律师。主要从事诉讼业务的青年律师中有约58.19%的群体近三年年平均业务营收（税前）在15万元及以下。（参见表2－28、图2－28）

表2－28　青年律师近三年年平均业务营收（税前）与业务类型的交叉对比统计

单位：人

业务类型	近三年年平均业务营收（税前）								答题人数
	Q≤10万元	10万元＜Q≤15万元	15万元＜Q≤30万元	30万元＜Q≤45万元	45万元＜Q≤60万元	60万元＜Q≤80万元	80万元＜Q≤100万元	100万元＜Q	
诉讼业务	316	281	229	66	61	23	19	31	1026
非诉业务	28	25	37	13	10	4	1	7	125
综合性业务	188	166	202	88	46	23	17	43	773
根据律所和指导律师的分配决定	75	46	14	2	1	0	0	0	138

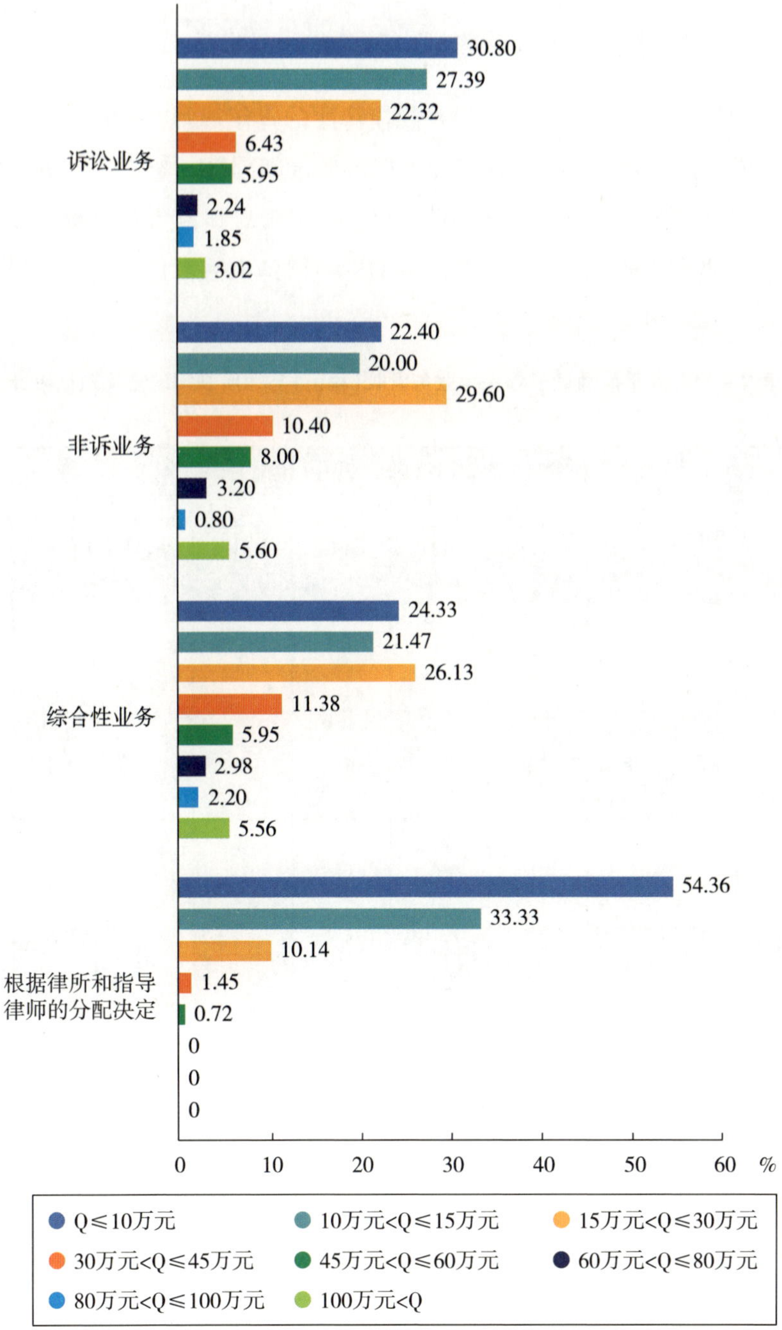

图 2-28　青年律师近三年年平均业务营收(税前)与业务类型的交叉对比示意

(六)近三年年平均业务营收(税前)与律所规模的交叉对比

问卷调查显示,无论是来自何种规模律所的青年律师,其近三年年平均业务营收(税前)大多数集中在30万元及以下的区间,其中,年平均业务营收(税前)在10万元及以下的人数占比均处于高位,但随着律所人员规模的增加,年平均业务营收(税前)在10万元及以下的青年律师人数占比呈总体下降趋势。(参见表2-29、图2-29)

表2-29　青年律师近三年平均业务营收(税前)与律所规模的交叉对比统计

单位:人

律所规模	近三年年平均业务营收(税前)								答题人数
	Q≤10万元	10万元<Q≤15万元	15万元<Q≤30万元	30万元<Q≤45万元	45万元<Q≤60万元	60万元<Q≤80万元	80万元<Q≤100万元	100万元<Q	
10人及以下	89	59	41	13	6	3	2	2	215
11~30人	102	79	86	27	10	8	4	11	327
31~50人	50	42	31	10	8	1	2	4	148
51~100人	94	75	81	33	25	9	8	9	334
101人及以上	272	263	243	86	69	29	21	55	1038

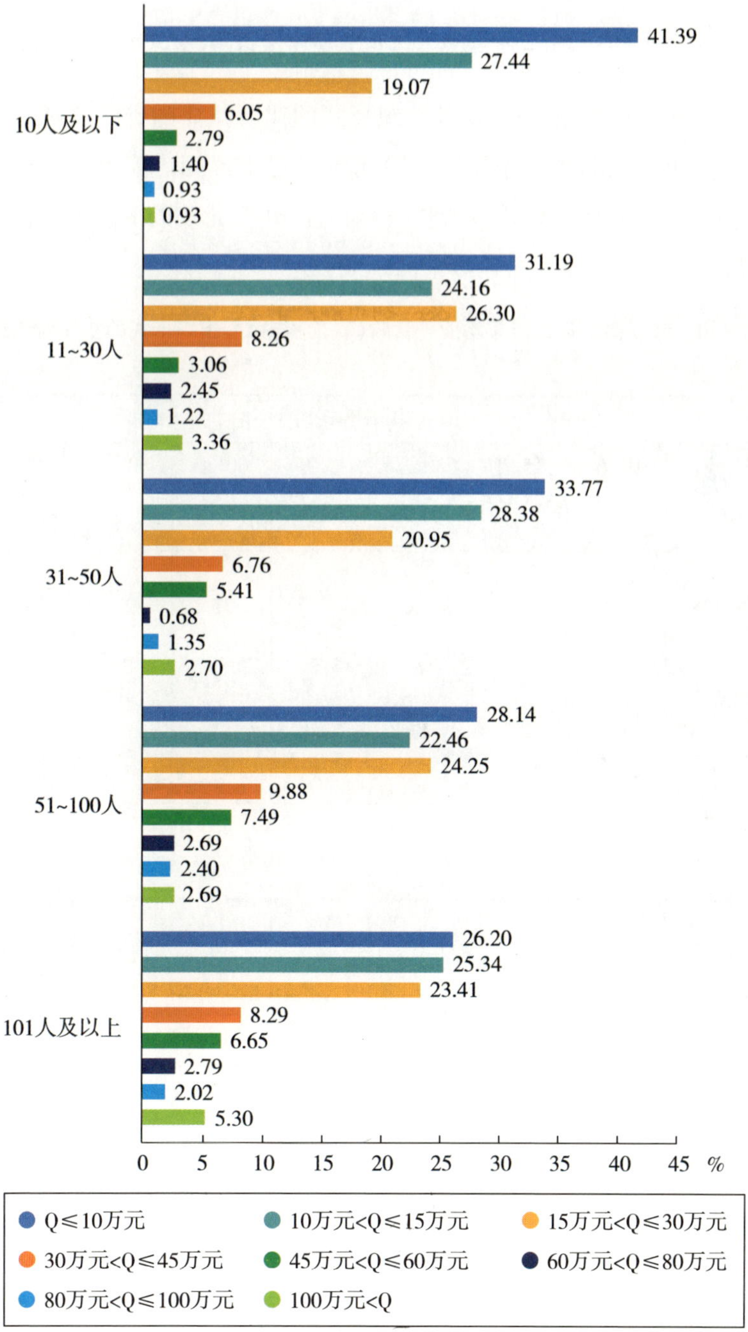

图 2－29　青年律师近三年年平均业务营收（税前）与律所规模的交叉对比示意

(七)近三年年平均业务营收(税前)与律所组织形式的交叉对比

问卷调查显示,无论是在何种组织形式的律所执业的青年律师,大多数人近三年年平均营收(税前)均集中于30万元及以下区间。其中,在个人所执业的受访青年律师中,年平均业务营收(税前)在10万元及以下的人数占比最高,达到约51.09%。(参见表2-30、图2-30)

表2-30 青年律师近三年年均业务营收(税前)与律所组织形式的交叉对比统计

单位:人

律所组织形式	近三年年平均业务营收(税前)								答题人数
	Q≤10万元	10万元<Q≤15万元	15万元<Q≤30万元	30万元<Q≤45万元	45万元<Q≤60万元	60万元<Q≤80万元	80万元<Q≤100万元	100万元<Q	
普通合伙所	438	365	325	126	77	33	27	51	1442
特殊普通合伙所	116	120	143	41	37	17	10	28	512
个人所	47	27	13	2	2	0	0	1	92
联营所	6	6	1	0	2	0	0	1	16

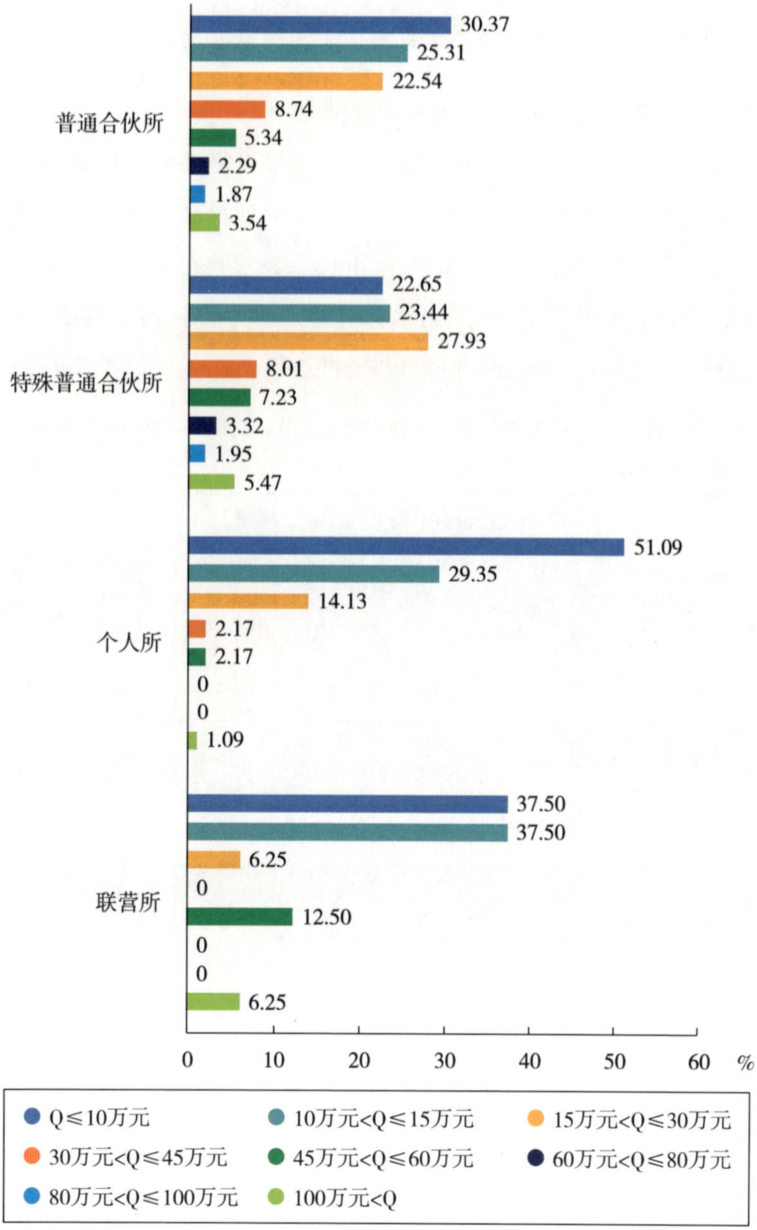

图2－30　青年律师近三年年平均业务营收(税前)与组织形式的交叉对比示意

(八)近三年年平均业务营收(税前)与案件来源的交叉对比

1. 从各项案件来源分析平均业务营收情况

问卷调查显示,主要案件来源为第三方案源平台推荐的青年律师中,近三年年平均业务营收(税前)在10万元及以下的人群占比最高,达到约34.11%;主要案件来源为原客户介绍的青年律师中,年平均业务营收在10万元及以下的人群占比最低,仅为约15.42%;同时,在原客户介绍案源类型中,年平均业务营收在60万元以上的人群比例最高,达到约16.17%。(参见表2-31、图2-31)

表2-31　青年律师近三年年平均业务营收(税前)与案件来源的交叉对比统计

单位:人

案件来源	近三年年平均业务营收(税前)								答题人数
	Q≤10万元	10万元<Q≤15万元	15万元<Q≤30万元	30万元<Q≤45万元	45万元<Q≤60万元	60万元<Q≤80万元	80万元<Q≤100万元	100万元<Q	
亲戚朋友介绍	384	350	350	118	91	33	26	46	1398
本所同事介绍	225	217	241	76	54	25	15	33	886
外所同行介绍	88	89	105	37	30	12	5	15	381
第三方案源平台推荐	44	35	33	8	3	0	4	2	129
自寻客户(含自媒体)	138	79	105	45	20	10	9	24	430
原客户介绍	121	158	214	101	64	34	29	64	785
法律援助中心指派	36	36	34	17	6	2	1	0	132
客户自行上门	56	55	40	19	12	7	4	18	211
其他来源	55	43	24	1	4	1	2	5	135

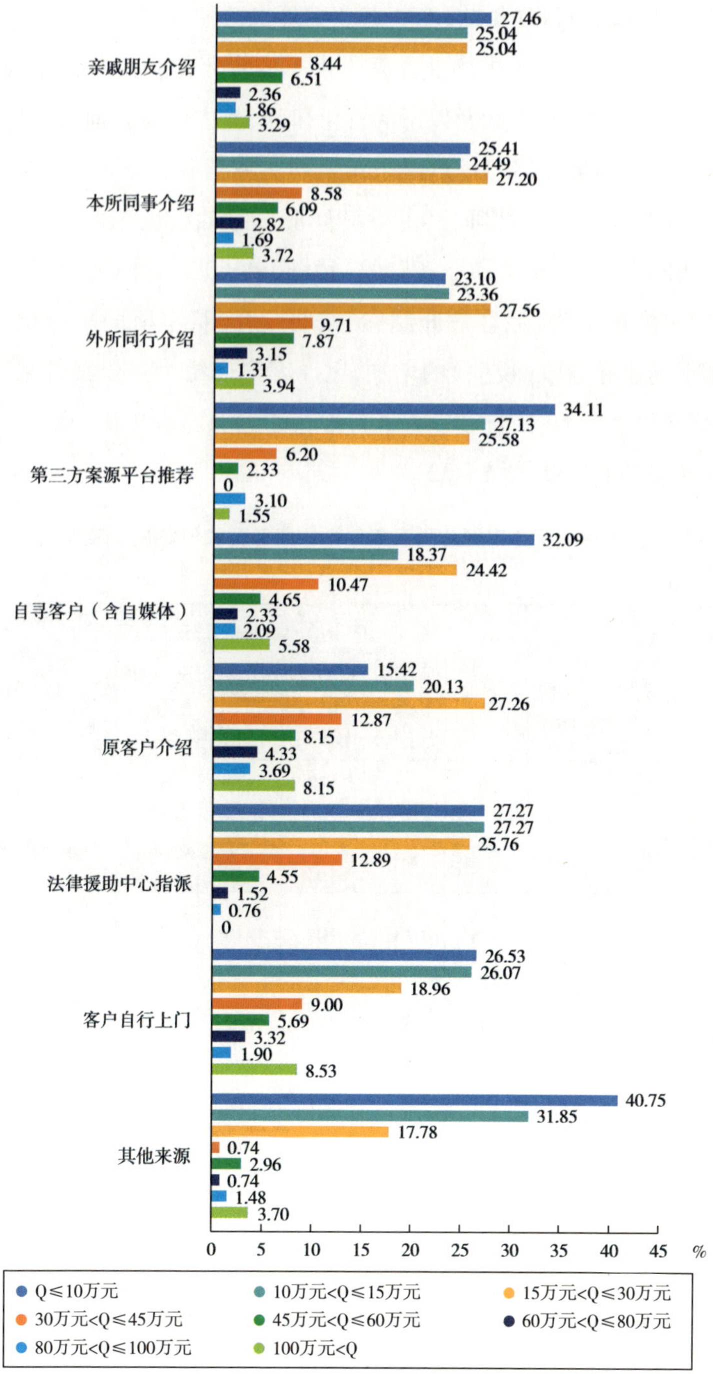

图2－31　青年律师近三年年平均业务营收(税前)与案件来源的交叉对比示意

2. 从年平均业务营收（税前）分析各项案件来源的排序

调查问卷显示，不同年平均业务营收水平的青年律师的案件来源中，年平均业务营收（税前）在 30 万元及以下的青年律师，其主要案源前三位依次为：亲戚朋友介绍、本所同事介绍、自寻客户；年平均业务营收（税前）在 30 万元以上 60 万元及以下区间的青年律师，其主要案源前三位依次为：亲戚朋友介绍、原客户介绍、本所同事介绍；年平均业务营收（税前）在 60 万元以上的青年律师，其主要案源前三位依次为：原客户介绍、亲戚朋友介绍、本所同事介绍。由此可见，随着年平均业务营收（税前）的增加，以原客户介绍为主要案件来源的占比呈明显上升趋势。此外，来自第三方平台推荐的案源对青年律师的收入增长影响不大。（参见表 2－32、图 2－32）

表 2－32　青年律师案件来源与近三年年平均业务营收（税前）的交叉对比统计

单位：人

年平均业务营收（税前）	案件来源									答题人数
	亲戚朋友介绍	本所同事介绍	外所同行介绍	第三方案源平台推荐	自寻客户（含自媒体）	原客户介绍	法律援助中心指派	客户自行上门	其他来源	
Q≤10 万元	384	225	88	44	138	121	36	56	55	607
10 万元＜Q≤15 万元	350	217	89	35	79	158	36	55	43	518
15 万元＜Q≤30 万元	350	241	105	33	105	214	34	40	24	482
30 万元＜Q≤45 万元	118	76	37	8	45	101	17	19	1	169
45 万元＜Q≤60 万元	91	54	30	3	20	64	6	12	4	118
60 万元＜Q≤80 万元	33	25	12	0	10	34	2	7	1	50
80 万元＜Q≤100 万元	26	15	5	4	9	29	1	4	2	37
100 万元＜Q	46	33	15	2	24	64	0	18	5	81

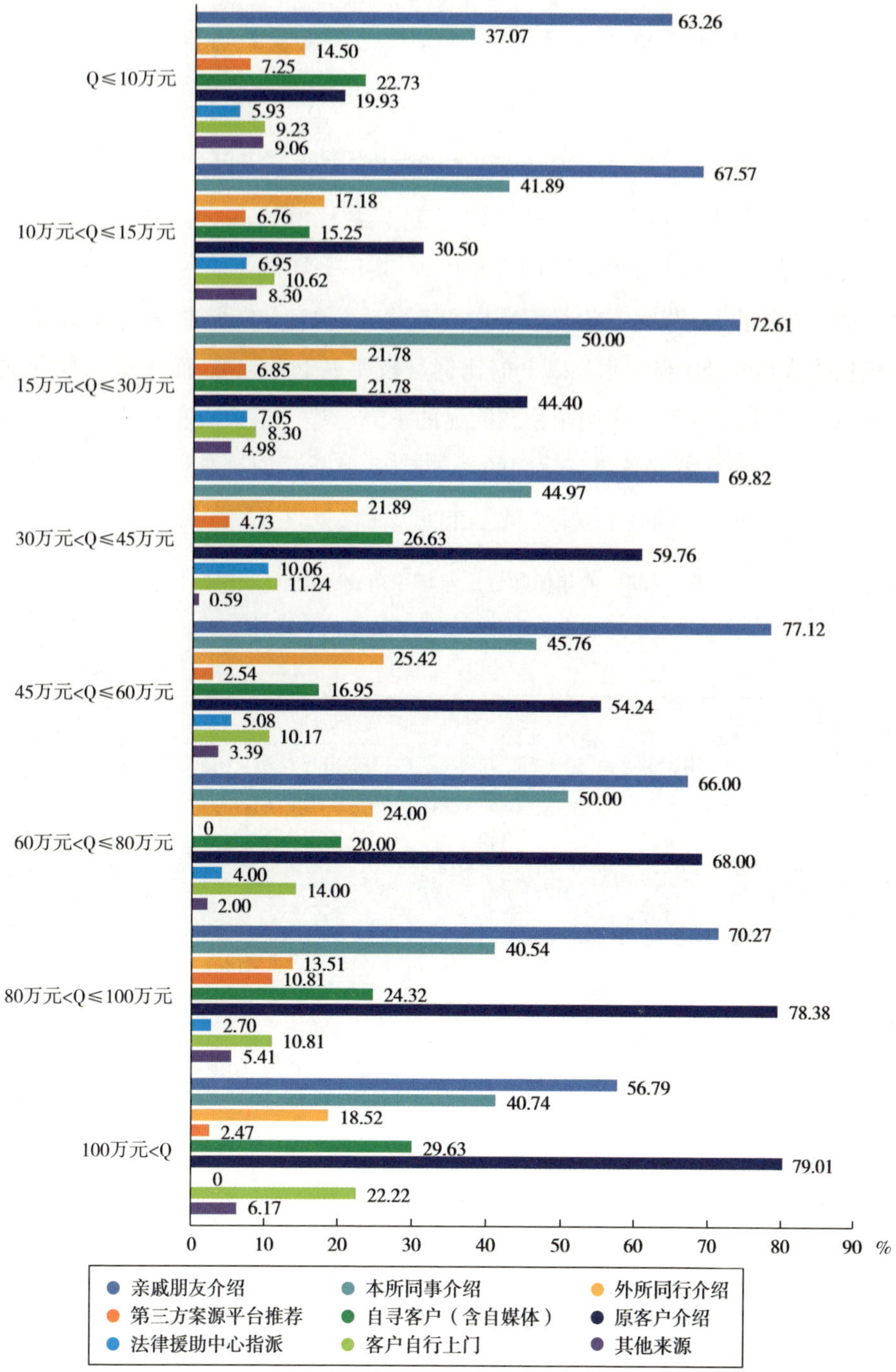

图 2－32　青年律师案件来源与近三年年平均业务营收(税前)的交叉对比示意

（九）近三年年平均业务营收（税前）与近三年年平均执业成本的交叉对比

问卷调查显示，近三年年平均营收（税前）在100万元以上的青年律师，其近三年年平均执业成本在150,000元以上的人数比例约占69.14%，年平均业务营收（税前）在10万元及以下的青年律师，其年平均执业成本在50,000元及以下的比例约占75.78%。随着年平均业务营收（税前）的增加，青年律师的年平均执业成本在150,001元及以上的比例呈较明显上升趋势，而年平均执业成本在50,000元及以下的比例则呈较明显的下降趋势。年平均业务营收（税前）在30万元以上60万元及以下区间的青年律师，其年平均执业成本在50,001~100,000元之间的比例高于其他的收入区间。（参见表2-33、图2-33）

表2-33 青年律师近三年年平均业务营收（税前）与近三年年平均执业成本的交叉对比统计

单位：人

近三年年平均业务营收（税前）	近三年年平均执业成本				答题人数
	50,000元及以下	50,001~100,000元	100,001~150,000元	150,001元及以上	
Q≤10万元	460	114	15	18	607
10万元<Q≤15万元	368	130	14	6	518
15万元<Q≤30万元	240	201	32	9	482
30万元<Q≤45万元	42	75	35	17	169
45万元<Q≤60万元	18	45	29	26	118
60万元<Q≤80万元	4	13	10	23	50
80万元<Q≤100万元	2	5	5	25	37
100万元<Q	6	9	10	56	81

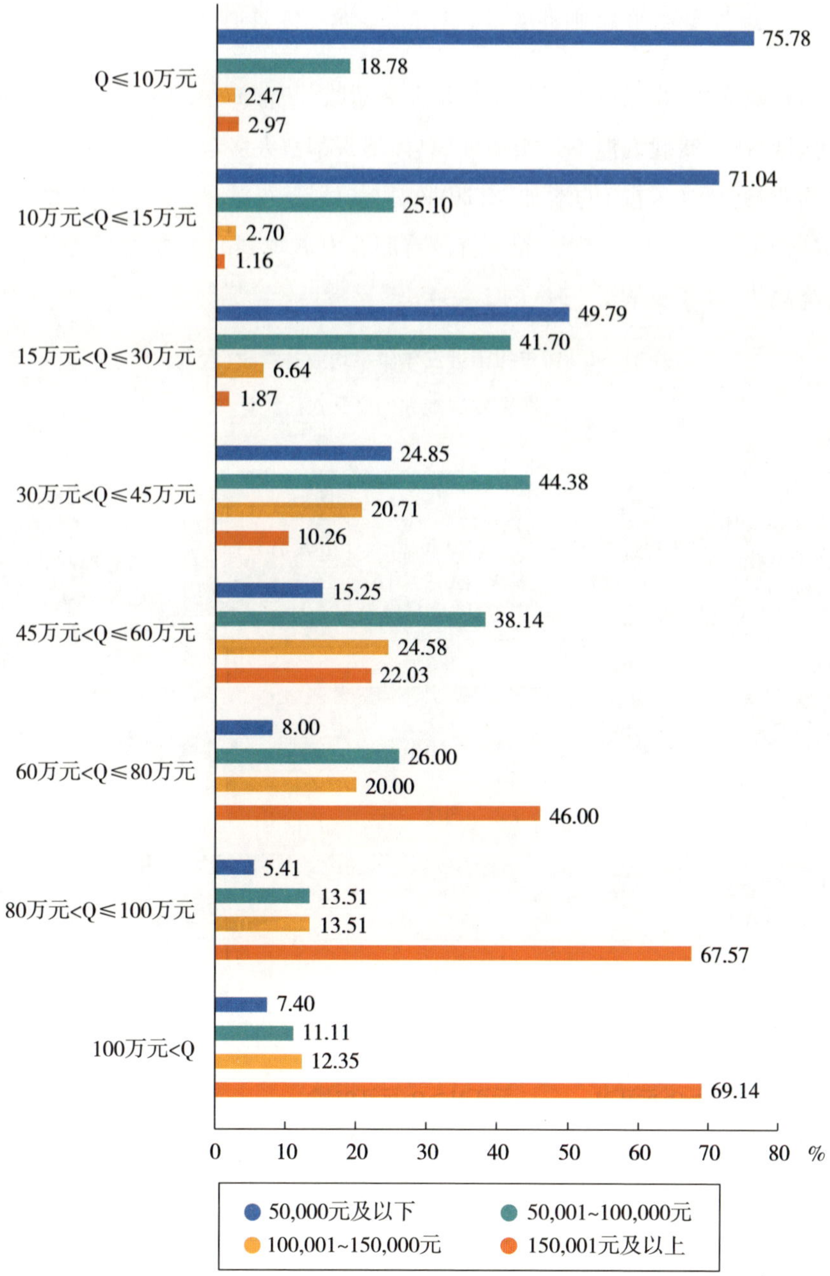

图 2-33　青年律师近三年年平均业务营收(税前)与近三年年平均执业成本的交叉对比示意

(十)近三年年平均业务营收(税前)与职业发展规划的交叉对比

问卷调查显示,无论近三年年平均业务营收(税前)处于哪个区间的青年律师,有过职业发展规划但不是很清晰、具体的人都占大多数,均超过40%。随着年平均业务营收(税前)的增加,有职业发展规划且很清晰、具体的人数比例总体呈现较为明显的上升趋势,而一直没有职业发展规划的人数比例则呈较明显的下降趋势。(参见表2-34、图2-34)

表2-34 青年律师近三年年平均业务营收(税前)与职业发展规划的交叉对比统计

单位:人

近三年年平均业务营收(税前)	职业发展规划				答题人数
	有过职业发展规划,很清晰、具体	有过职业发展规划,但不是很清晰、具体	没有目前阶段的职业发展规划	一直没有职业发展规划	
Q≤10万元	108	386	89	24	607
10万元<Q≤15万元	89	344	68	17	518
15万元<Q≤30万元	119	303	55	5	482
30万元<Q≤45万元	48	100	14	7	169
45万元<Q≤60万元	38	71	9	0	118
60万元<Q≤80万元	23	24	3	0	50
80万元<Q≤100万元	12	23	1	1	37
100万元<Q	37	36	7	1	81

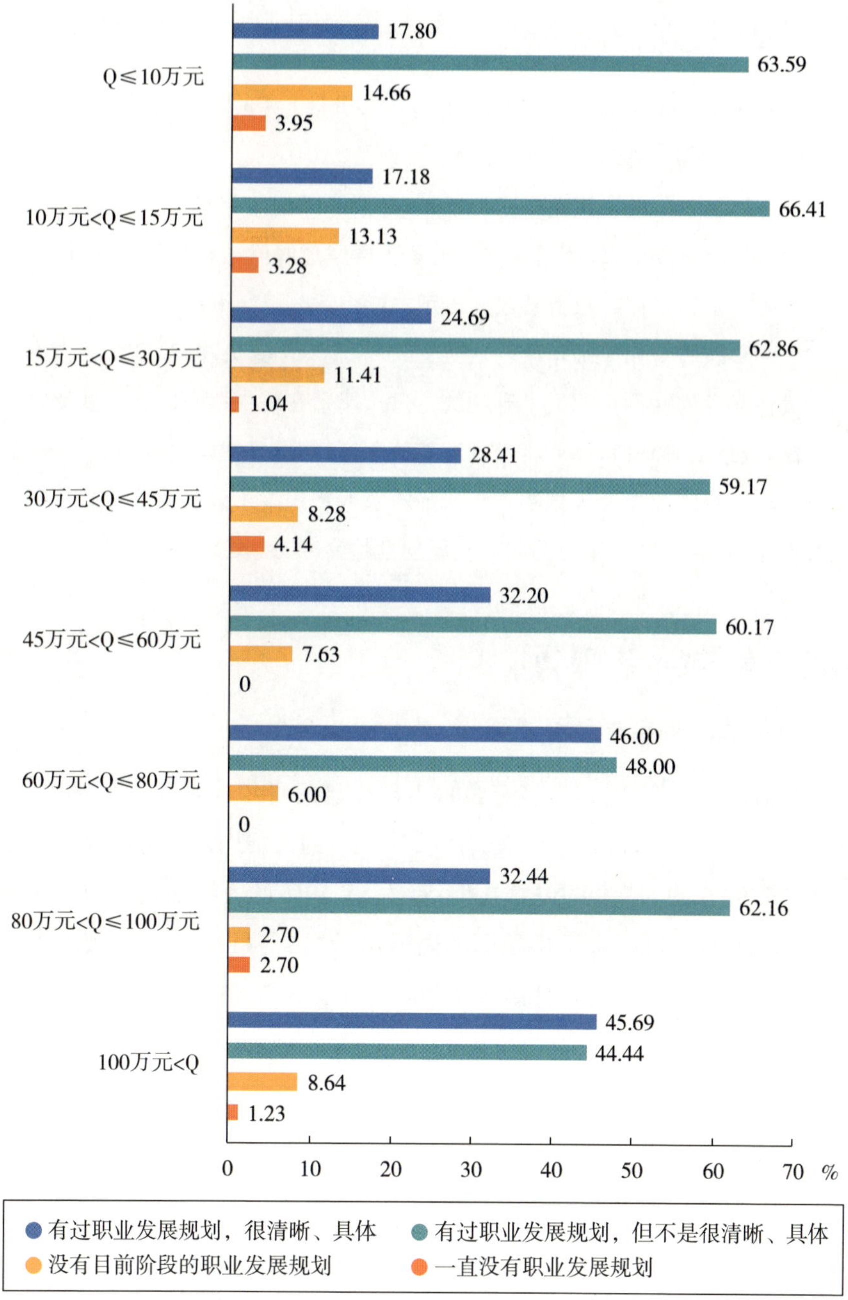

图 2－34　青年律师近三年年平均业务营收(税前)与职业发展规划的交叉对比示意

小结

通过将青年律师近三年年平均业务营收(税前)与年龄、学历、执业年限、案件来源等因素进行交叉对比发现:

1. 随着年龄和执业年限的增长,青年律师的年平均业务营收(税前)总体上呈上升趋势,较为符合律师业务需要通过时间累积的行业特性。

2. 学历对律师业务营收有一定的影响。

3. 随着青年律师年平均业务营收(税前)的增长,原客户介绍作为主要案件来源的比例呈明显上升趋势,可见,律师在提供服务时努力获取客户信任,进行口碑宣传,让原客户介绍其他业务,是提高律师收入的有效方式。

4. 有职业发展规划的青年律师的收入普遍高于没有职业发展规划的青年律师,而且青年律师的职业发展规划越清晰,其收入相对越高。

四、公益法律服务参与状况

(一)公益活动参与方式

问卷调查显示(此问题为多选题),本次受访的青年律师在近三年中,有约38.31%的人主动参与过公益组织;有约30.36%的人帮助过弱势群体并捐款捐物;有约37.92%的人提供过法律援助;有约55.19%的人参加过律协或律所安排的公益活动。“其他”选项中填写的内容包括“参与抗疫活动”“报名参与过法律援助活动”“报名参与过社区活动”等。(参见表2-35、图2-35)

表2-35　青年律师公益活动参与方式统计

选项	小计/人	比例/%
主动参与公益组织	790	38.31
帮助弱势群体并捐款捐物	626	30.36
提供法律援助	782	37.92
参加律协或律所安排的公益活动	1138	55.19
其他	111	5.38
本题有效填写人数	2062	—

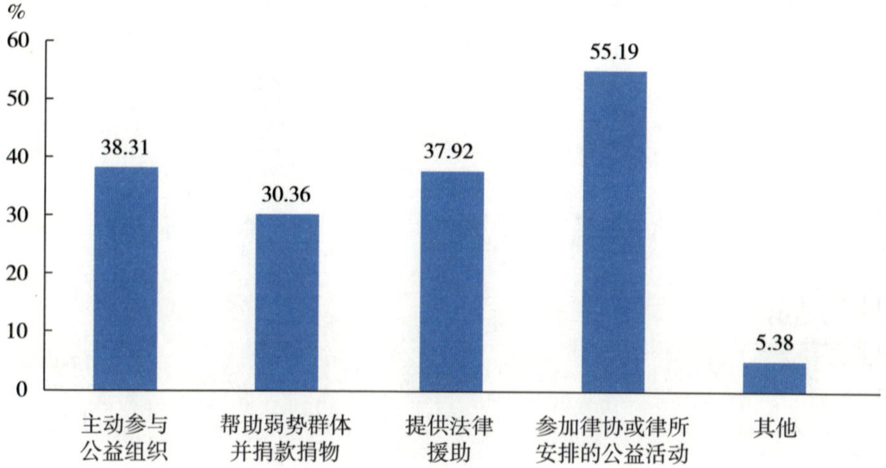

图2－35　青年律师公益活动参与方式比例示意

（二）法律援助案件办理状况

问卷调查显示，本次受访的青年律师在近三年中，有约70.90%的人未办理过法律援助案件；有约12.03%的人平均办理过5件及以上的法律援助案件；有约9.55%的人平均办理过2～4件法律援助案件；有约5.92%的人平均办理过1件法律援助案件。（参见表2－36、图2－36）

表2－36　青年律师法律援助案件办理状况统计

选项	小计/人	比例/%
5件及以上	248	12.03
2～4件	197	9.55
1件	122	5.92
未办理	1462	70.90
其他	33	1.60
本题有效填写人数	2062	—

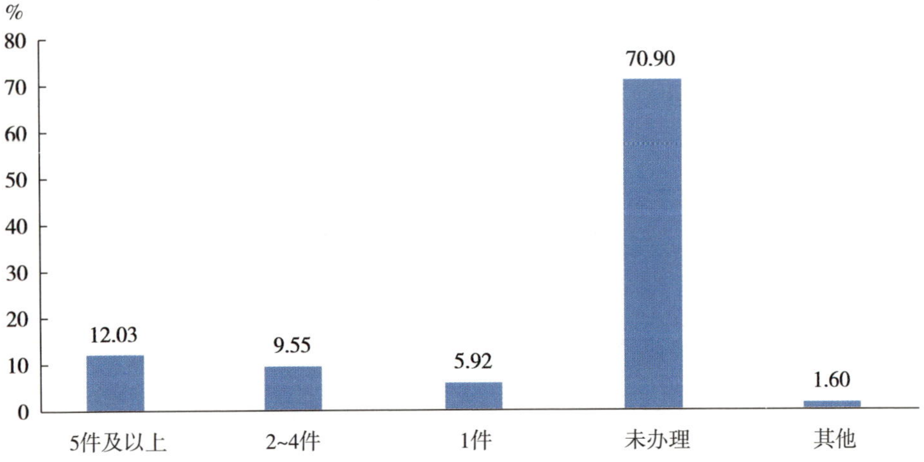

图 2－36　青年律师法律援助案件办理状况比例示意

(三)法律援助案件承办意愿

问卷调查显示,本次受访的青年律师中,有约75.80%的人愿意承办法律援助案件;有约21.73%的人愿意承办适合自己业务类型的法律援助案件;只有约2.47%的人不愿意承办法律援助案件。(参见表2－37、图2－37)

表 2－37　青年律师法律援助案件承办意愿统计

选项	小计/人	比例/%
愿意	1563	75.80
只愿意承办适合自己业务类型的	448	21.73
不愿意	51	2.47
本题有效填写人数	2062	—

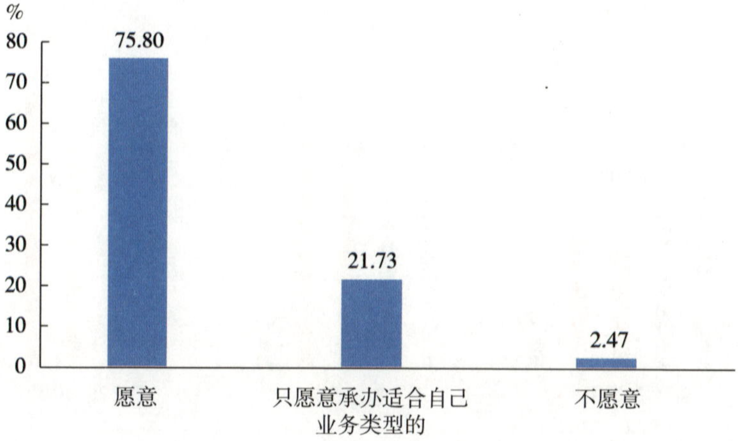

图 2-37　青年律师法律援助案件承办意愿比例示意

（四）公益活动参与方式与年龄的交叉对比

问卷调查显示，相比其他年龄阶段的青年律师，36～40 岁的青年律师以提供法律援助方式参与公益活动的比例最高。随着年龄的增长，以参与法律援助方式参与公益活动的比例亦呈上升趋势；同时，相比其他年龄阶段的青年律师，36～40 岁的青年律师主动参与公益组织的比例也是最高的。（参见表 2-38、图 2-38）

表 2-38　青年律师公益活动参与方式与年龄的交叉对比统计

单位：人

年龄	公益活动参与方式					答题人数
	主动参与公益组织	帮助弱势群体并捐款、捐物	提供法律援助	参加律协或律所安排的公益活动	其他	
30 岁及以下	383	296	330	537	56	968
31～35 岁	240	208	288	399	38	716
36～40 岁	167	122	164	202	17	378

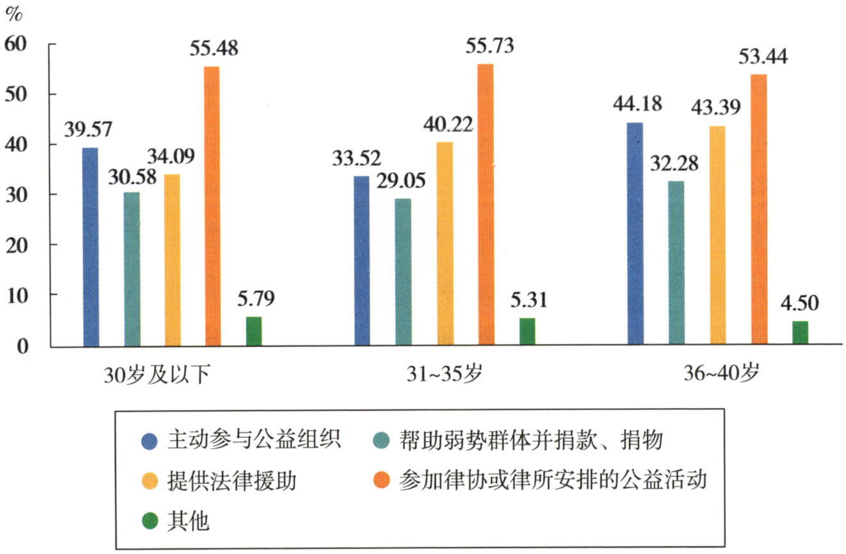

图2-38　青年律师公益活动参与方式与年龄的交叉对比示意

(五)公益活动参与方式与性别的交叉对比

问卷调查显示,无论是男性还是女性,青年律师参加律协或律所安排的公益活动的比例均是最高的。此外,男性青年律师以提供法律援助的方式参与公益活动的比例高于女性青年律师,而女性青年律师主动参与公益组织的比例高于男性青年律师。(参见表2-39、图2-39)

表2-39　青年律师公益活动参与方式与性别的交叉对比统计

单位:人

性别	公益活动参与方式					答题人数
	主动参与公益组织	帮助弱势群体并捐款、捐物	提供法律援助	参加律协或律所安排的公益活动	其他	
男	338	269	375	521	50	926
女	452	357	407	617	61	1136

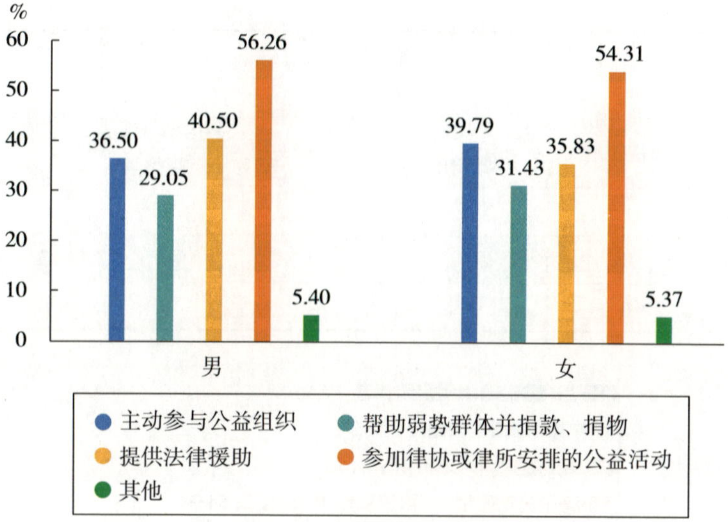

图 2－39　青年律师公益活动参与方式与性别的交叉对比示意

（六）公益活动参与方式与执业年限的交叉对比

问卷调查显示，执业年限在 15 年及以下的青年律师，选择参加律协或律所安排的公益活动的占比均为最高，分别约为 54.93%、55.95% 和 55.68%；执业年限在 5 年及以下的青年律师，选择主动参与公益组织的比例位列第二；执业年限在 6～10 年和 11～15 年的青年律师中，选择提供法律援助的占比均为第二位，分别约为 48.35% 和 45.45%。此外，执业年限在 5 年及以下的青年律师中，选择提供法律援助的占比约为 34.82%，低于执业年限在 5 年以上的青年律师的比例。要说明的是，执业年限在 16～20 年的青年律师的样本较少，数据仅供参阅。（参见表 2－40、图 2－40）

表 2－40　青年律师公益活动参与方式与执业年限的交叉对比统计

单位：人

执业年限	公益活动参与方式					答题人数
	主动参与公益组织	帮助弱势群体并捐款、捐物	提供法律援助	参加律协或律所安排的公益活动	其他	
5 年及以下	590	469	547	863	89	1571

续表

执业年限	公益活动参与方式					答题人数
	主动参与公益组织	帮助弱势群体并捐款、捐物	提供法律援助	参加律协或律所安排的公益活动	其他	
6～10 年	156	122	191	221	19	395
11～15 年	38	32	40	49	3	88
16～20 年	6	3	4	5	0	8

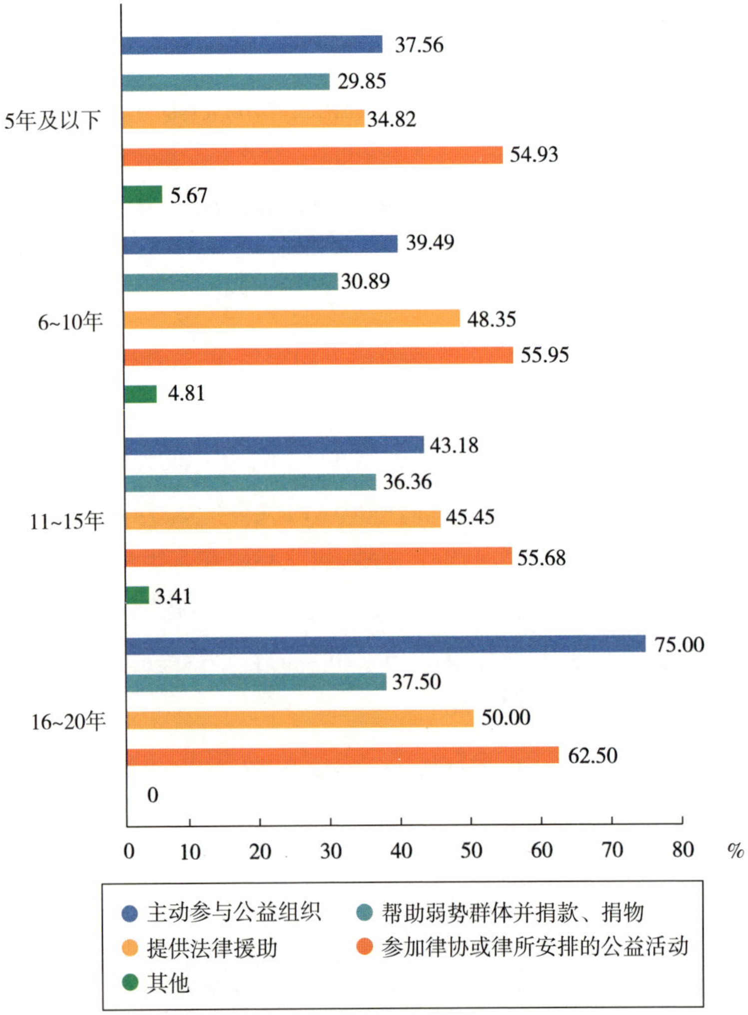

图 2－40　青年律师公益活动参与方式与执业年限的交叉对比示意

（七）公益活动参与方式与律所职位的交叉对比

问卷调查显示，无论在律所担任何种职位的青年律师，选择参加律协或律所安排的公益活动的占比均是最高的。担任合伙人（非主任）的青年律师选择主动参与公益组织的占比位列第二；而授薪专职律师与非授薪专职律师，选择提供法律援助的占比均位列第二。要说明的是，职位为主任的青年律师样本较少，数据仅供参阅。（参见表2－41、图2－41）

表2－41　青年律师公益活动参与方式与律所职位的交叉对比统计

单位：人

律所职位	公益活动参与方式					答题人数
	主动参与公益组织	帮助弱势群体并捐款、捐物	提供法律援助	参加律协或律所安排的公益活动	其他	
主任	13	7	10	14	0	20
合伙人（非主任）	95	82	96	130	8	220
专职律师（授薪）	233	196	194	389	47	677
专职律师（非授薪）	449	341	482	605	56	1145

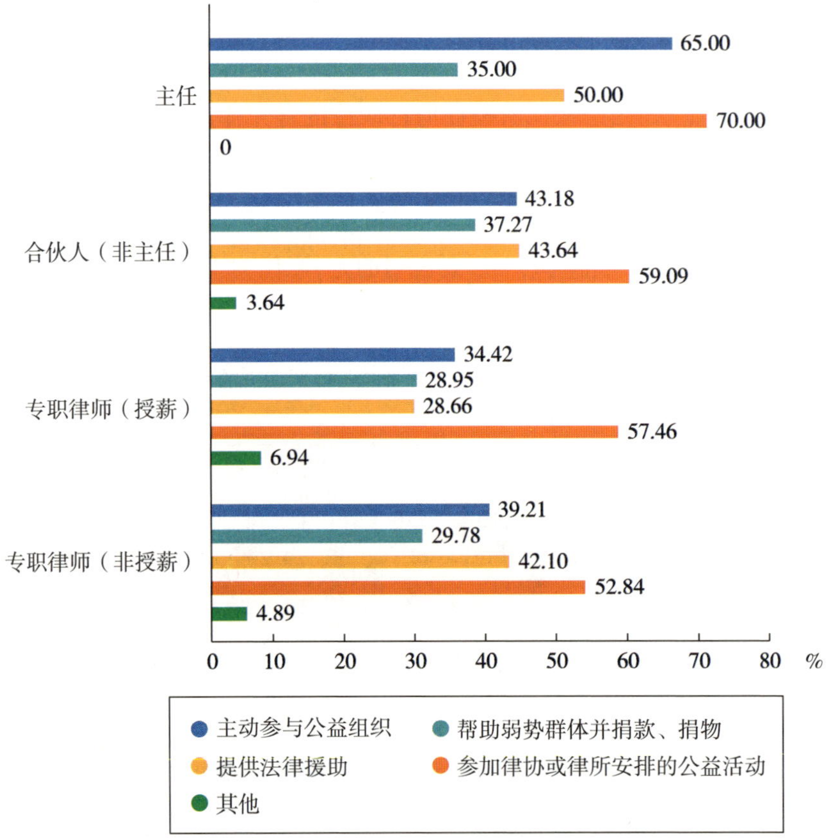

图 2-41　青年律师公益活动参与方式与律所职位的交叉对比示意

小结

1. 青年律师热心公益，愿意奉献时间、精力、专业回馈社会，承担社会责任。

2. 在法律援助方面，大量青年律师未办理过法律援助案件，存在办理意愿强烈却无法参与办理的情况。

CHAPTER

3

第三章

深圳青年律师执业发展中存在的问题

第一节 青年律师执业过程中的问题

一、业务发展主要困境

问卷调查显示(本问题为多选题),约81.96%的青年律师认为"社会人脉资源不足"是其目前业务发展的主要困境,人数占比是最高的。除此之外,在其余选项中,约65.13%的青年律师选择了"难以接触高端业务";约30.12%的青年律师选择了"缺乏系统培训";约29.83%的青年律师选择了"专业知识、理论基础不扎实";约28.95%的青年律师选择了"实务机会少"。另外,在"其他选项"中,青年律师填写"低价竞争影响业务""案源不稳定,业务来源渠道狭窄""团队时间不自由""律所不愿意给平台""缺少计划""市场获客难度高"等内容的频次较高。(参见表3-1、图3-1)

表3-1 青年律师业务发展主要困境统计

选项	小计/人	比例/%
专业知识、理论基础不扎实	615	29.83
实务机会少	597	28.95
难以接触高端业务	1343	65.13
社会人脉资源不足	1690	81.96
缺乏系统培训	621	30.12
其他	44	2.13
本题有效填写人数	2062	—

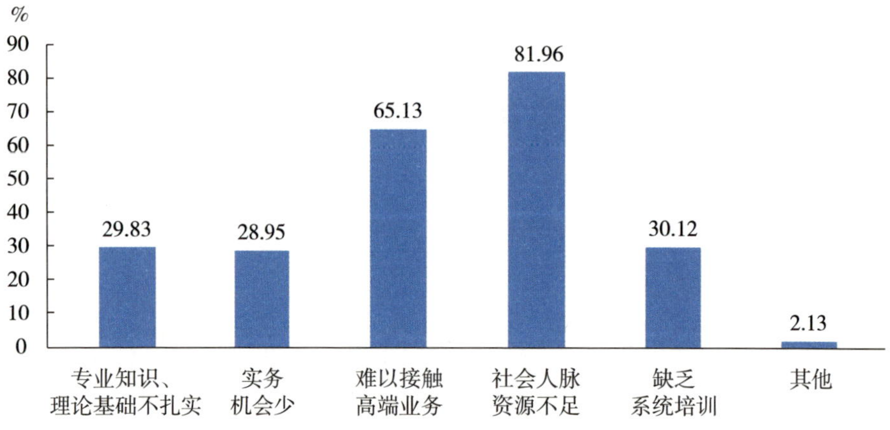

图3-1　青年律师业务发展主要困境比例示意

(一)业务发展主要困境与年龄的交叉对比

问卷调查显示,30岁及以下的青年律师,认为目前自己业务发展的主要困境为“社会人脉资源不足”的人数占比约为85.74%,选择“难以接触高端业务”的人数占比约为62.29%;31~35岁的青年律师认为目前自己业务发展的主要困境为“社会人脉资源不足”的人数占比约为81.98%,选择“难以接触高端业务”的人数占比约为69.55%;36~40岁的青年律师认为目前自己业务发展的主要困境为“社会人脉资源不足”的人数占比约为72.22%,选择“难以接触高端业务”的人数占比为约64.02%。

由此可见,随着年龄的增长,选择“社会人脉资源不足”的青年律师人数比例呈下降趋势,从约85.74%下降至约81.98%,再降至约72.22%,但该问题仍是青年律师业务发展困境的首要问题。而“难以接触高端业务”的问题并没有因青年律师的年龄增长而发生明显变化。(参见表3-2、图3-2)

表 3-2　青年律师业务发展主要困境与年龄的交叉对比统计

单位：人

年龄	业务发展主要困境						答题人数
	专业知识、理论基础不扎实	实务机会少	难以接触高端业务	社会人脉资源不足	缺乏系统培训	其他	
30 岁及以下	330	322	603	830	291	7	968
31～35 岁	175	180	498	587	200	22	716
36～40 岁	110	95	242	273	130	15	378

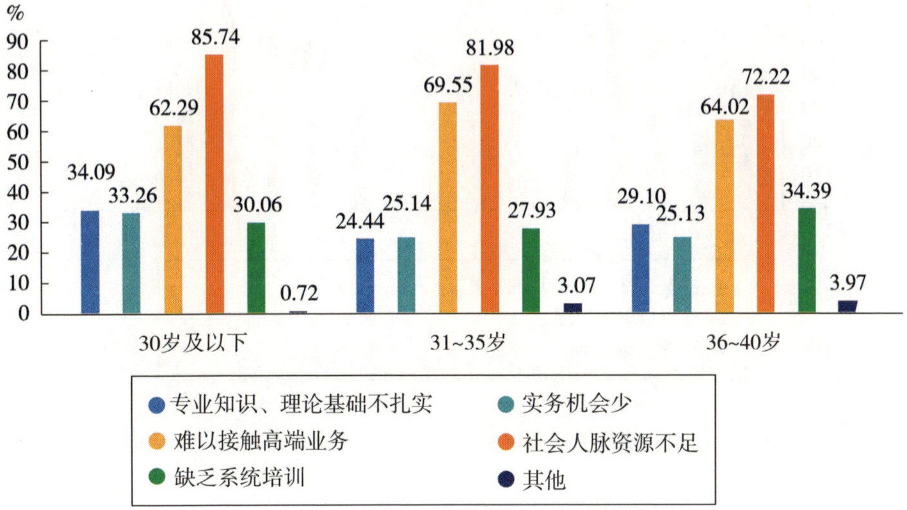

图 3-2　青年律师业务发展主要困境与年龄的交叉对比示意

(二)业务发展主要困境与性别的交叉对比

问卷调查显示，男性青年律师认为目前自己业务发展的主要困境是“难以接触高端业务”的人数比例高于女性青年律师，除此之外，其他选项均为女性青年律师的人数比例高于男性青年律师。（参见表 3-3、图 3-3）

表 3-3 青年律师业务发展主要困境与性别的交叉对比统计

单位:人

性别	业务发展主要困境						答题人数
	专业知识、理论基础不扎实	实务机会少	难以接触高端业务	社会人脉资源不足	缺乏系统培训	其他	
男	261	227	645	741	264	19	926
女	354	370	698	949	357	25	1136

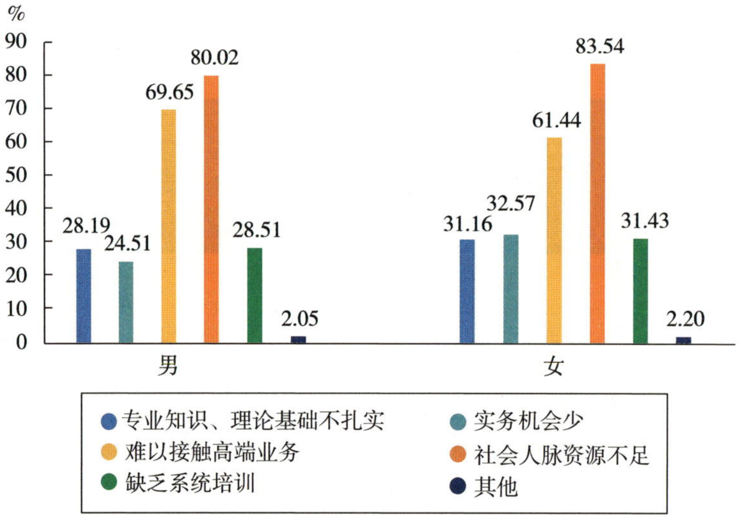

图 3-3 青年律师业务发展主要困境与性别的交叉对比分析示意

(三)业务发展主要困境与学历的交叉对比

问卷调查显示,“社会人脉资源不足”和“难以接触高端业务”始终排在青年律师业务发展困境的前两位,不因学历的不同而变化。在各学历中,排名第三位的主要困境分别为本科以下学历选择“缺乏系统培训”,本科学历选择“专业知识、理论基础不扎实”,硕士研究生学历及硕士研究生以上学历选择“实务机会少”。要说明的是,本科以下学历和硕士研究生以上学历青年律师的样本较少,数据仅供参阅。(参见表 3-4、图 3-4)

表3－4　青年律师业务发展主要困境与学历的交叉对比统计

单位：人

学历	业务发展主要困境						答题人数
	专业知识、理论基础不扎实	实务机会少	难以接触高端业务	社会人脉资源不足	缺乏系统培训	其他	
本科以下	2	2	9	13	5	0	16
本科	472	420	988	1201	455	27	1462
硕士研究生	140	170	339	467	158	16	572
硕士研究生以上	1	5	7	9	3	1	12

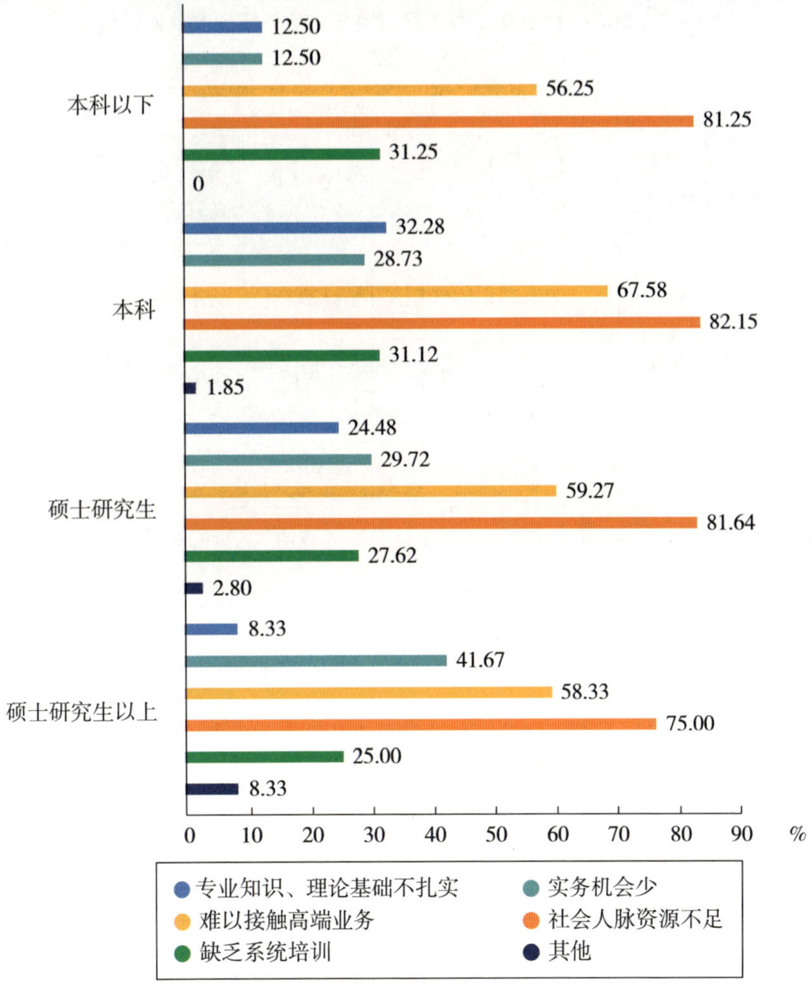

图3－4　青年律师业务发展主要困境与学历的交叉对比分析示意

（四）业务发展主要困境与执业年限的交叉对比

问卷调查显示，“社会人脉资源不足”和“难以接触高端业务”是青年律师普遍认为的业务发展两大主要困境，与律师的执业年限无关。其中，执业11～15年的青年律师对于业务发展困境首选“难以接触高端业务”，其他执业年限的青年律师选择“社会人脉资源不足”是其业务发展主要困境的占比最高。要说明的是，执业16～20年的青年律师样本较少，数据仅供参阅。（参见表3－5、图3－5）

表3－5　青年律师业务发展主要困境与执业年限的交叉对比统计

单位：人

执业年限	业务发展主要困境						答题人数
	专业知识、理论基础不扎实	实务机会少	难以接触高端业务	社会人脉资源不足	缺乏系统培训	其他	
5年及以下	518	509	1007	1293	485	23	1571
6～10年	78	80	266	331	103	15	395
11～15年	15	6	66	60	31	6	88
16～20年	4	2	4	6	2	0	8

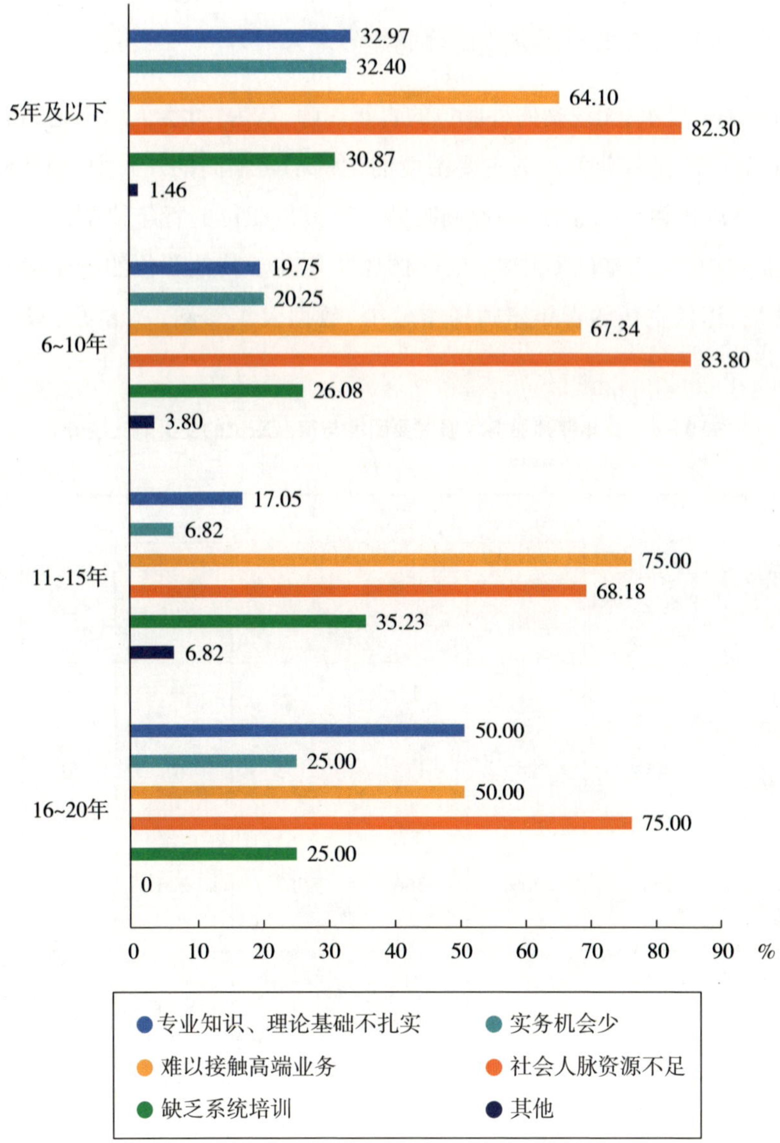

图3－5　青年律师业务发展主要困境与执业年限的交叉对比分析示意

（五）业务发展主要困境与律所职位的交叉对比

问卷调查显示，无论是何种职位的青年律师，认为“社会人脉不足”和“难以接触高端业务”是其业务发展主要困境的比例都是最高的。其中，授薪专职律师选择“难以接触高端业务”的比例明显低于其他职位的青年律师；同时，其选择“专业知识、理论基础不扎实”的比例也明显高于其他职位的青年律师。要说明的是，担任主任的青年律师样本较少，数据仅供参阅。（参见表3－6、图3－6）

表3－6　青年律师业务发展主要困境与律所职位的交叉对比统计

单位：人

律所职位	业务发展主要困境						答题人数
	专业知识、理论基础不扎实	实务机会少	难以接触高端业务	社会人脉资源不足	缺乏系统培训	其他	
主任	5	3	17	14	4	1	20
合伙人（非主任）	45	24	152	173	62	13	220
专职律师（授薪）	257	209	366	567	226	6	677
专职律师（非授薪）	308	361	808	936	329	24	1145

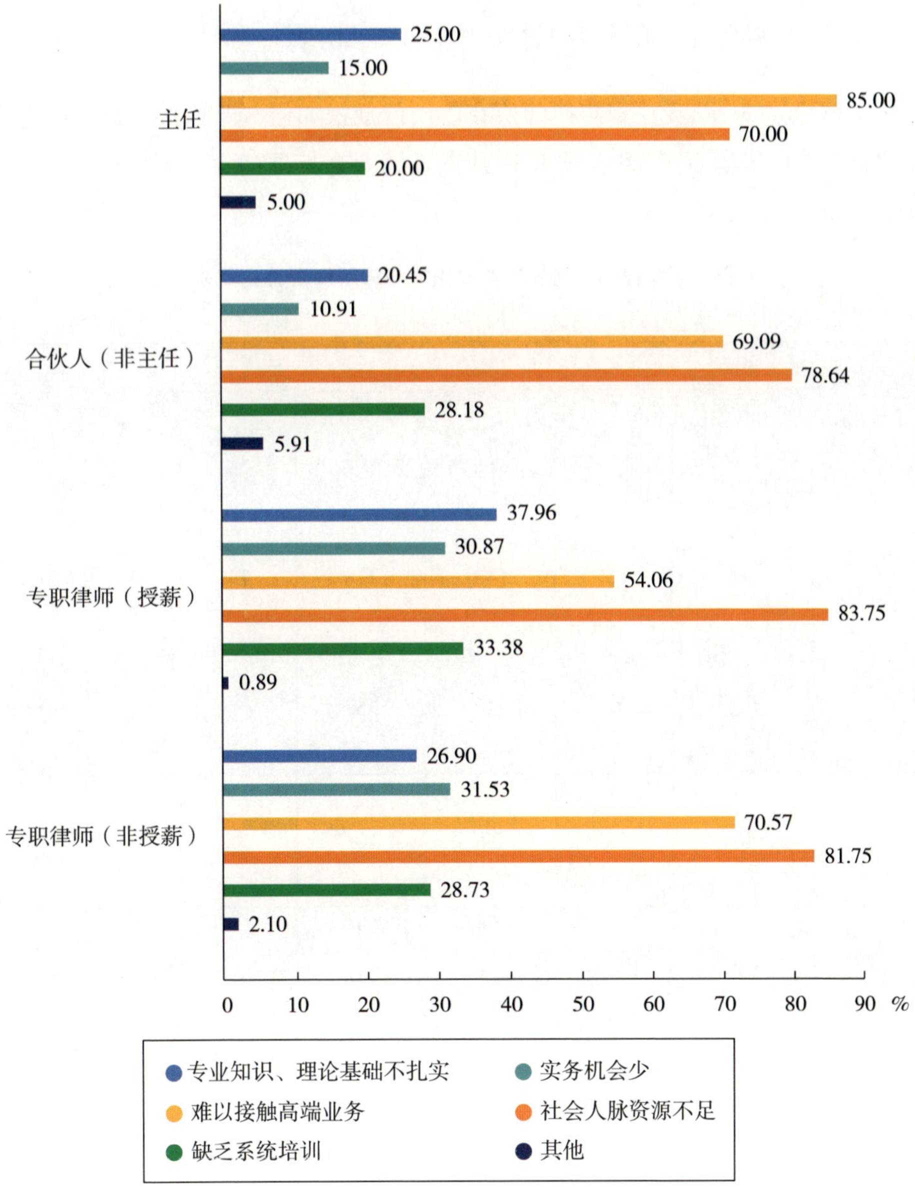

图 3－6　青年律师业务发展主要困境与律所职位的交叉对比分析示意

(六)业务发展主要困境与律所规模的交叉对比

问卷调查显示,无论青年律师所在律所的规模如何,"难以接触高端业务"和"社会人脉资源不足"均是青年律师选择的业务发展的主要困境的前两位。(参见表3-7、图3-7)

表3-7　青年律师业务发展主要困境与律所规模的交叉对比统计

单位:人

律所规模	业务发展主要困境						答题人数
	专业知识、理论基础不扎实	实务机会少	难以接触高端业务	社会人脉资源不足	缺乏系统培训	其他	
10人及以下	80	65	145	178	74	3	215
11~30人	103	102	229	258	107	6	327
31~50人	48	55	89	122	57	0	148
51~100人	103	92	225	281	88	6	334
101人及以上	281	283	655	851	295	29	1038

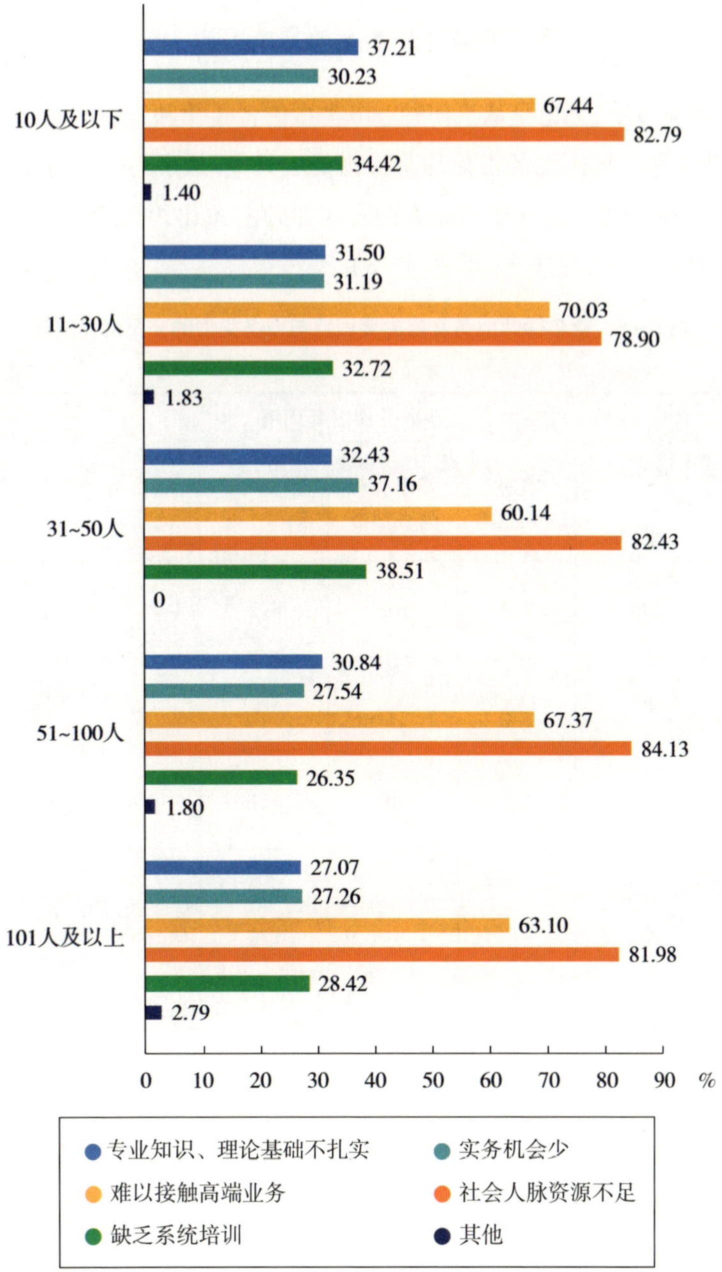

图3-7　青年律师业务发展主要困境与律所规模的交叉对比示意

（七）业务发展主要困境与业务类型的交叉对比

问卷调查显示，无论是从事何种业务类型的青年律师，选择“社会人脉资源不足”作为业务发展困境的占比均是最高的。其中，从事诉讼业务的青年律师的占比约为84.99%，从事非诉业务的青年律师的占比约为75.2%，前者比后者高出近10%。（参见表3-8、图3-8）

表3-8　青年律师业务发展主要困境与业务类型的交叉对比统计

单位：人

业务类型	业务发展主要困境						答题人数
	专业知识、理论基础不扎实	实务机会少	难以接触高端业务	社会人脉资源不足	缺乏系统培训	其他	
诉讼业务	290	275	708	872	292	22	1026
非诉业务	45	37	52	94	36	3	125
综合性业务	217	225	510	611	244	18	773
根据律所和指导律师的分配决定	63	60	73	113	49	1	138

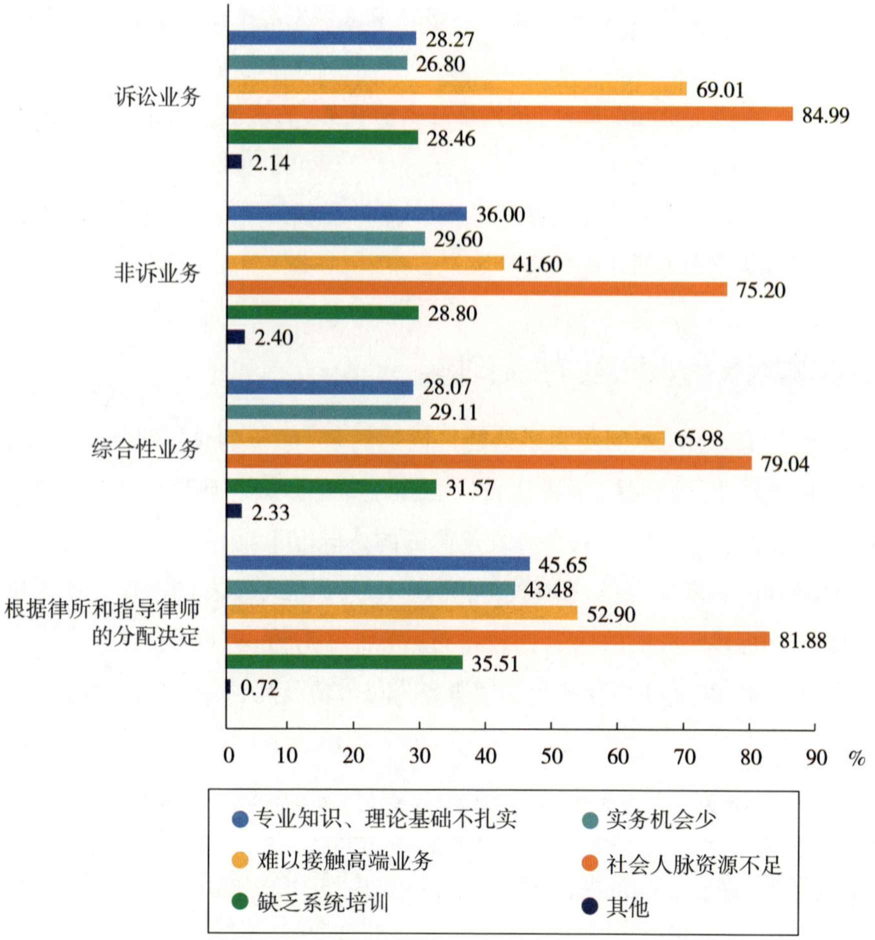

图 3-8　青年律师业务发展主要困境与业务类型的交叉对比分析示意

小结

1. “社会人脉资源不足”和“难以接触高端业务”成为青年律师认为影响其业务发展的两大主要困境。

2. 随着青年律师年龄和执业年限的增长，“社会人脉资源不足”对青年律师业务发展的影响占比明显降低；而“难以接触高端业务”对青年律师业务发展的影响与其年龄和执业年限增长的关联不大。

3. 选择“难以接触高端业务”作为其业务发展主要困境的青年律师中，从事诉讼业务的青年律师占比高出从事非诉业务的青年律师近28%。

4. 专职非授薪律师“难以接触高端业务”的困境占比超过专职授薪律师近15%。

5. 从事诉讼业务的青年律师“社会人脉资源不足”的困境占比高出从事非诉业务的青年律师近10%。

二、影响成长执业环境的主要问题

问卷调查显示(本问题为多选题),高达约85.60%的青年律师认为“竞争激烈、压力大、同行相斥、争相压价”是影响其成长执业环境的主要问题;约74.93%的青年律师认为“社会对青年律师的认同度不高、案源少”是影响其成长执业环境的主要问题;而选择“执业环境不好,司法环境有待提升”“律师执业权利得不到保障”两项的比例比较接近,分别占比约39.67%、37.19%。“其他”选项填写的内容主要反映出法律服务公司市场混乱、案源拓展等问题。(参见表3－9、图3－9)

表3－9　青年律师认为影响其成长执业环境的主要问题统计

选项	小计/人	比例/%
律师执业权利得不到保障	769	37.29
社会对青年律师的认同度不高、案源少	1545	74.93
执业环境不好,司法环境有待提升	818	39.67
竞争激烈、压力大、同行相斥、争相压价	1765	85.60
其他	49	2.38
本题有效填写人数	2062	—

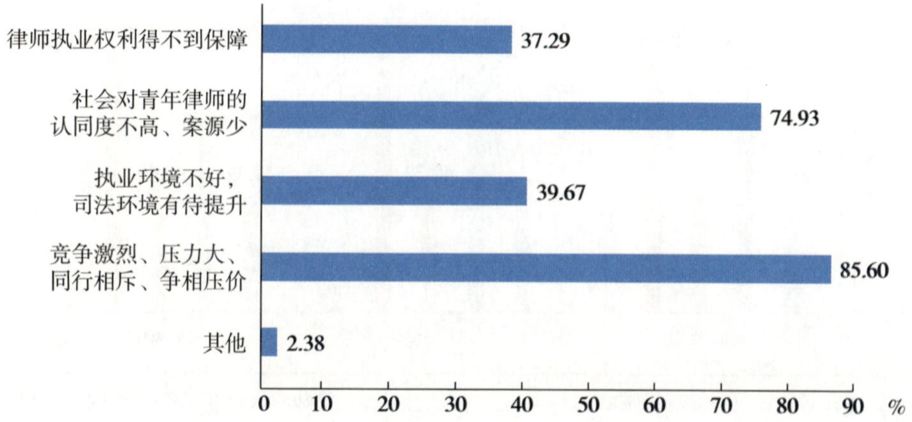

图 3－9　青年律师认为影响其成长执业环境的主要问题比例示意

(一)影响成长执业环境的主要问题与年龄的交叉对比

问卷调查显示,不同年龄阶段的青年律师,均认为“竞争激烈、压力大、同行相斥、争相压价”“社会对青年律师的认同度不高、案源少”是影响青年律师成长执业环境的主要问题;而选择“律师执业权利得不到保障”的比例最低。其中,随着年龄的增长,“社会对青年律师的认同度不高、案源少”的占比逐渐下降,而“竞争激烈、压力大、同行相斥、争相压价”的占比并没有明显变化。(参见表3－10、图3－10)

表 3－10　青年律师认为影响其成长执业环境的主要问题与年龄的交叉对比统计

单位:人

年龄	影响成长执业环境的主要问题					答题人数
	律师执业权利得不到保障	社会对青年律师的认同度不高、案源少	执业环境不好,司法环境有待提升	竞争激烈、压力大、同行相斥、争相压价	其他	
30 岁及以下	367	812	377	816	26	968
31～35 岁	253	518	288	622	12	716
36～40 岁	149	215	153	327	11	378

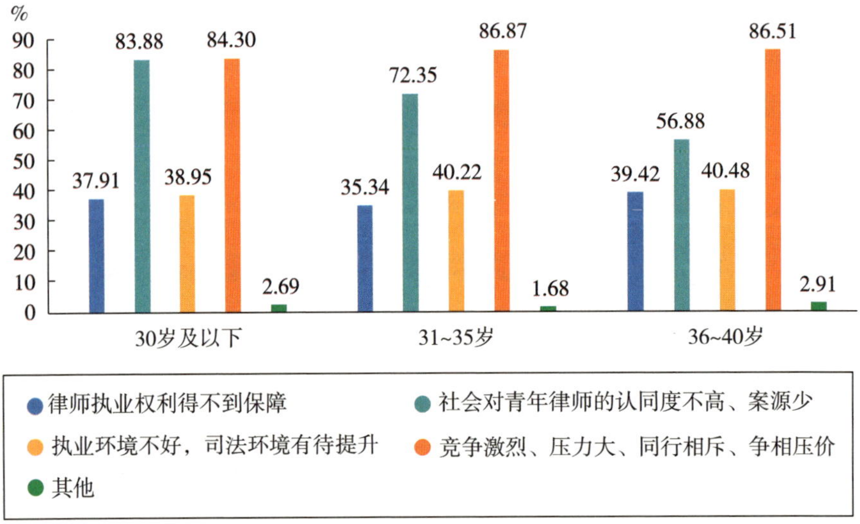

图3－10　青年律师认为影响其成长执业环境的主要问题与年龄的交叉对比示意

（二）影响成长执业环境的主要问题与业务类型的交叉对比

问卷调查显示，从事不同业务类型的青年律师，均认为“竞争激烈、压力大、同行相斥、争相压价”和“社会对青年律师的认同度不高、案源少”是影响其成长执业环境的主要问题。此外，从事非诉业务的青年律师选择“律师执业权利得不到保障”的比例约为25.6%，明显低于从事诉讼业务的青年律师的约38.30%的比例。（参见表3－11、图3－11）

表3－11　青年律师认为影响其成长执业环境的主要问题与业务类型的交叉对比统计

单位：人

业务类型	影响成长执业环境的主要问题					答题人数
	律师执业权利得不到保障	社会对青年律师的认同度不高、案源少	执业环境不好，司法环境有待提升	竞争激烈、压力大、同行相斥、争相压价	其他	
诉讼业务	393	778	418	868	21	1026
非诉业务	32	88	51	108	3	125

续表

业务类型	影响成长执业环境的主要问题					答题人数
	律师执业权利得不到保障	社会对青年律师的认同度不高、案源少	执业环境不好，司法环境有待提升	竞争激烈、压力大、同行相斥、争相压价	其他	
综合性业务	281	566	289	673	20	773
根据律所和指导律师的分配决定	63	113	60	116	5	138

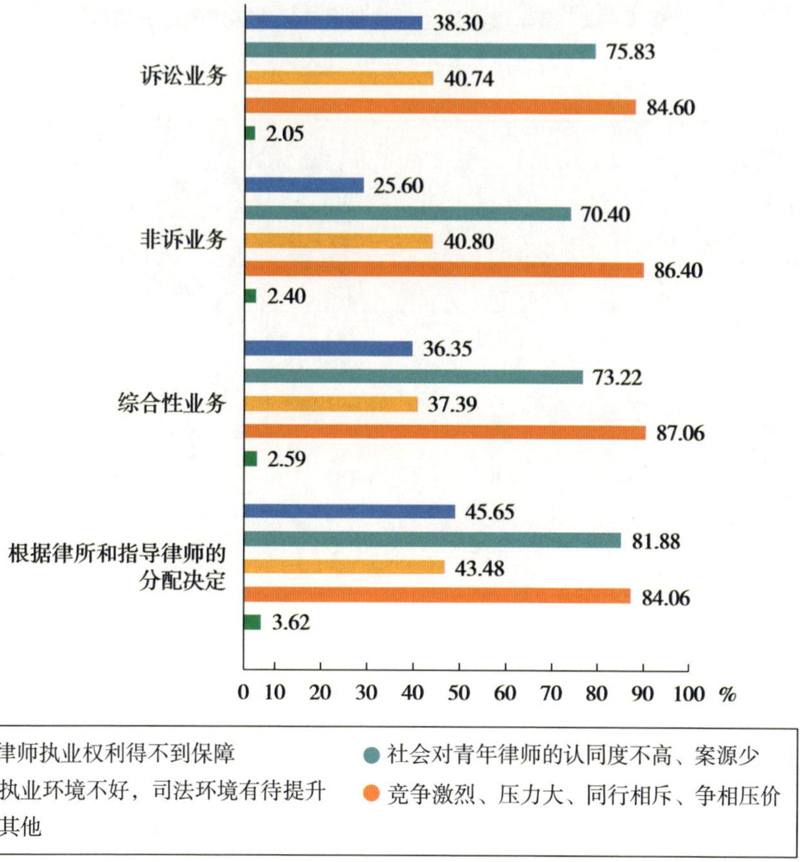

图 3－11 青年律师认为影响其成长执业环境的主要问题与业务类型的交叉对比示意

(三)影响成长执业环境的主要问题与近三年年平均业务营收(税前)的交叉对比

问卷调查显示,不同年平均业务营收水平的青年律师,均普遍认为“竞争激烈、压力大、同行相斥、争相压价”是影响其成长执业环境的主要问题。此外,年平均业务营收(税前)在10万元及以下区间和10万元以上30万元及以下区间的青年律师,认为“社会对青年律师的认同度不高、案源少”是影响其成长执业环境的主要问题的比例,要高于年平均业务营收在30万元以上的青年律师。(参见表3-12、图3-12)

表3-12 青年律师认为影响其成长执业环境的主要问题与近三年年平均业务营收(税前)的交叉比对统计

单位:人

近三年年平均业务营收(税前)	影响成长执业环境的主要问题					答题人数
	律师执业权利得不到保障	社会对青年律师的认同度不高、案源少	执业环境不好,司法环境有待提升	竞争激烈、压力大、同行相斥、争相压价	其他	
Q≤10万元	246	491	243	515	17	607
10万元<Q≤15万元	192	421	203	438	8	518
15万元<Q≤30万元	159	360	181	415	12	482
30万元<Q≤45万元	65	113	71	151	3	169
45万元<Q≤60万元	50	77	50	104	4	118
60万元<Q≤80万元	21	24	23	43	1	50
80万元<Q≤100万元	13	18	10	35	1	37
100万元<Q	23	41	37	64	3	81

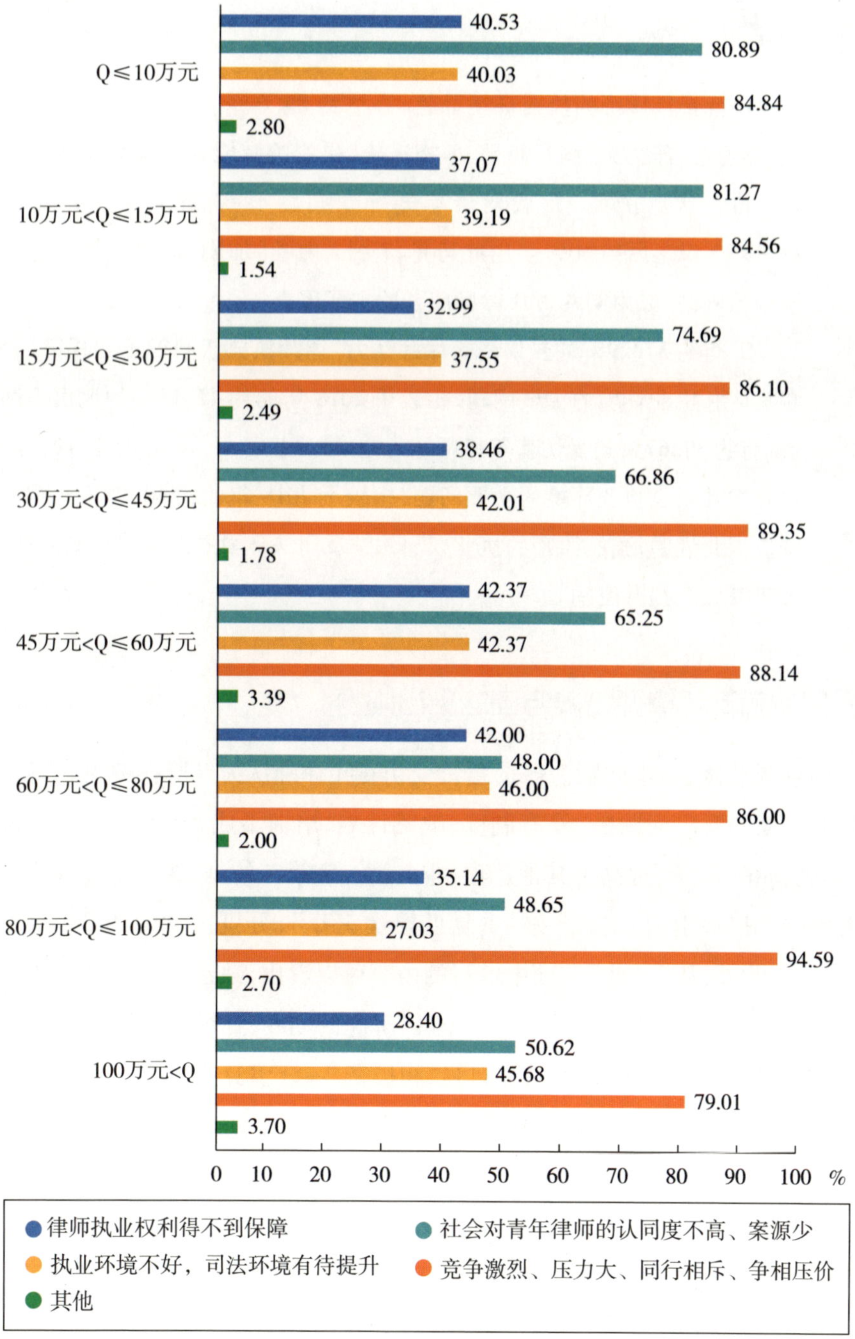

图 3－12　青年律师认为影响其成长执业环境的主要问题与近三年年平均业务营收(税前)的交叉对比示意

小结

1. 就青年律师的执业环境而言，高达约 85.60% 的受访青年律师认为“竞争激烈、压力大、同行相斥、争相压价”是影响其成长执业环境的首要问题。排在次席的是“社会对青年律师认同度不高、案源少”，占比约为 74.93%，仅落后约 10%。由此可见，行业“内卷”加剧，客户选择律师的传统经验限制，成为制约青年律师成长的主要因素。

2. 有约 37.29% 的受访青年律师认为“律师执业权利得不到保障”是影响其成长执业环境的主要问题，相较于 2018 年的约 42.18% 的比例有所降低；有约 39.67% 的受访青年律师认为“执业环境不好，司法环境有待提升”是影响其成长执业环境的主要问题，相较于 2018 年的约 40.88% 也略有下降。据此说明，虽然律师的执业权利保护及司法环境层面较以往有所改善，但仍有较大提升空间。

三、律所对青年律师培养方面的突出问题

问卷调查显示（本问题为多选题），受访青年律师认为其所在律所在青年律师培养方面的突出问题是“没有制度、缺乏计划、培训不成系统”的占比是最高的，达到约 62.32%，远高于其他选项；排名第二和第三的是“律所不愿提供高端业务供青年律师学习、实践”和“重复低层次工作”，分别占比约为 38.07% 和 35.69%。此外，从“其他”选项中填写的内容可以看出，缺乏公平合理的机制平衡资深律师与青年律师之间的利益是难以解决的问题，律所对青年律师的培养固然重要，但也需要青年律师自立自强、积极奋斗。（参见表 3－13、图 3－13）

表 3－13　青年律师认为律所对青年律师培养方面的突出问题统计

选项	小计/人	比例/%
没有制度、缺乏计划、培训不成系统	1285	62.32
资深律师不愿花时间精力予以指导	597	28.95

续表

选项	小计/人	比例/%
合伙人不愿花钱投入	542	26.29
律所不愿提供高端业务供青年律师学习、实践	785	38.07
重复低层次工作	736	35.69
其他	148	7.18
本题有效填写人数	2062	—

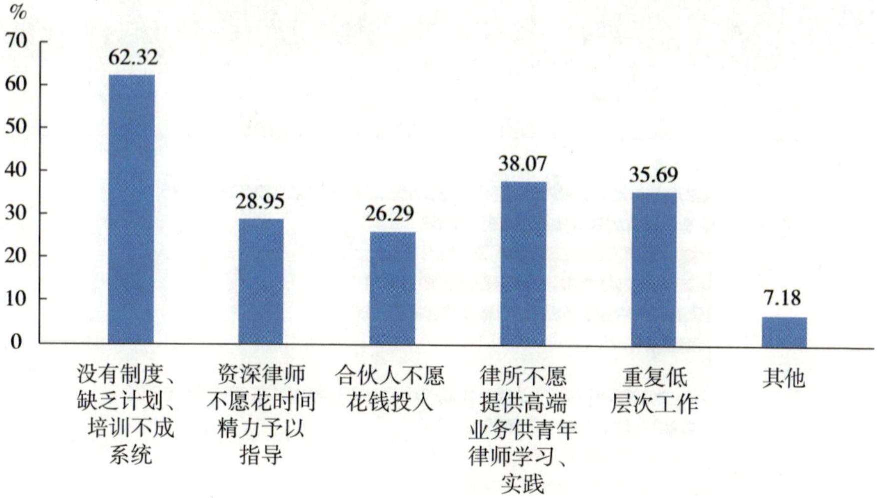

图3－13 青年律师认为律所对青年律师培养方面的突出问题比例示意

(一)律所对青年律师培养方面的突出问题与年龄的交叉对比

问卷调查显示,各个年龄段的青年律师,认为“没有制度、缺乏计划、培训不成系统”是其所在律所对青年律师培养方面的突出问题的占比均是最高的,均超过60%。此外,在31～35岁和36～40岁的青年律师中,选择“律所不愿提供高端业务供青年律师学习、实践”的占比均排名第二,分别为约39.94%和36.77%。而在30岁及以下的青年律师中,认为“重复低层次工作”是其所在律所在青年律师培养方面的突出问题的人数占比排名第二。(参见表3－14、图3－14)

表 3-14　青年律师认为律所对青年律师培养方面的突出问题与年龄的交叉对比统计

单位:人

年龄	律所对青年律师培养方面的突出问题						答题人数
	没有制度、缺乏计划、培训不成系统	资深律师不愿花时间精力予以指导	合伙人不愿花钱投入	律所不愿提供高端业务供青年律师学习、实践	重复低层次工作	其他	
30 岁及以下	589	277	254	360	374	75	968
31 ~ 35 岁	467	200	197	286	228	48	716
36 ~ 40 岁	229	120	91	139	134	25	378

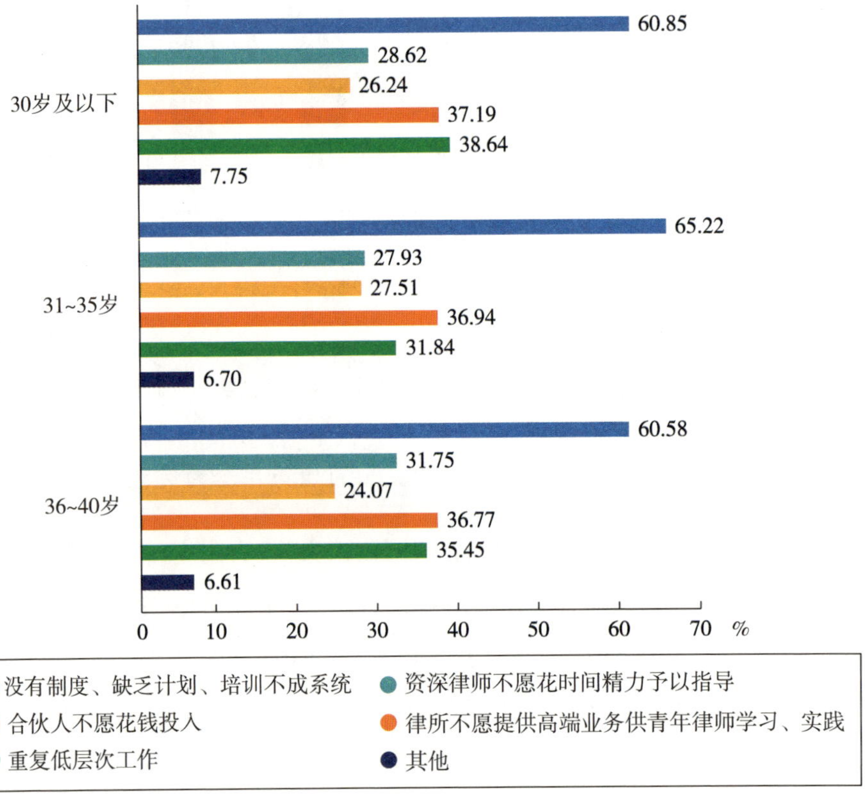

图 3-14　青年律师认为律所对青年律师培养方面的突出问题与年龄的交叉对比示意

（二）律所对青年律师培养方面的突出问题与性别的交叉对比

问卷调查显示，男性和女性青年律师的总体数据情况相差不大。其中，认为“没有制度、缺乏计划、培训不成系统”是其所在律所对青年律师培养方面的突出问题的占比均是最高的，均超过60%。男性青年律师选择“合伙人不愿花钱投入”的占比约为29.59%，略高于女性青年律师的比例。（参见表3－15、图3－15）

表3－15　青年律师认为律所对青年律师培养方面的突出问题与性别的交叉对比统计

单位：人

性别	律所对青年律师培养方面的突出问题						答题人数
	没有制度、缺乏计划、培训不成系统	资深律师不愿花时间精力予以指导	合伙人不愿花钱投入	律所不愿提供高端业务供青年律师学习、实践	重复低层次工作	其他	
男	580	274	274	350	324	60	926
女	705	323	268	435	412	88	1136

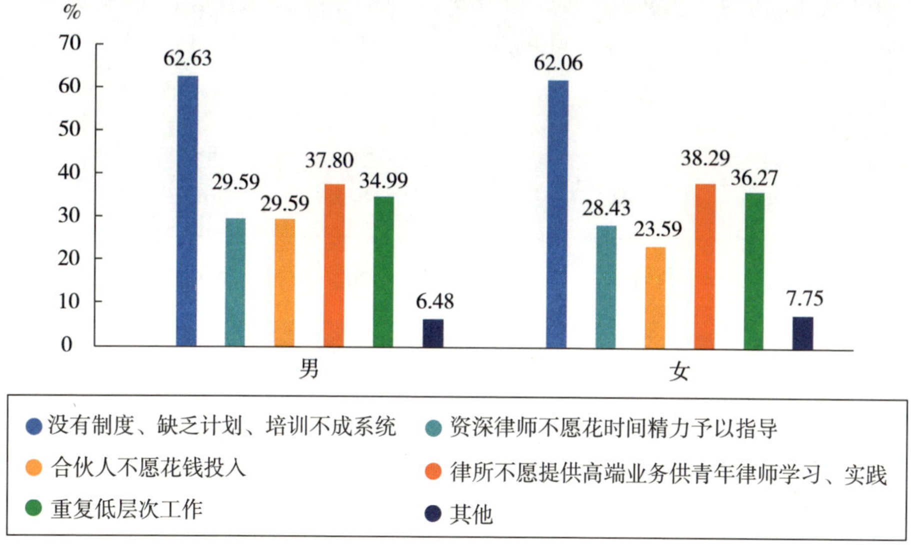

图3－15　青年律师认为律所对青年律师培养方面的突出问题与性别的交叉对比示意

（三）律所对青年律师培养方面的突出问题与学历的交叉对比

问卷调查显示，在本科和硕士研究生学历的青年律师中，认为“没有制度、缺乏计划、培训不成系统”是其所在律所对青年律师培养方面的突出问题的占比均是最高的，分别为约63.82%和59.59%。本科学历的青年律师选择“律所不愿提供高端业务供青年律师学习、实践”和“重复低层次工作”的人数占比排名第二、第三，分别为约39.19%和35.29%，研究生学历的青年律师则相反，选择“重复低层次工作”和“律所不愿提供高端业务供青年律师学习、实践”的人数占比排名第二、第三，分别为约36.89%和35.31%。（参见表3－16、图3－16）

表3－16　青年律师认为律所对青年律师培养方面的突出问题与学历的交叉对比统计

单位：人

学历	律所对青年律师培养方面的突出问题						答题人数
	没有制度、缺乏计划、培训不成系统	资深律师不愿花时间精力予以指导	合伙人不愿花钱投入	律所不愿提供高端业务供青年律师学习、实践	重复低层次工作	其他	
本科以下	9	6	1	6	3	0	16
本科	933	441	380	573	516	95	1462
硕士研究生	338	146	159	202	211	52	572
硕士研究生以上	5	4	2	4	6	1	12

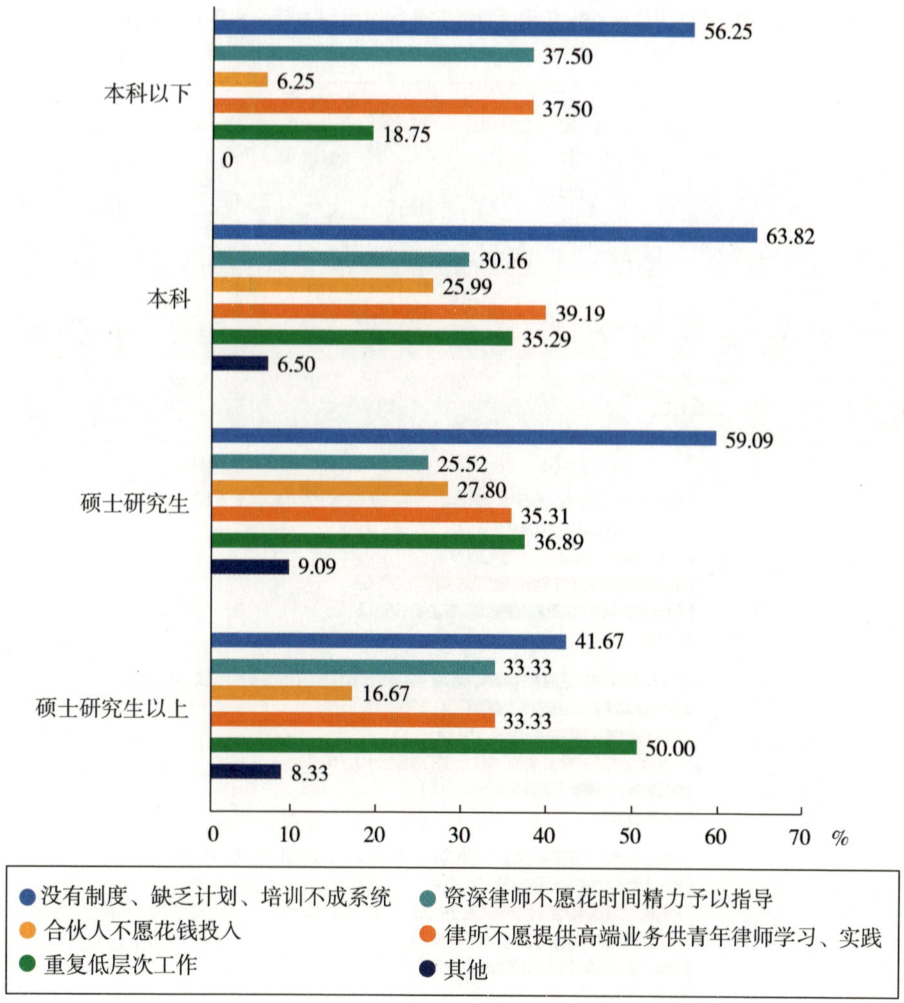

图 3－16　青年律师认为律所对青年律师培养方面的突出问题与学历的交叉对比示意

(四)律所对青年律师培养方面的突出问题与执业年限的交叉对比

问卷调查显示,各个执业年限区间的青年律师,认为“没有制度、缺乏计划、培训不成系统”是其所在律所对青年律师培养方面的突出问题的占比均是最高的,全部超过60%,明显高于其他选项。(参见表3－17、图3－17)

表 3－17　青年律师认为律所对青年律师培养方面的突出问题与执业年限的交叉对比统计

单位：人

执业年限	律所对青年律师培养方面的突出问题						答题人数
	没有制度、缺乏计划、培训不成系统	资深律师不愿花时间精力予以指导	合伙人不愿花钱投入	律所不愿提供高端业务供青年律师学习、实践	重复低层次工作	其他	
5 年及以下	960	452	407	591	580	120	1571
6～10 年	265	119	107	161	119	23	395
11～15 年	54	23	26	30	32	5	88
16～20 年	6	3	2	3	5	0	8

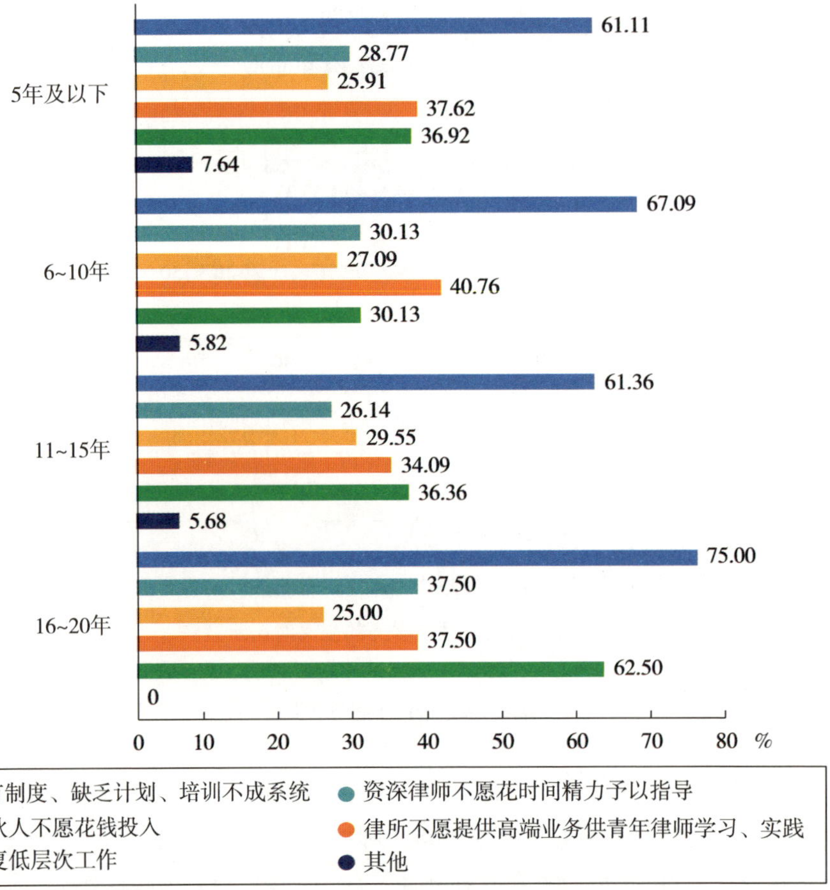

图 3－17　青年律师认为律所对青年律师培养方面的突出问题与执业年限的交叉对比示意

（五）律所对青年律师培养方面的突出问题与律所职位的交叉对比

问卷调查显示，不同职位的青年律师，认为"没有制度、缺乏计划、培训不成系统"是其所在律所对青年律师培养方面的突出问题的占比均最高，均达到60%或以上，明显高于其他选项。

此外，非授薪律师选择"律所不愿提供高端业务供青年律师学习、实践"的占比约为42.88%，较明显高于其他职位的青年律师，而授薪律师选择"重复低层次工作"的占比约为43.87%，较明显高于其他职位的青年律师。（参见表3－18、图3－18）

表3－18　青年律师认为律所对青年律师培养方面的突出问题与律所职位的交叉对比统计

单位：人

律所职位	律所对青年律师培养方面的突出问题						答题人数
	没有制度、缺乏计划、培训不成系统	资深律师不愿花时间精力予以指导	合伙人不愿花钱投入	律所不愿提供高端业务供青年律师学习、实践	重复低层次工作	其他	
主任	13	8	3	7	6	2	20
合伙人（非主任）	132	58	56	81	70	22	220
专职律师（授薪）	426	192	163	206	297	50	677
专职律师（非授薪）	714	339	320	491	363	74	1145

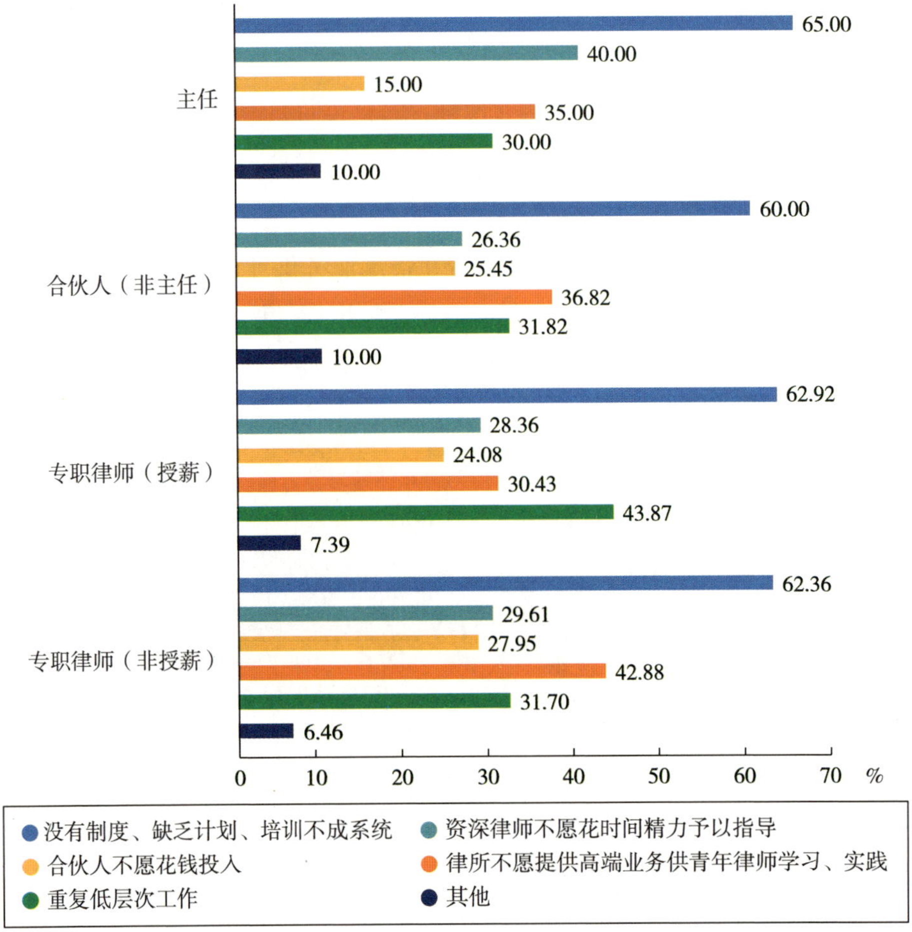

图3－18　青年律师认为律所对青年律师培养方面的突出问题与律所职位的交叉对比统计

（六）律所对青年律师培养方面的突出问题与律所组织形式的交叉对比

问卷调查显示，所有组织形式律所的青年律师认为“没有制度、缺乏计划、培训不成系统”是其所在律所对青年律师培养方面的突出问题的占比均是最高的，其中以个人所的占比最高，达到约77.17%。此外，特殊普通合伙所的青年律师选择“律所不愿提供高端业务供青年律师学习、实践”的占比约为40.43%，明显高于其他组织形式的律所，而个人所的青年律师选择“重复低层次工作”的占比约为44.57%，明显高于其他组织形式的律所。（参见表3－19、图3－19）

表3－19　青年律师认为律所对青年律师培养方面的突出问题与律所组织形式的交叉对比统计

单位：人

律所组织形式	律所对青年律师培养方面的突出问题						答题人数
	没有制度、缺乏计划、培训不成系统	资深律师不愿花时间精力予以指导	合伙人不愿花钱投入	律所不愿提供高端业务供青年律师学习、实践	重复低层次工作	其他	
普通合伙所	914	408	390	546	520	99	1442
特殊普通合伙所	291	154	123	207	169	42	512
个人所	71	29	25	28	41	5	92
联营所	9	6	4	4	6	2	16

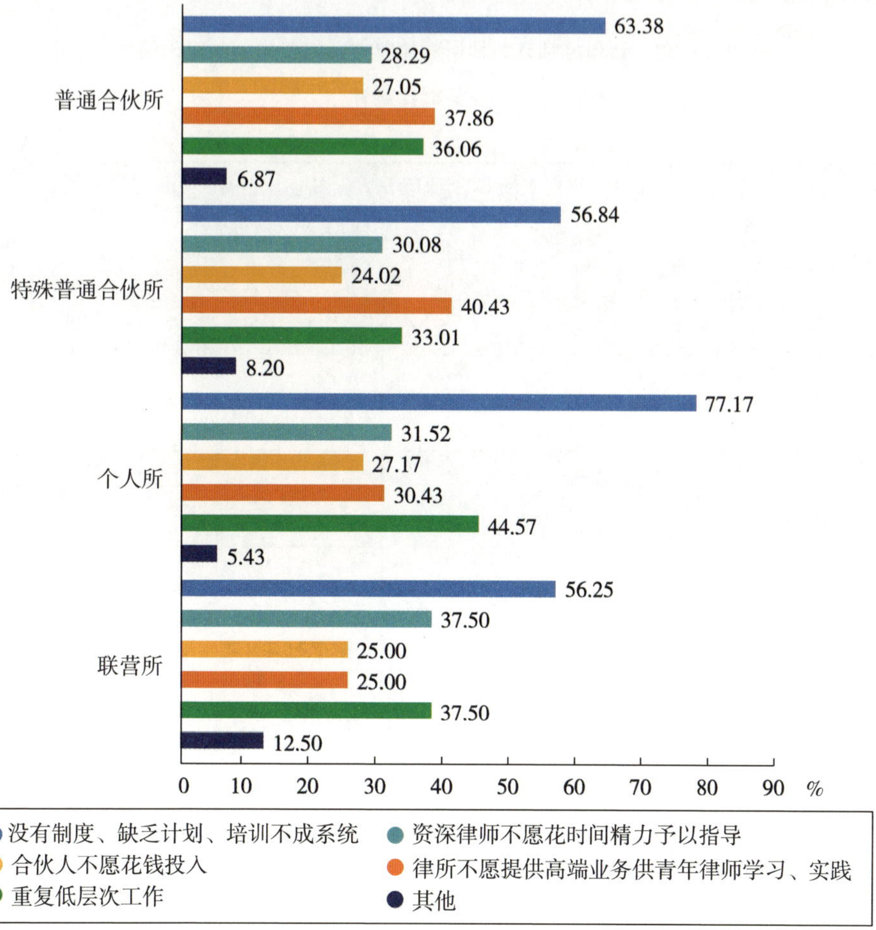

图3－19　青年律师认为律所对青年律师培养方面的突出问题与律所组织形式的交叉对比示意

(七)律所对青年律师培养方面的突出问题与律所规模的交叉对比

问卷调查显示,无论律所规模如何,青年律师认为"没有制度、缺乏计划、培训不成系统"是其所在律所对青年律师培养方面的突出问题的占比均是最高的,除101人及以上规模律所的占比约为55.49%以外,其他规模律所的占比均超过60%。此外,101人及以上规模律所的青年律师,选择"律所不愿提供高端业务供青年律师学习、实践"的人数比例约为42.39%,明显高于其他规模的律所,选择"合伙人不愿花钱投入"的人数比例约为23.31%,明显低于其他规模的律所。(参见表3-20、图3-20)

表3-20 青年律师认为律所对青年律师培养方面的突出问题与律所规模的交叉对比统计

单位:人

律所规模	律所对青年律师培养方面的突出问题						答题人数
	没有制度、缺乏计划、培训不成系统	资深律师不愿花时间精力予以指导	合伙人不愿花钱投入	律所不愿提供高端业务供青年律师学习、实践	重复低层次工作	其他	
10人及以下	163	66	57	71	94	11	215
11~30人	219	86	93	109	125	25	327
31~50人	113	49	44	47	46	11	148
51~100人	214	94	106	118	136	22	334
101人及以上	576	302	242	440	335	79	1038

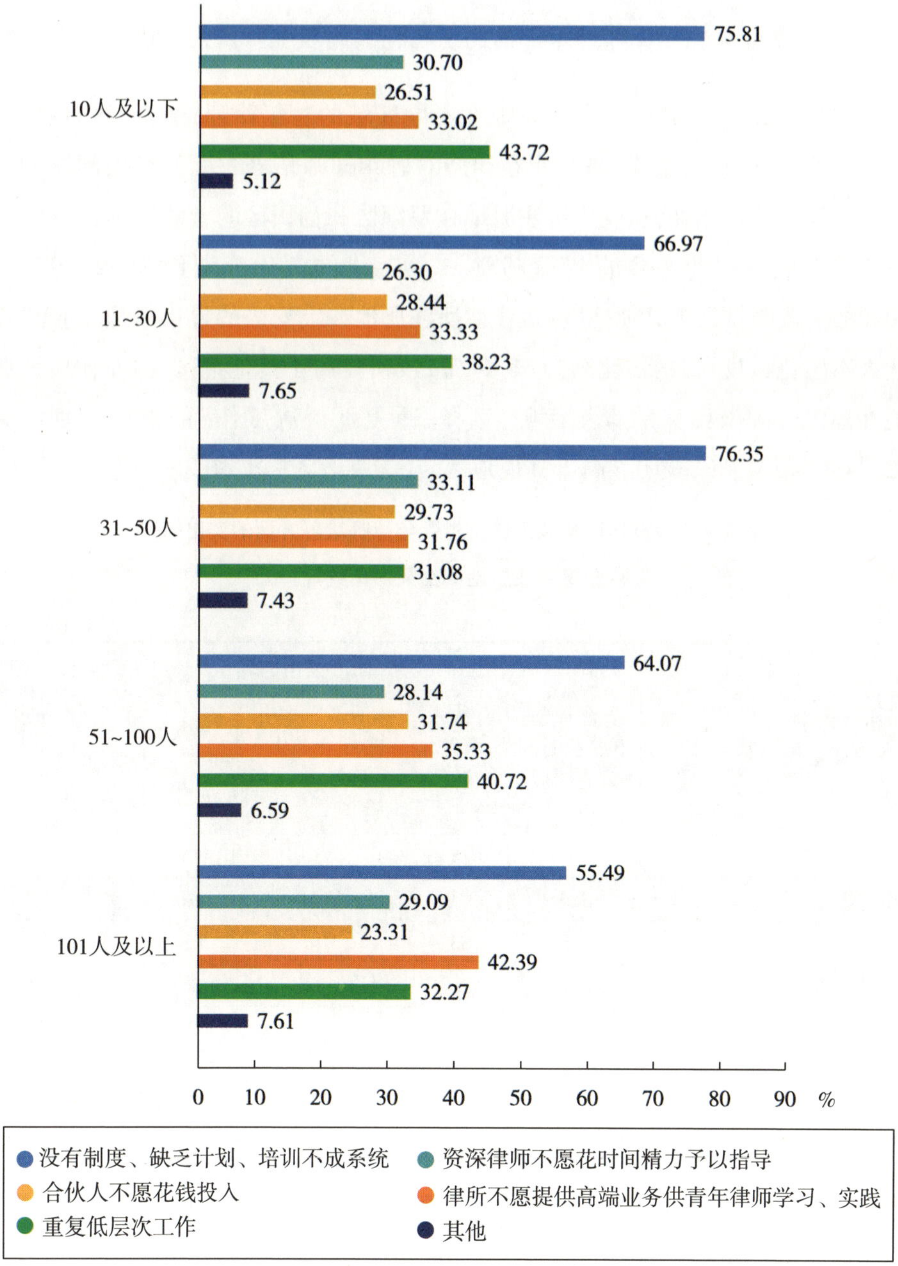

图 3－20　青年律师认为律所对青年律师培养方面的突出问题与律所规模的交叉对比示意

(八)律所对青年律师培养方面的突出问题与执业律所注册地的交叉对比

问卷调查显示，执业律所注册地在不同区域的青年律师，认为“没有制度、缺乏计划、培训不成系统”是其所在律所对青年律师培养方面的突出问题的占比均是最高的。此外，执业律所注册地在罗湖区和福田区的青年律师，选择“律所不愿提供高端业务供青年律师学习、实践”的占比分别约为42.99%和40.08%，较明显高于其他地区；执业律所注册地在宝安区的青年律师，选择“合伙人不愿花钱投入”的占比约为38.62%，较明显高于其他地区；执业律所注册地在福田区和南山区的青年律师，选择“重复低层次工作”的占比分别约为32.94%和34.3%，较明显高于其他地区。（参见表3-21、图3-21）

表3-21　青年律师认为律所对青年律师培养方面的突出问题与执业律所注册地的交叉对比统计

单位：人

执业律所注册地	律所对青年律师培养方面的突出问题						答题人数
	没有制度、缺乏计划、培训不成系统	资深律师不愿花时间精力予以指导	合伙人不愿花钱投入	律所不愿提供高端业务供青年律师学习、实践	重复低层次工作	其他	
罗湖区	74	38	25	46	45	6	107
福田区	740	353	310	511	420	97	1275
南山区	156	76	63	84	83	21	242
龙岗区	107	49	49	51	66	3	147
盐田区	8	5	2	1	2	2	11
宝安区	101	34	56	53	63	8	145
龙华区	52	24	21	26	32	6	78
坪山区	20	4	8	6	11	1	22
光明区	10	4	2	3	7	1	13
大鹏新区*	0	0	0	0	0	0	0
前海合作区	16	9	6	3	7	3	21
深汕合作区	1	1	0	1	0	0	1

*因本次未收集到大鹏新区反馈的青年律师问卷，故大鹏新区的数据为零。

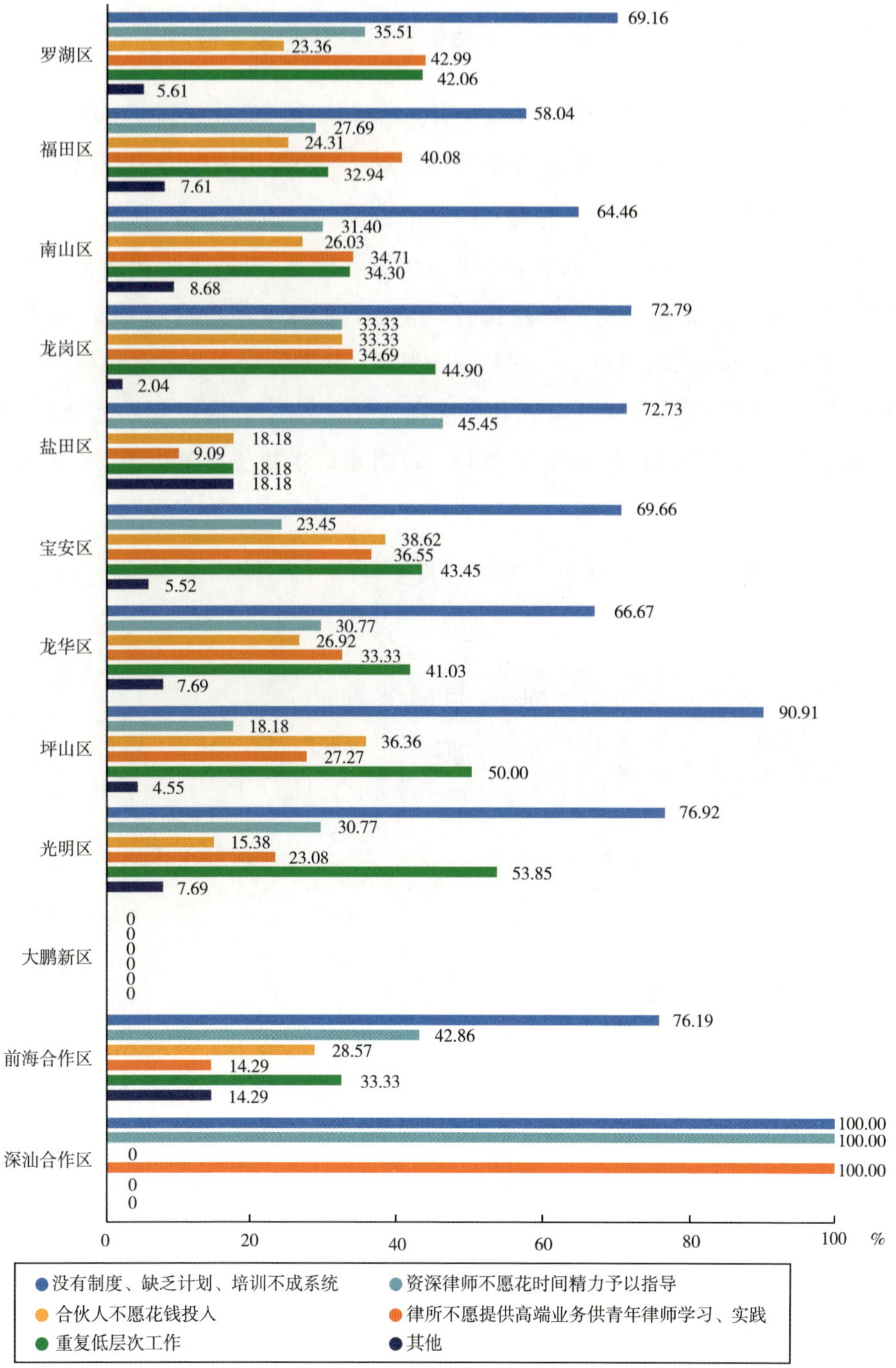

图3－21　青年律师认为律所对青年律师培养方面的突出问题与执业律所注册地的交叉对比示意

(九)律所对青年律师培养方面的突出问题与业务类型的交叉对比

问卷调查显示,从事不同业务类型的青年律师,认为“没有制度、缺乏计划、培训不成系统”是其所在律所对青年律师培养方面的突出问题的人数比例均是最高的,除从事非诉业务类型的青年律师的占比约为56.8%外,其余业务类型的占比均超过60%。此外,从事非诉业务的青年律师、根据律所和指导律师的分配决定业务类型的青年律师,选择“重复低层次工作”的占比分别约为48.00%和53.62%,较明显高于其他业务类型。从事诉讼业务的青年律师和从事综合性业务的青年律师,选择“律所不愿提供高端业务供青年律师学习、实践”的占比分别约为41.23%和37.53%,较明显高于其他业务类型。(参见表3-22、图3-22)

表3-22 青年律师认为律所对青年律师培养方面的突出问题与业务类型的交叉对比统计

单位:人

业务类型	律所对青年律师培养方面的突出问题						答题人数
	没有制度、缺乏计划、培训不成系统	资深律师不愿花时间精力予以指导	合伙人不愿花钱投入	律所不愿提供高端业务供青年律师学习、实践	重复低层次工作	其他	
诉讼业务	662	291	269	423	328	64	1026
非诉业务	71	37	27	30	60	11	125
综合性业务	466	225	217	290	274	63	773
根据律所和指导律师的分配决定	86	44	29	42	74	10	138

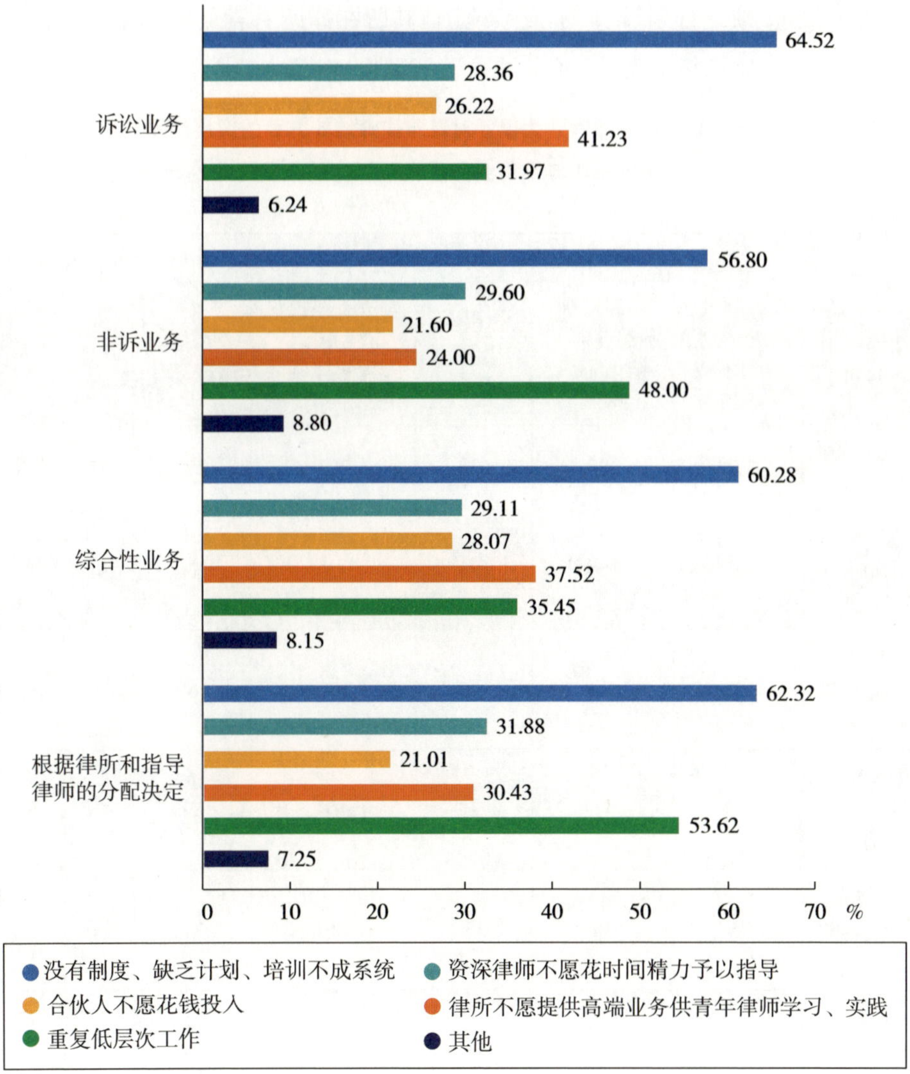

图3－22　青年律师认为律所对青年律师培养方面的突出问题与业务类型的交叉对比示意

（十）律所对青年律师培养方面的突出问题与近三年年平均业务营收（税前）的交叉对比

问卷调查显示，近三年年平均业务营收（税前）在不同区间的青年律师，认为“没有制度、缺乏计划、培训不成系统”是其所在律所对青年律师培养方面的突出问题的占比均是最高的。（参见表3－23、图3－23）

表3－23　青年律师认为律所对青年律师培养方面的突出问题与近三年年平均业务营收（税前）的交叉对比统计

单位：人

近三年年平均业务营收（税前）	律所对青年律师培养方面的突出问题						答题人数
	没有制度、缺乏计划、培训不成系统	资深律师不愿花时间精力予以指导	合伙人不愿花钱投入	律所不愿提供高端业务供青年律师学习、实践	重复低层次工作	其他	
Q≤10万元	372	200	135	203	252	45	607
10万元＜Q≤15万元	341	155	133	214	176	34	518
15万元＜Q≤30万元	292	131	138	198	160	36	482
30万元＜Q≤45万元	107	41	60	67	59	7	169
45万元＜Q≤60万元	75	35	35	46	31	11	118
60万元＜Q≤80万元	29	9	13	20	15	6	50
80万元＜Q≤100万元	26	9	7	12	17	1	37
100万元＜Q	43	17	21	25	26	8	81

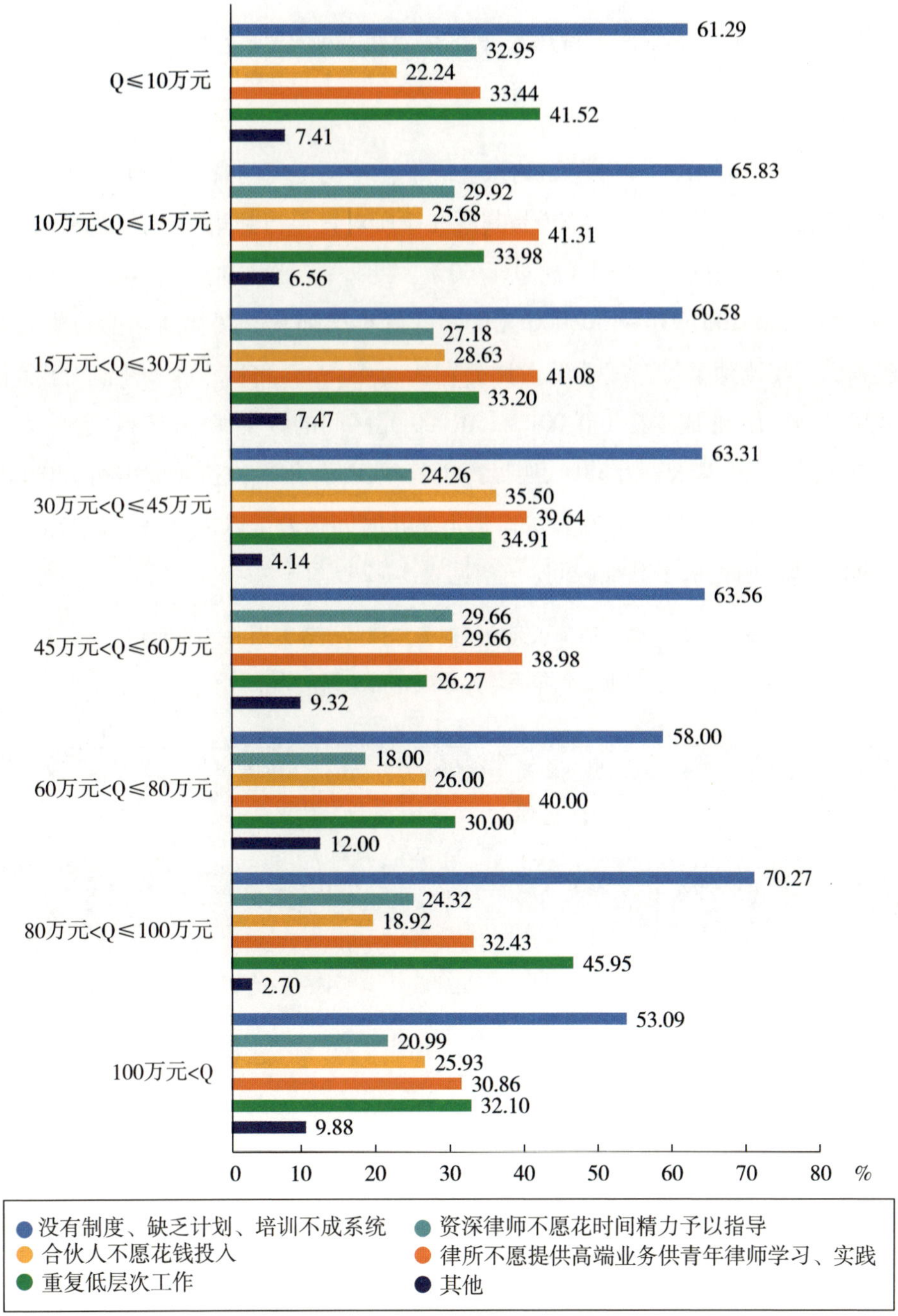

图 3－23　青年律师认为律所对青年律师培养方面的突出问题

与近三年年平均业务营收（税前）的交叉对比示意

（十一）律所对青年律师培养方面的突出问题与近三年年平均执业成本的交叉对比

问卷调查显示，近三年年平均执业成本在不同区间的青年律师，认为“没有制度、缺乏计划、培训不成系统”是其所在律所对青年律师培养方面的突出问题的占比均是最高的，均达到或超过了60%。此外，年平均执业成本在50,001～100,000元和100,001～150,000元区间的青年律师，选择“律所不愿提供高端业务供青年律师学习、实践”的占比分别约为44.93%和45.33%，明显高于其他区间；年平均执业成本在100,001～150,000元区间的青年律师，选择“合伙人不愿花钱投入”的占比约为38%，明显高于其他区间；年平均执业成本在150,000元及以上的青年律师，选择“资深律师不愿花时间精力予以指导”的人数比例约为23.33%，明显低于其他区间。（参见表3－24、图3－24）

表3－24　青年律师认为律所对青年律师培养方面的突出问题与近三年年平均执业成本的交叉对比统计

单位：人

近三年年平均执业成本	律所对青年律师培养方面的突出问题						答题人数
	没有制度、缺乏计划、培训不成系统	资深律师不愿花时间精力予以指导	合伙人不愿花钱投入	律所不愿提供高端业务供青年律师学习、实践	重复低层次工作	其他	
50,000元及以下	714	330	263	396	409	93	1140
50,001～100,000元	368	181	171	266	210	34	592
100,001～150,000元	95	44	57	68	48	11	150
150,001元及以上	108	42	51	55	69	10	180

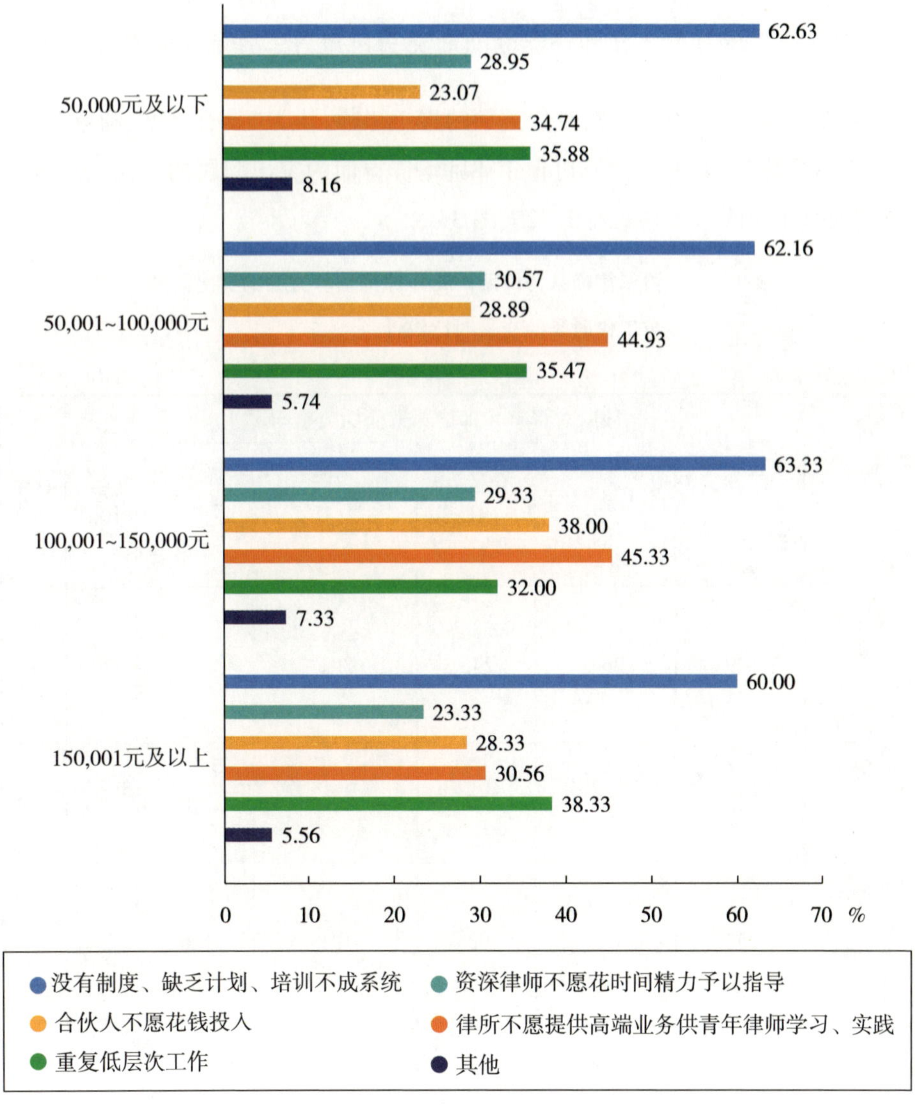

图 3-24 青年律师认为律所对青年律师培养方面的突出问题与近三年年平均执业成本的交叉对比示意

（十二）律所对青年律师培养方面的突出问题与工作时长的交叉对比

问卷调查显示，不同工作时长类型的青年律师，认为“没有制度、缺乏计划、培训不成系统”是其所在律所对青年律师培养方面的突出问题的占比均是最高的，均超过了60%。（参见表3－25、图3－25）

表3－25　青年律师认为律所对青年律师培养方面的突出问题与工作时长的交叉对比统计

单位：人

工作时长	律所对青年律师培养方面的突出问题						答题人数
	没有制度、缺乏计划、培训不成系统	资深律师不愿花时间精力予以指导	合伙人不愿花钱投入	律所不愿提供高端业务供青年律师学习、实践	重复低层次工作	其他	
每天基本超过8小时，经常加班	529	264	243	301	314	70	843
一般不超过8小时	210	97	90	122	110	21	339
业务不多，工作时间较为宽裕	258	128	93	181	126	23	405
不确定，时忙时闲	288	108	116	181	186	34	475

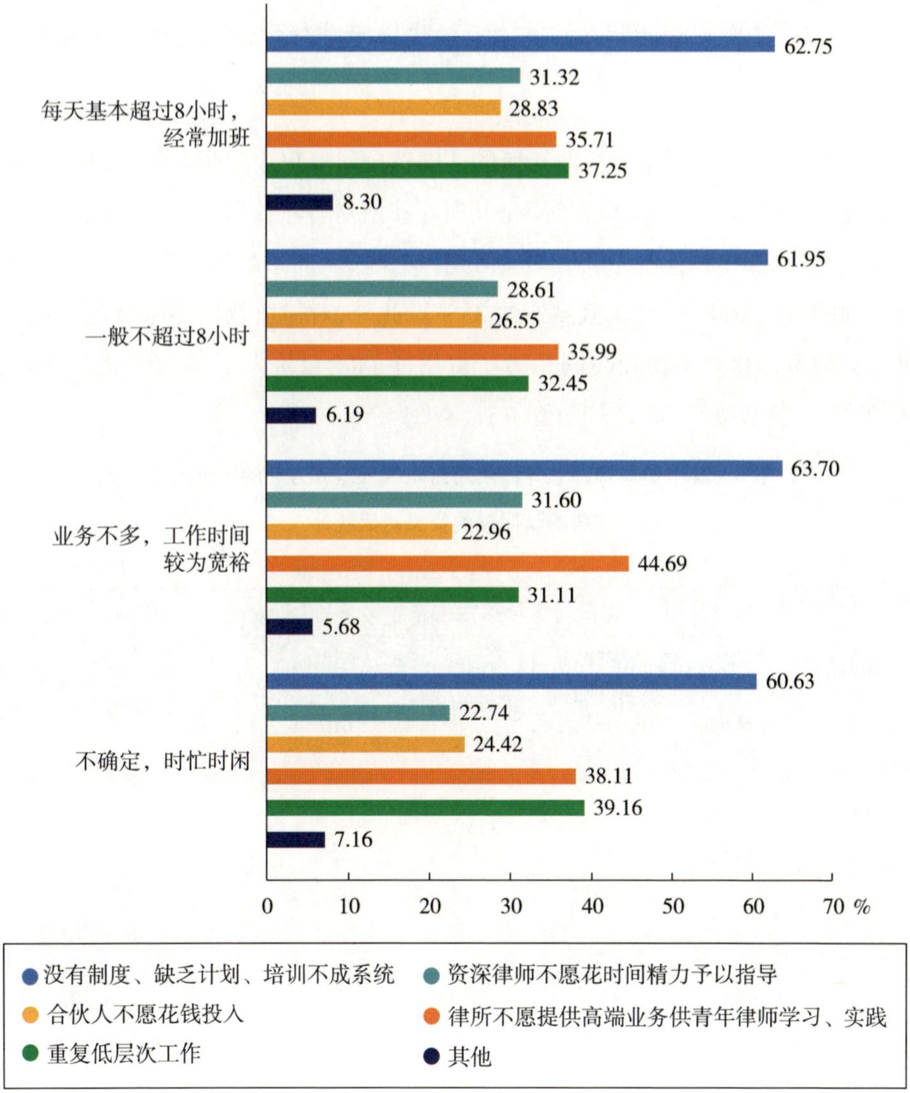

图 3-25　青年律师认为律所对青年律师培养方面的突出问题与工作时长的交叉对比示意

（十三）律所对青年律师培养方面的突出问题与对律所的认同感的交叉对比

问卷调查显示，无论对目前律所的认同感是何种程度的青年律师，认为“没有制度、缺乏计划、培训不成系统”是其所在律所对青年律师培养方面的突出问题的占比均是最高的，但比例有明显区别，对律所认同感越低的青年律师，选择该选项的占比越高，最大差值高达约25%。此外，对律所认同感越低的青年律师，选择“资深律师不愿花时间精力予以指导”和“合伙人不愿花钱投入”的比例越高。（参见表3－26、图3－26）

表3－26　青年律师认为律所对青年律师培养方面的突出问题与对律所的认同感的交叉对比统计

单位：人

对律所的认同感	律所对青年律师培养方面的突出问题						答题人数
	没有制度、缺乏计划、培训不成系统	资深律师不愿花时间精力予以指导	合伙人不愿花钱投入	律所不愿提供高端业务供青年律师学习、实践	重复低层次工作	其他	
很有感情，愿意在该所长期发展	349	170	115	216	205	82	684
有感情，但最多是作为执业平台	485	219	202	312	273	42	771
有感情，但无长期打算，等待时机成熟会选择离开	325	132	149	196	192	14	441
已有离开的打算	126	76	76	61	66	10	166

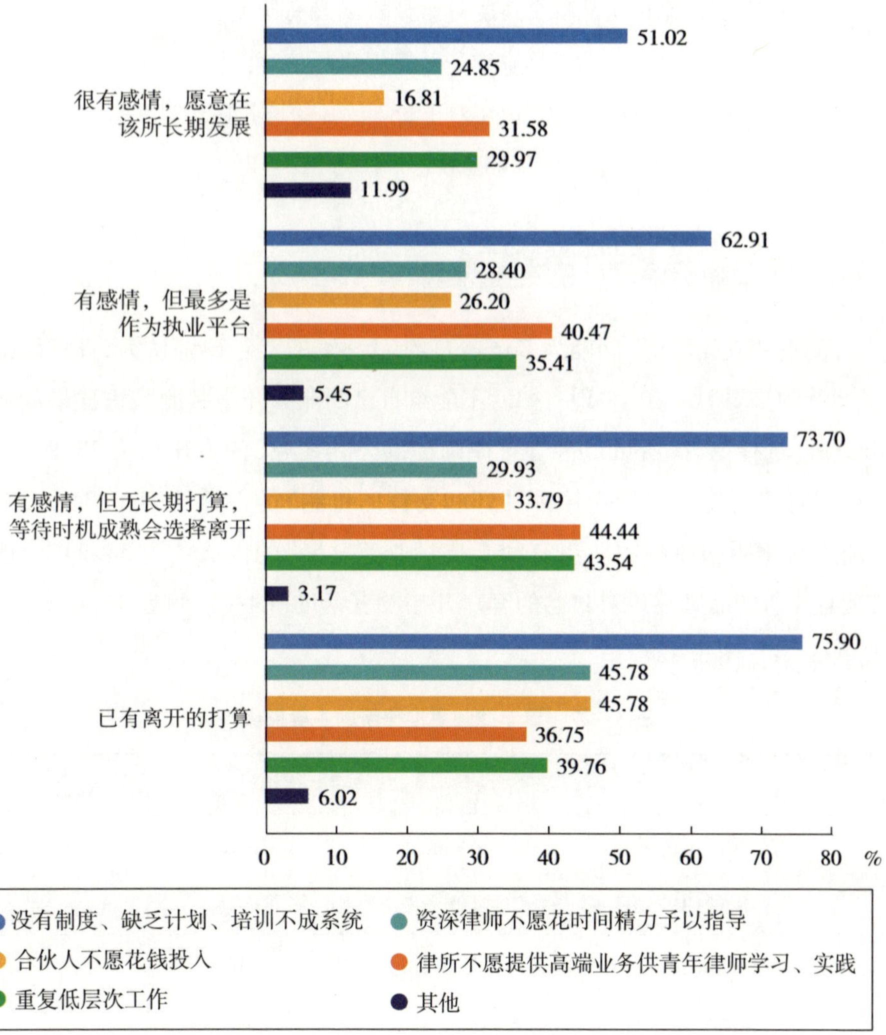

图 3－26　青年律师认为律所对青年律师培养方面的突出问题与对律所的认同感的交叉对比示意

小结

通过将青年律师认为律所对青年律师培养方面的突出问题与青年律师的性别、年龄、律所职位、律所规模、律所注册地、业务类型等多项因素对比可以发现，无论是从哪个角度对比分析，“没有制度、缺乏计划、培训不成系统”在青年律师认为其所在律所对青年律师培养方面的突出问题中的占比均是最高的。由此可见，律所对于青年律师的培养缺乏制度和培训计划，对青年律师自身需求问题不够重视。

四、青年律师更换律所的主要原因

问卷调查显示（本问题为多选题），约71.8%的青年律师认为，青年律师更换律所的主要原因在于“现有律所不能给自己的业务开拓赋能”，占比最高。除此之外，选择“新律所可以为青年律师提供公共案源”的占比约为37.83%，选择“现有律所缺少对青年律师关怀和支持的机制”的占比约为35.79%，选择“加入新律所的律师团队更有利于自身业务发展”的占比约为58.24%，选择“现有律所的品牌建设对自己的客户开拓没有帮助”的占比约为34.72%。（参见表3－27、图3－27）

表3－27　青年律师更换律所的主要原因统计

选项	小计/人	比例/%
现有律所不能给自己的业务开拓赋能	1482	71.87
加入新律所的律师团队更有利于自身业务发展	1201	58.24
现有律所的品牌建设对自己的客户开拓没有帮助	716	34.72
新的律所提供更好的行政财务后勤支撑	347	16.83
现有律所缺少对青年律师关怀和支持的机制	738	35.79
新律所可以为青年律师提供公共案源	780	37.83
新律所的场地、办公环境更优越	191	9.26
其他	46	2.23
本题有效填写人数	2062	—

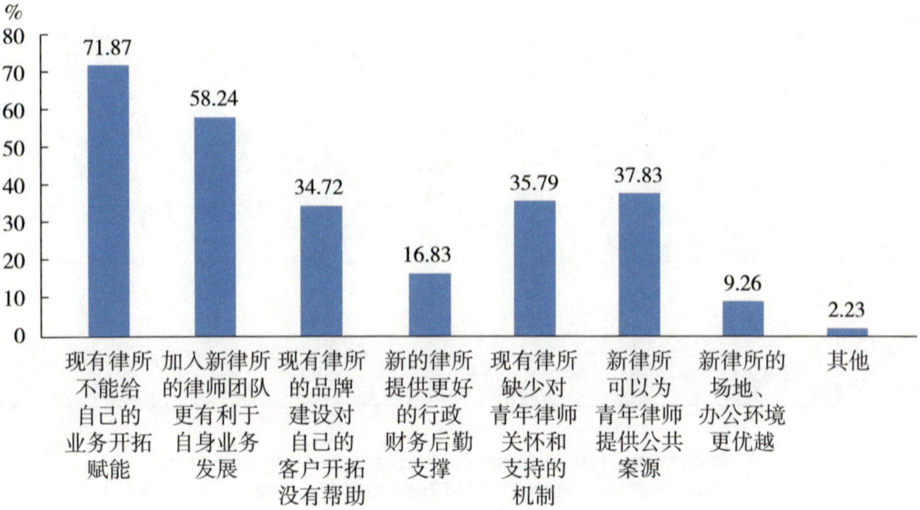

图3－27　青年律师更换律所的主要原因比例示意

(一)更换律所的主要原因与年龄的交叉对比

问卷调查显示,各个年龄段的青年律师,认为“现有律所不能给自己的业务开拓赋能”是青年律师更换律所的主要原因的占比均是最高的,比例均超过了70%。31～35岁年龄段的青年律师选择“现有律所的品牌建设对自己的客户开拓没有帮助”的比例约为40.50%,高于其他年龄段的青年律师群体;30岁及以下年龄段的青年律师群体,选择“现有律所缺少对青年律师关怀和支持的机制”作为青年律师更换律所的主要原因的比例约为38.33%,高于其他年龄段的青年律师群体。(参见表3－28、图3－28)

表3－28　青年律师更换律所的主要原因与年龄的交叉对比统计

单位:人

年龄	更换律所的主要原因								答题人数
	现有律所不能给自己的业务开拓赋能	加入新律所的律师团队更有利于自身业务发展	现有律所的品牌建设对自己的客户开拓没有帮助	新的律所提供更好的行政财务后勤支撑	现有律所缺少对青年律师关怀和支持的机制	新律所可以为青年律师提供公共案源	新律所的场地、办公环境更优越	其他	
30岁及以下	695	575	289	155	371	387	83	28	968

续表

年龄	更换律所的主要原因								答题人数
	现有律所不能给自己的业务开拓赋能	加入新律所的律师团队更有利于自身业务发展	现有律所的品牌建设对自己的客户开拓没有帮助	新的律所提供更好的行政财务后勤支撑	现有律所缺少对青年律师关怀和支持的机制	新律所可以为青年律师提供公共案源	新律所的场地、办公环境更优越	其他	
31～35岁	517	404	290	112	254	261	66	14	716
36～40岁	270	222	137	80	113	132	42	4	378

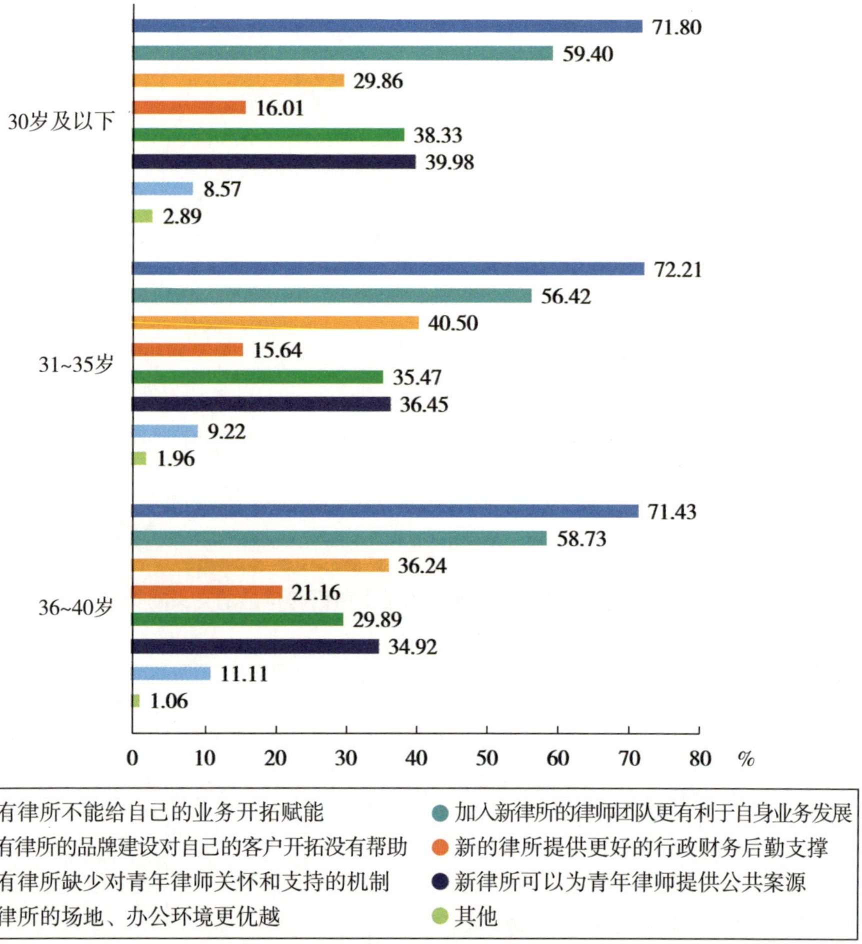

图3－28　青年律师更换律所的主要原因与年龄的交叉对比示意

(二)更换律所的主要原因与性别的交叉对比

问卷调查显示,无论是男性还是女性青年律师,认为“现有律所不能给自己的业务开拓赋能”是青年律师更换律所的主要原因的占比均是最高的,比例均超过了70%。占比第二的均为“加入新律所的律师团队更有利于自身业务发展”。男性青年律师与女性青年律师在选择“新律所可以为青年律师提供公共案源”“现有律所缺少对青年律师关怀和支持的机制”作为更换律所的主要原因的数据情况上呈现一定差别,男性律师选择“现有律所缺少对青年律师关怀和支持的机制”作为更换律所的主要原因的比例约为38.23%,高于女性青年律师选择的约33.80%的比例;男性青年律师选择“新律所可以为青年律师提供公共案源”作为更换律所的主要原因的比例约为32.83%,低于女性青年律师选择的约41.90%的比例。(参见表3-29、图3-29)

表3-29 青年律师更换律所的主要原因与性别的交叉对比统计

单位:人

性别	更换律所的主要原因								答题人数
	现有律所不能给自己的业务开拓赋能	加入新律所的律师团队更有利于自身业务发展	现有律所的品牌建设对自己的客户开拓没有帮助	新的律所提供更好的行政财务后勤支撑	现有律所缺少对青年律师关怀和支持的机制	新律所可以为青年律师提供公共案源	新律所的场地、办公环境更优越	其他	
男	655	518	342	142	354	304	92	23	926
女	827	683	374	205	384	476	99	23	1136

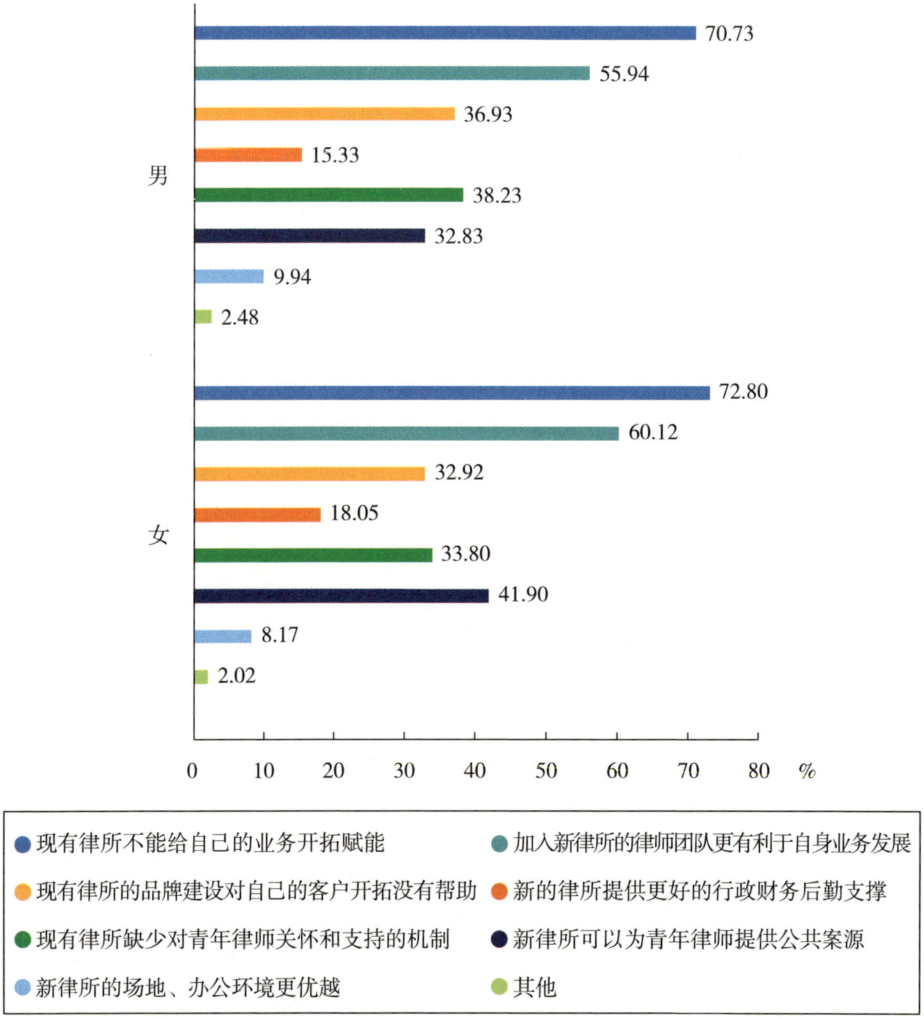

图3－29　青年律师更换律所的主要原因与性别的交叉对比示意

（三）更换律所的主要原因与学历的交叉对比

问卷调查显示，无论是何种学历的青年律师，认为"现有律所不能给自己的业务开拓赋能"是青年律师更换律所的主要原因的占比均是最高的。参与问卷调查的青年律师群体的学历集中在本科、硕士研究生学历，本科及本科以下学历的青年律师认为"新律所可以为青年律师提供公共案源"是青年律师更换律所的主要原因的占比要高于硕士研究生和硕士研究生以上学历的青年律师。（参见表3－30、图3－30）

表3－30 青年律师更换律所的主要原因与学历的交叉对比统计

单位：人

学历	更换律所的主要原因								答题人数
	现有律所不能给自己的业务开拓赋能	加入新律所的律师团队更有利于自身业务发展	现有律所的品牌建设对自己的客户开拓没有帮助	新的律所提供更好的行政财务后勤支撑	现有律所缺少对青年律师关怀和支持的机制	新律所可以为青年律师提供公共案源	新律所的场地、办公环境更优越	其他	
本科以下	12	7	4	2	4	6	2	0	16
本科	1054	850	508	237	510	591	145	26	1462
硕士研究生	408	340	202	105	220	180	44	19	572
硕士研究生以上	8	4	2	3	4	3	0	1	12

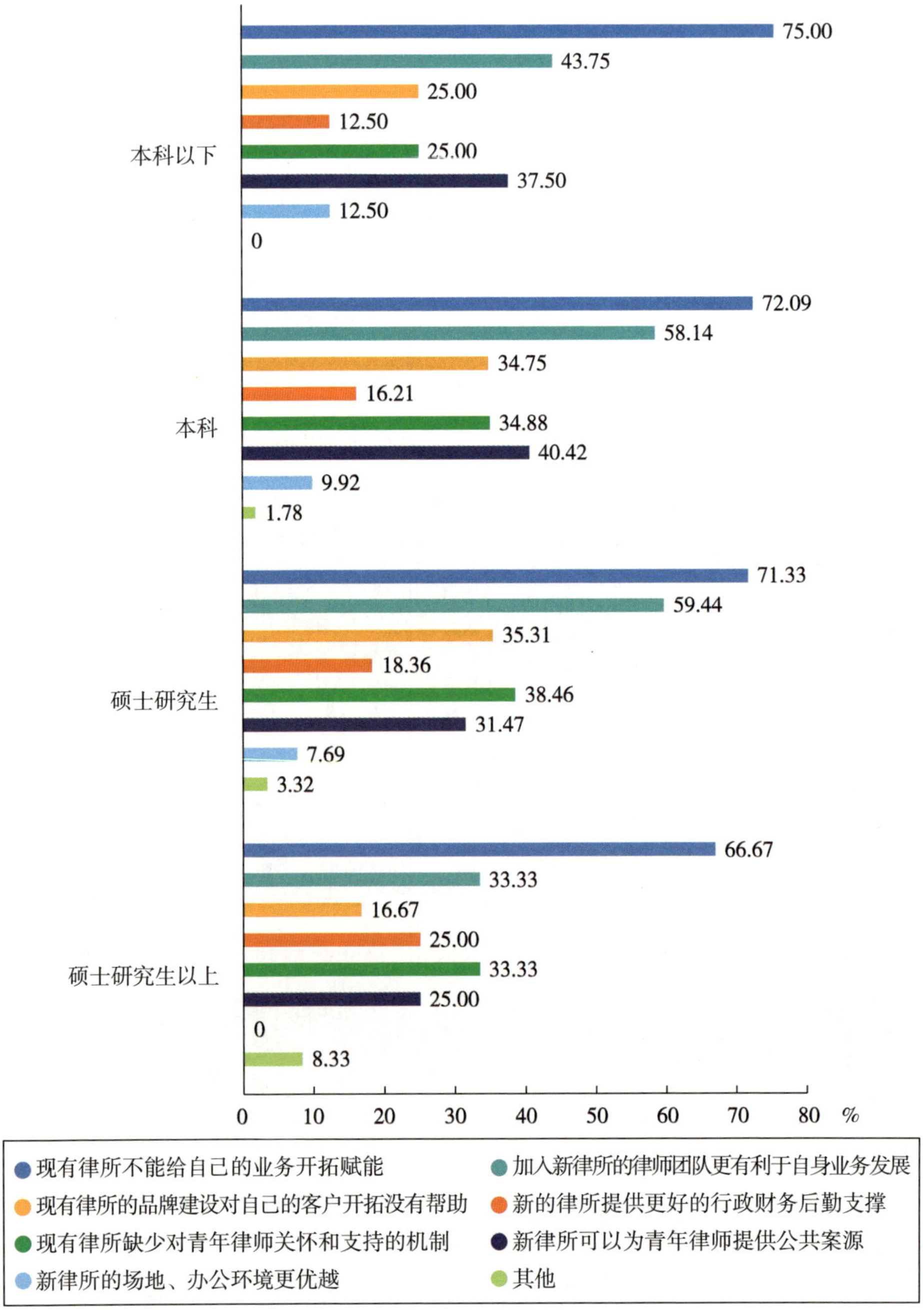

图 3－30　青年律师更换律所的主要原因与学历的交叉对比示意

(四)更换律所的主要原因与执业年限的交叉对比

问卷调查显示,执业年限在各个区间的青年律师,认为"现有律所不能给自己的业务开拓赋能"是青年律师更换律所的主要原因的占比均是最高的。其中,执业年限在15年及以下的青年律师,随着执业年限的增加,选择"现有律所缺少对青年律师关怀和支持的机制""新律所可以为青年律师提供公共案源"作为青年律师更换律所主要原因的占比逐渐降低。(参见表3-31、图3-31)

表3-31 青年律师更换律所的主要原因与执业年限的交叉对比统计

单位:人

执业年限	更换律所的主要原因								答题人数
	现有律所不能给自己的业务开拓赋能	加入新律所的律师团队更有利于自身业务发展	现有律所的品牌建设对自己的客户开拓没有帮助	新的律所提供更好的行政财务后勤支撑	现有律所缺少对青年律师关怀和支持的机制	新律所可以为青年律师提供公共案源	新律所的场地、办公环境更优越	其他	
5年及以下	1131	911	522	255	578	612	136	38	1571
6~10年	285	230	153	73	136	140	43	5	395
11~15年	60	56	40	16	21	23	12	3	88
16~20年	6	4	1	3	3	5	0	0	8

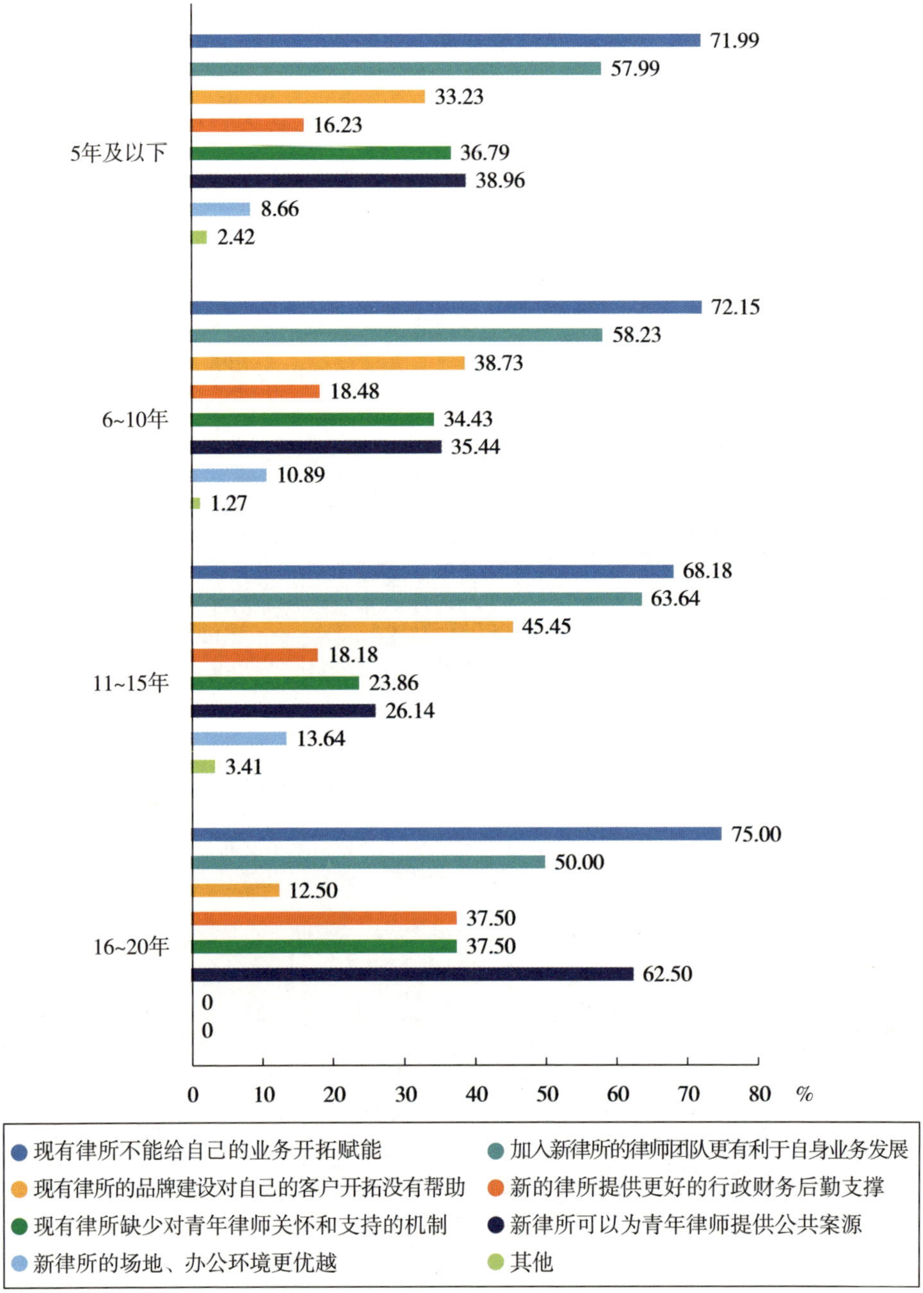

图 3－31　青年律师更换律所的主要原因与执业年限的交叉对比示意

（五）更换律所的主要原因与律所职位的交叉对比

问卷调查显示，无论在律所处于何种职位的青年律师，认为“现有律所不能给自己的业务开拓赋能”是青年律师更换律所的主要原因的占比均是最高的。其中，选择“新的律所提供更好的行政财务后勤支撑”的非授薪律师的占比要高于律所主任、合伙人（非主任）、授薪律师的占比。（参见表3－32、图3－32）

表3－32 青年律师更换律所的主要原因与律所职位的交叉对比统计

单位：人

律所职位	更换律所的主要原因								答题人数
	现有律所不能给自己的业务开拓赋能	加入新律所的律师团队更有利于自身业务发展	现有律所的品牌建设对自己的客户开拓没有帮助	新的律所提供更好的行政财务后勤支撑	现有律所缺少对青年律师关怀和支持的机制	新律所可以为青年律师提供公共案源	新律所的场地、办公环境更优越	其他	
主任	15	11	9	2	3	6	4	1	20
合伙人（非主任）	161	130	89	33	71	76	25	8	220
专职律师（授薪）	477	416	207	108	255	265	41	22	677
专职律师（非授薪）	829	644	411	204	409	433	121	15	1145

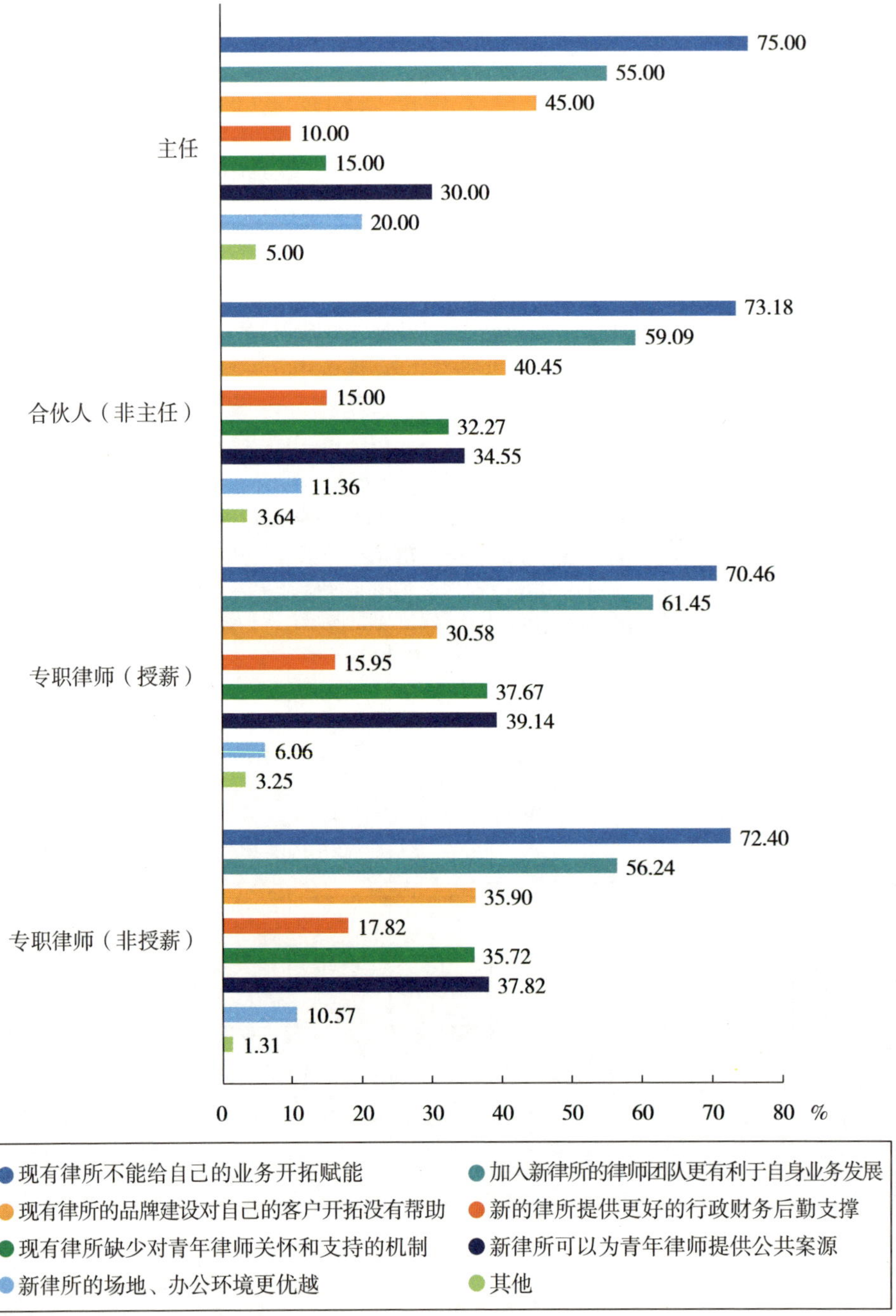

图 3-32　青年律师更换律所的主要原因与律所职位的交叉对比示意

(六)更换律所的主要原因与律所组织形式的交叉对比

问卷调查显示,无论在何种组织形式律所执业的青年律师,均认为"现有律所不能给自己的业务开拓赋能""加入新律所的律师团队更有利于自身业务发展"是更换律所的主要原因。与在其他组织形式律所执业的青年律师不同,在联营所执业的青年律师认为,青年律师更换律所的主要原因并不是"现有律所不能给自己的业务开拓赋能",最为重要的因素是"加入新律所的律师团队更有利于自身业务发展"和"现有律所缺少对青年律师关怀和支持的机制"。相较而言,在个人所执业的青年律师对"新的律所提供更好的行政财务后勤支撑"的关注度并不高。(参见表3-33、图3-33)

表3-33 青年律师更换律所的主要原因与律所组织形式的交叉对比统计

单位:人

律所组织形式	更换律所的主要原因								答题人数
	现有律所不能给自己的业务开拓赋能	加入新律所的律师团队更有利于自身业务发展	现有律所的品牌建设对自己的客户开拓没有帮助	新的律所提供更好的行政财务后勤支撑	现有律所缺少对青年律师关怀和支持的机制	新律所可以为青年律师提供公共案源	新律所的场地、办公环境更优越	其他	
普通合伙所	1057	837	511	233	504	534	143	32	1442
特殊普通合伙所	345	299	161	102	195	201	40	13	512
个人所	72	55	43	7	29	37	7	1	92
联营所	8	10	1	5	10	8	1	0	16

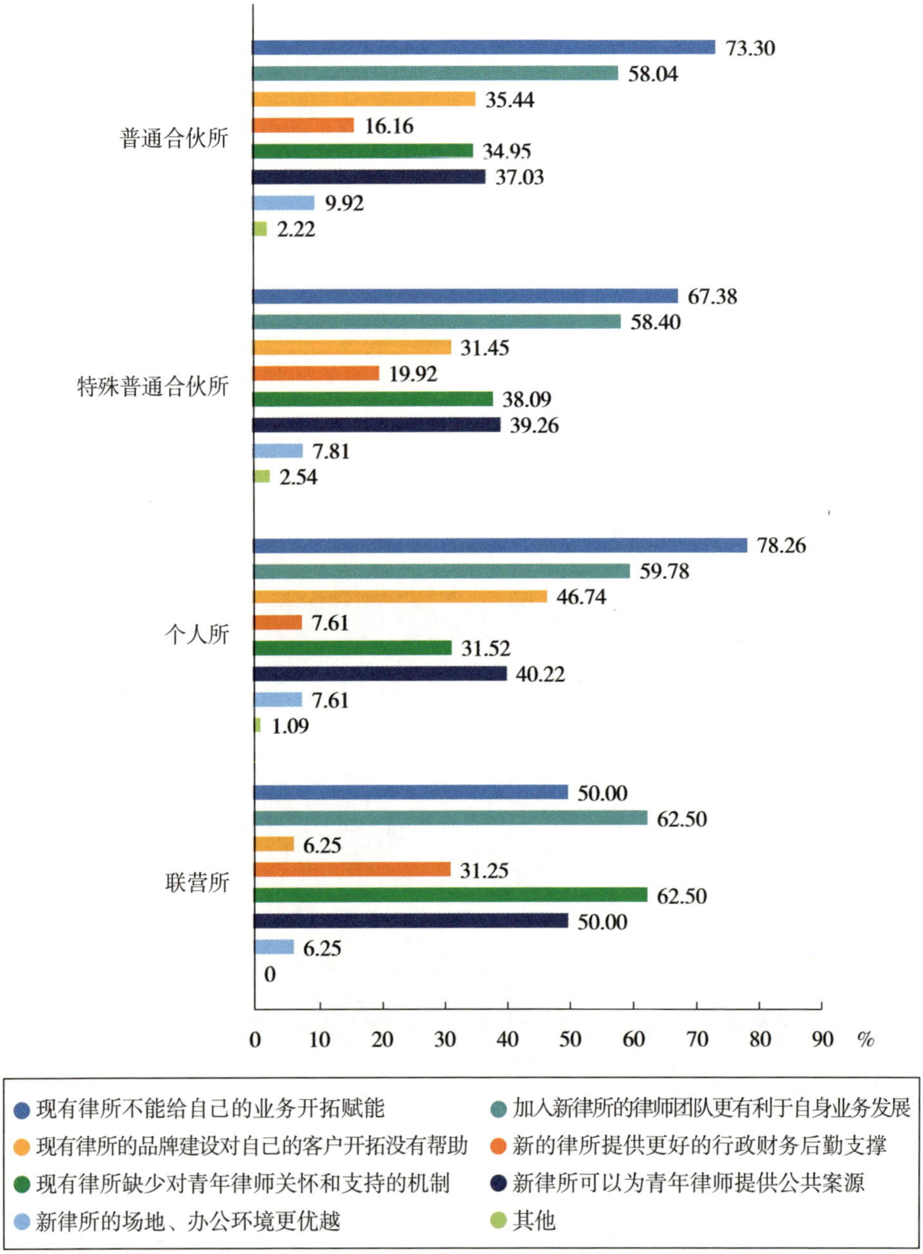

图 3－33　青年律师更换律所的主要原因与律所组织形式的交叉对比示意

(七)更换律所的主要原因与曾经执业的律所数量的交叉对比

问卷调查显示,青年律师曾经执业的律所数量,对其选择青年律师更换律所的主要原因的影响不大。(参见表3-34、图3-34)

表3-34 青年律师更换律所的主要原因与曾经执业的律所数量的交叉对比统计

单位:人

曾经执业的律所数量	更换律所的主要原因								答题人数
	现有律所不能给自己的业务开拓赋能	加入新律所的律师团队更有利于自身业务发展	现有律所的品牌建设对自己的客户开拓没有帮助	新的律所提供更好的行政财务后勤支撑	现有律所缺少对青年律师关怀和支持的机制	新律所可以为青年律师提供公共案源	新律所的场地、办公环境更优越	其他	
1家	525	415	226	125	270	275	57	20	715
2家	570	484	301	124	278	304	71	12	804
3家	281	225	138	70	142	149	40	8	400
4家及以上	106	77	51	28	48	52	23	6	143

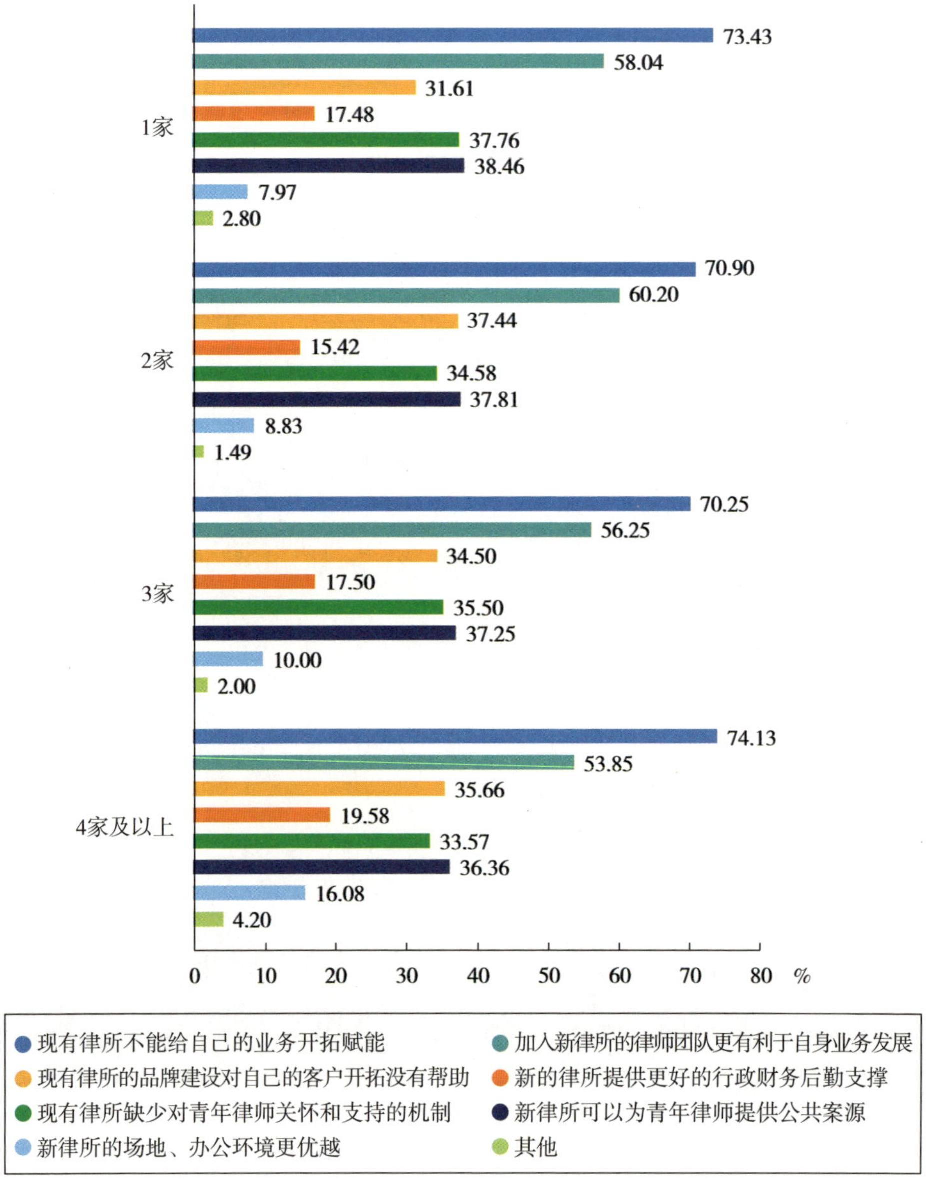

图3-34 青年律师更换律所的主要原因与曾经执业的律所数量的交叉对比示意

(八)更换律所的主要原因与业务类型的交叉对比

问卷调查显示,无论从事何种业务类型的青年律师,均认为"现有律所不能给自己的业务开拓赋能""加入新律所的律师团队更有利于自身业务发展""现有律所缺少对青年律师关怀和支持的机制""新律所可以为青年律师提供公共案源"是青年律师更换律所的主要原因。但从事非诉业务的青年律师选择"现有律所缺少对青年律师关怀和支持的机制"的比例约为32.8%,高于其选择"新律所可以为青年律师提供公共案源"的约28.00%的比例,与从事其他业务类型的青年律师的选择情况刚好相反。另外,相较而言,根据律所和指导律师的分配来决定业务类型的青年律师,选择"新律所可以为青年律师提供公共案源"的占比是最高的。(参见表3-35、图3-35)

表3-35 青年律师更换律所的主要原因与业务类型的交叉对比统计

单位:人

业务类型	更换律所的主要原因								答题人数
	现有律所不能给自己的业务开拓赋能	加入新律所的律师团队更有利于自身业务发展	现有律所的品牌建设对自己的客户开拓没有帮助	新的律所提供更好的行政财务后勤支撑	现有律所缺少对青年律师关怀和支持的机制	新律所可以为青年律师提供公共案源	新律所的场地、办公环境更优越	其他	
诉讼业务	727	590	362	170	373	396	99	20	1026
非诉业务	84	75	42	27	41	35	8	5	125
综合性业务	565	448	267	131	275	289	78	17	773
根据律所和指导律师的分配决定	106	88	45	19	49	60	6	4	138

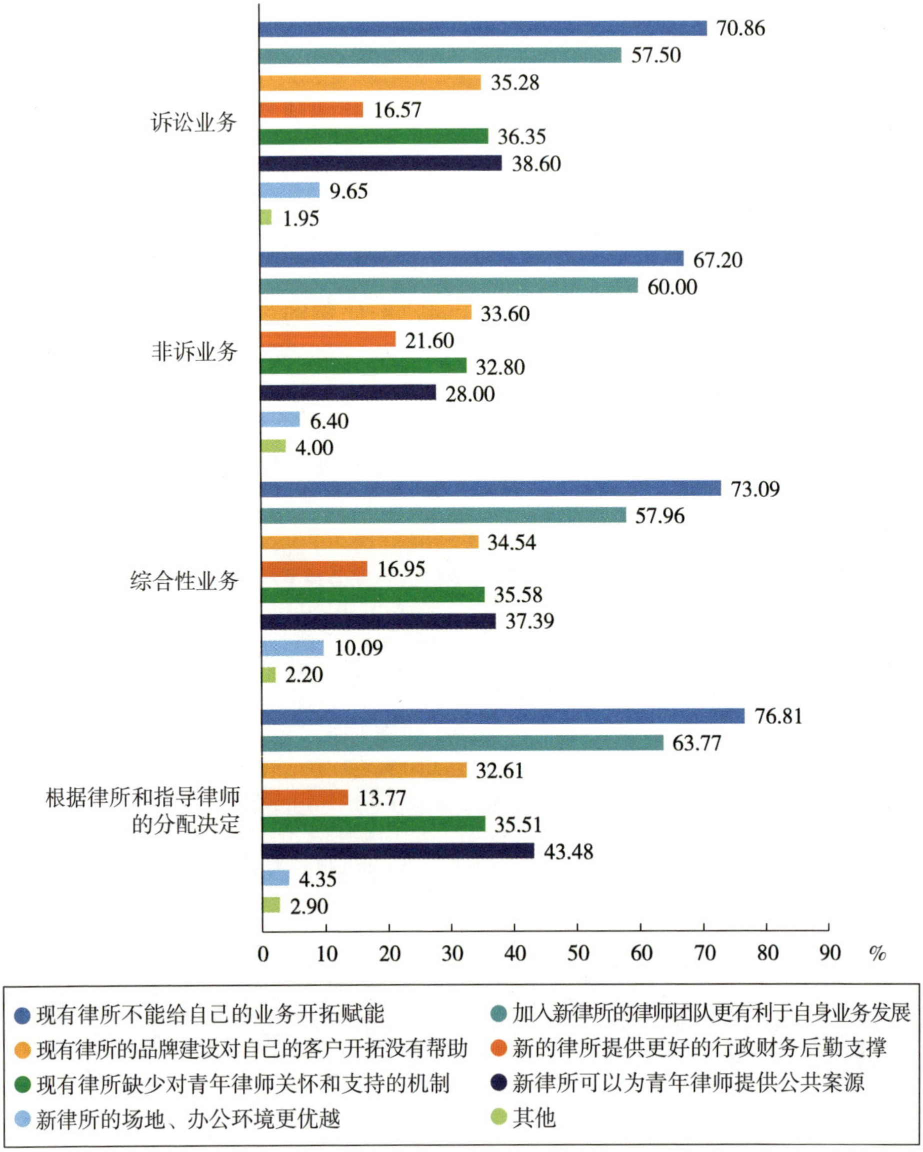

图 3－35　青年律师更换律所的主要原因与业务类型的交叉对比示意

(九)更换律所的主要原因与近三年年平均业务营收(税前)的交叉对比

问卷调查显示,青年律师的年平均业务营收越高,选择“现有律所的品牌建设对自己的客户开拓没有帮助”作为青年律师更换律所的主要原因的比例也越高。近三年年平均业务营收(税前)在10万元及以下的青年律师,选择"新的律所提供更好的行政财务后勤支撑"的比例是最低的;近三年年平均业务营收(税前)在45万元以上60万元及以下区间的青年律师,选择"新的律所提供更好的行政财务后勤支撑"的比例是最高的。(参见表3-36、图3-36)

表3-36 青年律师更换律所的主要原因与近三年年平均业务营收(税前)的交叉对比统计

单位:人

近三年年平均业务营收(税前)	更换律所的主要原因								答题人数
	现有律所不能给自己的业务开拓赋能	加入新律所的律师团队更有利于自身业务发展	现有律所的品牌建设对自己的客户开拓没有帮助	新的律所提供更好的行政财务后勤支撑	现有律所缺少对青年律师关怀和支持的机制	新律所可以为青年律师提供公共案源	新律所的场地、办公环境更优越	其他	
Q≤10万元	443	344	165	92	222	260	53	17	607
10万元<Q≤15万元	381	305	164	81	204	213	43	10	518
15万元<Q≤30万元	337	282	181	89	169	178	38	7	482
30万元<Q≤45万元	134	102	72	26	57	51	20	5	169
45万元<Q≤60万元	77	70	54	29	38	34	13	1	118
60万元<Q≤80万元	34	29	22	8	16	11	4	1	50
80万元<Q≤100万元	22	19	17	5	12	13	10	1	37
100万元<Q	54	50	41	17	20	20	10	4	81

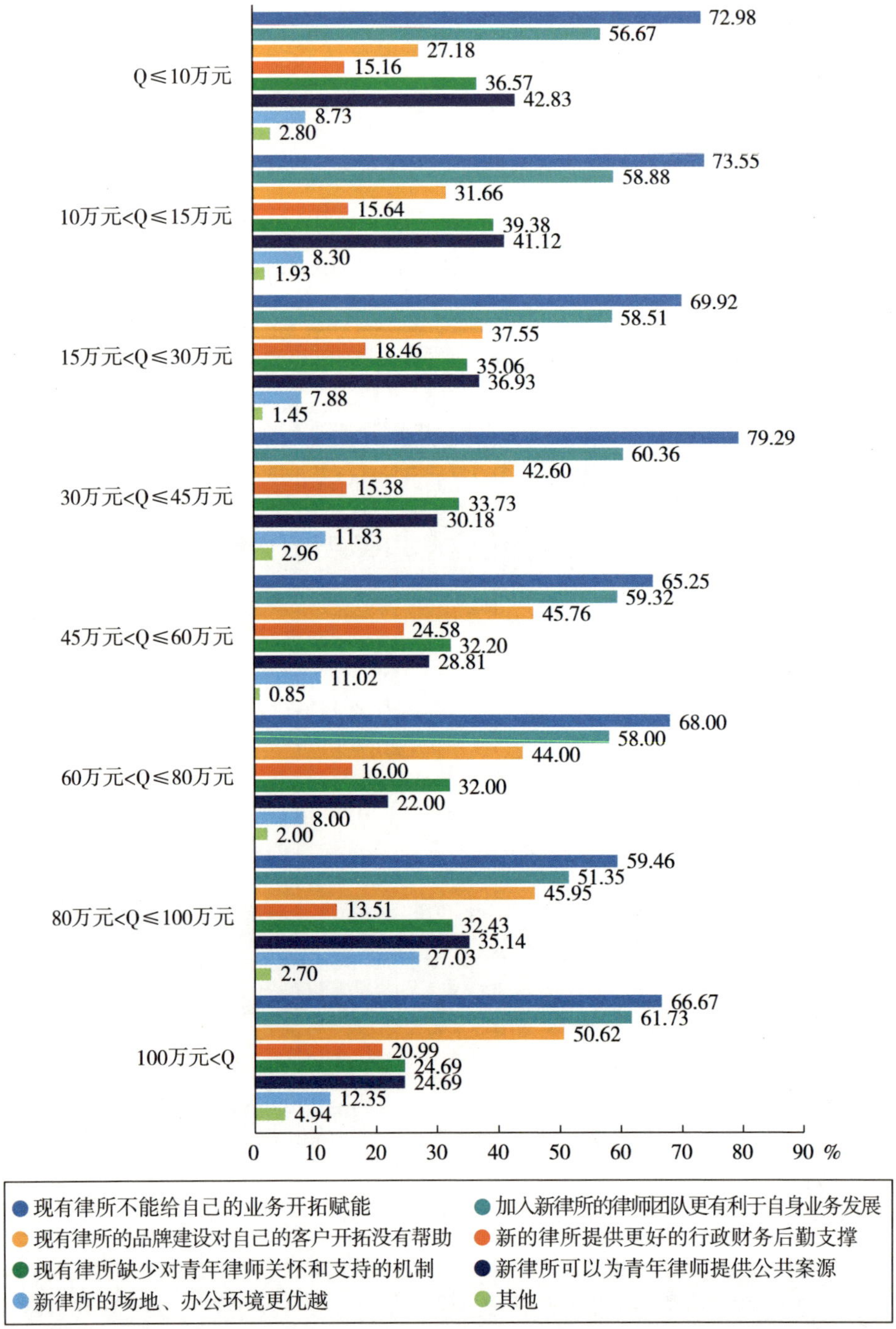

图3－36　青年律师更换律所的主要原因与近三年年平均业务营收（税前）的交叉对比示意

（十）更换律所的主要原因与近三年年平均执业成本的交叉对比

问卷调查显示，青年律师平均执业成本的增加，与其选择将“现有律所的品牌建设对自己的客户开拓没有帮助”和“新律所的场地、办公环境更优越”作为青年律师更换律所的主要原因的比例呈正相关关系。（参见表3－37、图3－37）

表3－37 青年律师更换律所的主要原因与近三年年平均执业成本的交叉对比统计

单位：人

近三年年平均执业成本	更换律所的主要原因								答题人数
	现有律所不能给自己的业务开拓赋能	加入新律所的律师团队更有利于自身业务发展	现有律所的品牌建设对自己的客户开拓没有帮助	新的律所提供更好的行政财务后勤支撑	现有律所缺少对青年律师关怀和支持的机制	新律所可以为青年律师提供公共案源	新律所的场地、办公环境更优越	其他	
50,000元及以下	819	689	347	185	409	454	95	26	1140
50,001~100,000元	428	323	230	108	218	227	53	10	592
100,001~150,000元	112	83	61	21	58	55	15	3	150
150,001元及以上	123	106	78	33	53	44	28	7	180

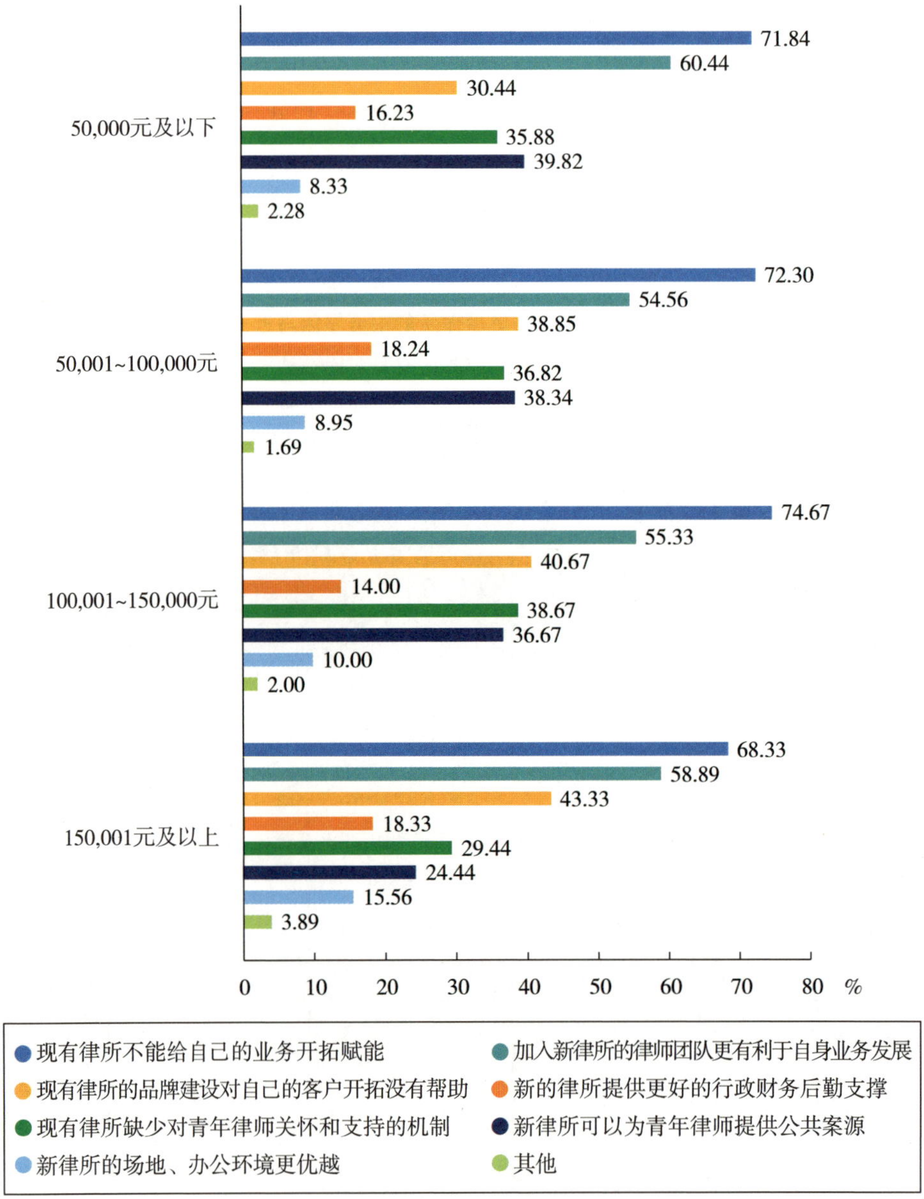

图 3－37　青年律师更换律所的主要原因与近三年年平均执业成本的交叉对比示意

（十一）更换律所的主要原因与工作时长的交叉对比

问卷调查显示，工作时长每天基本超过8小时、经常加班的青年律师选择“现有律所缺少对青年律师关怀和支持的机制”作为青年律师更换律所的主要原因的比例是最高的。业务不多、工作时间较为宽裕的青年律师，选择“新的律所提供更好的行政财务后勤支撑”“新律所可以为青年律师提供公共案源”的比例是最高的。（参见表3－38、图3－38）

表3－38 青年律师更换律所的主要原因与工作时长的交叉对比统计

单位：人

工作时长	更换律所的主要原因								答题人数
	现有律所不能给自己的业务开拓赋能	加入新律所的律师团队更有利于自身业务发展	现有律所的品牌建设对自己的客户开拓没有帮助	新的律所提供更好的行政财务后勤支撑	现有律所缺少对青年律师关怀和支持的机制	新律所可以为青年律师提供公共案源	新律所的场地、办公环境更优越	其他	
每天基本超过8小时，经常加班	592	504	290	136	314	291	81	22	843
一般不超过8小时	236	195	128	51	108	122	33	9	339
业务不多，工作时间较为宽裕	301	232	130	75	150	174	35	4	405
不确定，时忙时闲	353	270	168	85	166	193	42	11	475

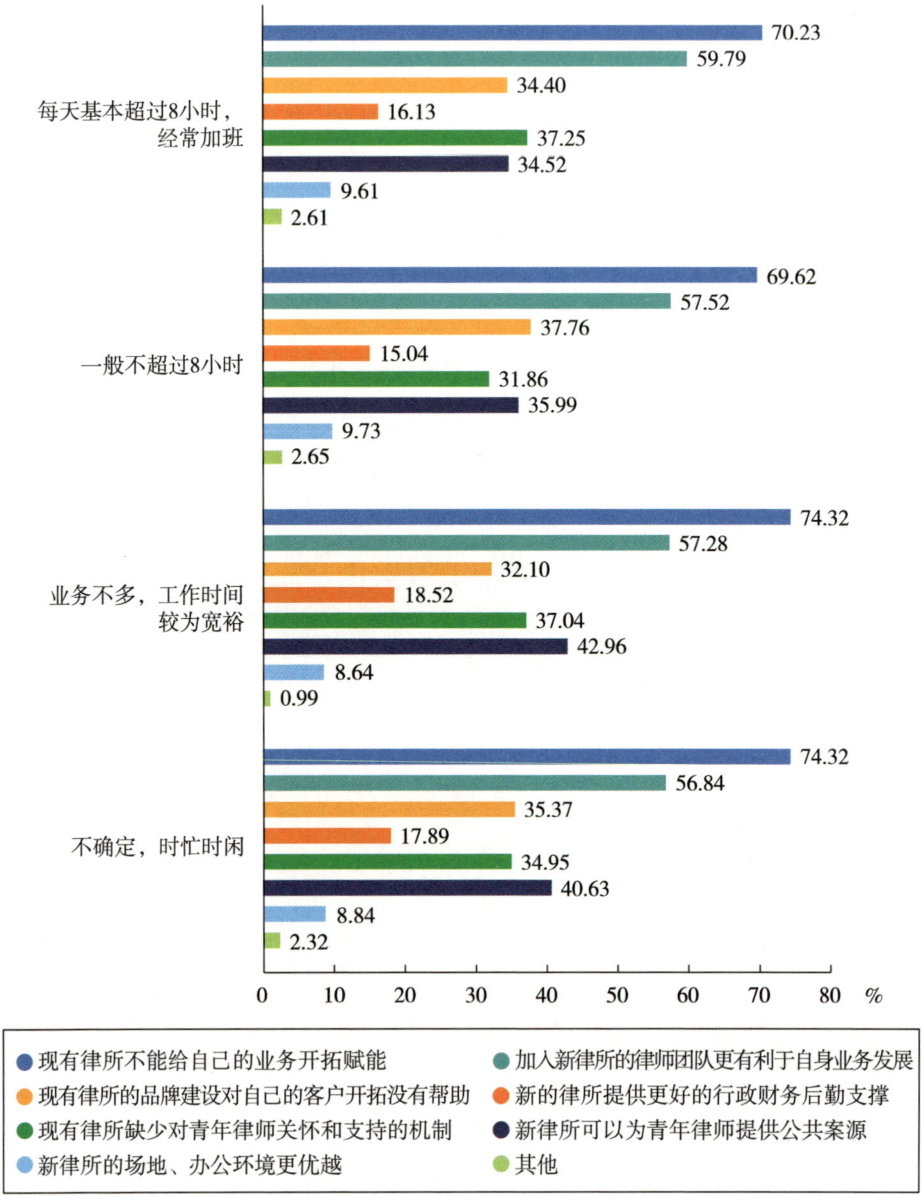

图3-38　青年律师更换律所的主要原因与工作时长的交叉对比示意

小结

1. 随着年龄的增长，青年律师对“现有律所缺少对青年律师关怀和支持的机制”的关注度在逐步下降。

2. 相较于男性青年律师，女性青年律师群体更为关注新律所是否提供公共案源。

3. 学历越高、执业年限越长的青年律师，对律所提供公共案源的依赖程度越低。

4. “更好的行政财务后勤支撑”对非授薪律师更有吸引力。在年平均业务营收（税前）达到60万元之前，年平均业务营收（税前）越高的青年律师越期望获得更好的行政财务后勤支撑。随着执业成本的增加，青年律师会更加关注新律所的品牌建设、新律所的场地、办公环境等客观条件。

5. 建议联营所考虑在对青年律师关怀和支持的机制方面给予更多重视。

6. 主要从事非诉业务的青年律师，对律所提供公共案源的关注程度低于其他业务类型的青年律师。

五、青年律师考虑离开深圳执业的意愿以及主要的原因

（一）考虑离开深圳执业的意愿

问卷调查显示，有约70.95%的青年律师没有考虑离开深圳执业；有约28.13%的青年律师有考虑离开深圳执业，有约0.92%的青年律师迫切离开深圳执业。（见表3－39、图3－39）

表3－39　青年律师考虑离开深圳执业的意愿统计

选项	小计/人	比例/%
有考虑	580	28.13
没有考虑	1463	70.95
迫切离开	19	0.92
本题有效填写人数	2062	—

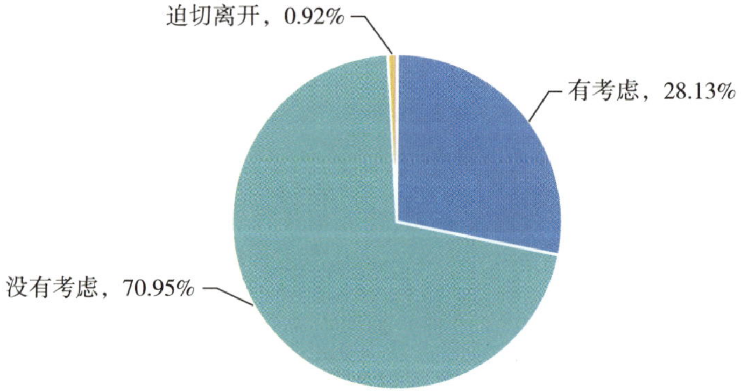

图 3－39　青年律师考虑离开深圳执业的意愿比例示意

（二）考虑离开深圳执业的主要原因

问卷调查显示（本问题为多选题），如果离开深圳执业，大部分青年律师认为最主要的原因是“执业压力”和“执业成本”，占比分别约为 78.63% 和 76.46%；另有约 40.23% 的青年律师认为主要原因是“寻求更好的发展环境”；有约 38.06% 的青年律师认为主要原因是“家庭原因”。由此可见，执业压力、执业成本是当前青年律师面临的主要问题。（参见表 3－40、图 3－40）

表 3－40　青年律师考虑离开深圳执业的主要原因统计

选项	小计/人	比例/%
执业压力	471	78.63
执业成本	458	76.46
家庭原因	228	38.06
寻求更好的发展环境	241	40.23
其他	21	3.51
本题有效填写人数	599	—

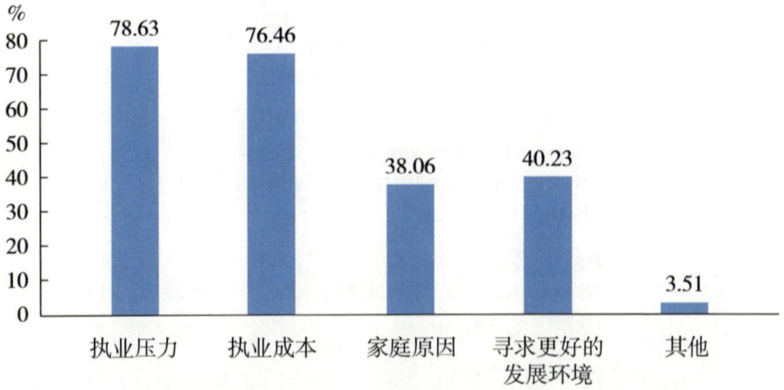

3－40 青年律师考虑离开深圳执业的主要原因比例示意

(三)考虑离开深圳执业的意愿与近三年年平均业务营收(税前)的交叉对比

问卷调查显示,无论近三年从事律师工作的年平均业务营收(税前)处于何种水平的青年律师,没有考虑离开深圳执业的人数比例均超过半数。此外,有考虑离开深圳执业的青年律师主要集中在年平均业务营收(税前)在15万元及以下的区间。当青年律师年平均业务营收(税前)达到15万元以上时,考虑离开深圳执业的人数比例有大幅度降低的趋势。(参见表3－41、图3－41)

表3－41 青年律师考虑离开深圳执业的意愿与近三年年平均业务营收(税前)的交叉对比统计

单位:人

近三年年平均业务营收(税前)	考虑离开深圳执业的意愿			答题人数
	有考虑	没有考虑	迫切离开	
Q≤10万元	244	349	14	607
10万元<Q≤15万元	190	326	2	518
15万元<Q≤30万元	87	395	0	482
30万元<Q≤45万元	22	146	1	169
45万元<Q≤60万元	22	95	1	118
60万元<Q≤80万元	4	46	0	50
80万元<Q≤100万元	4	33	0	37
100万元<Q	7	73	1	81

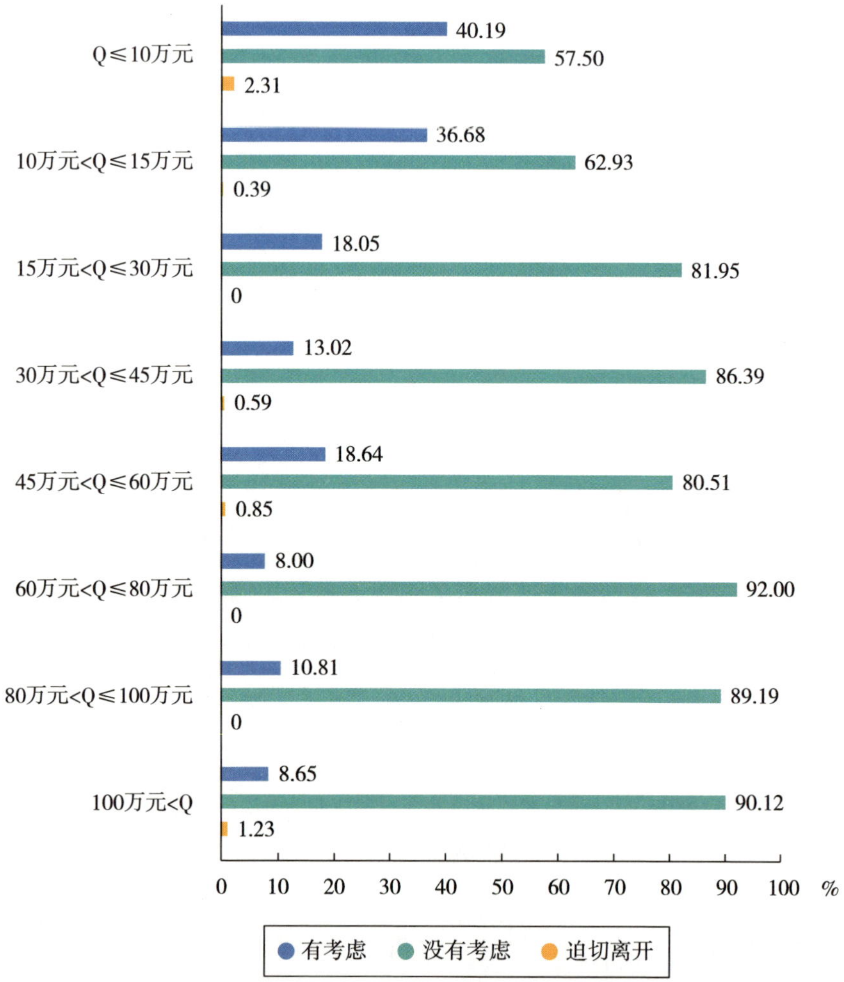

图3－41　青年律师考虑离开深圳执业的意愿与近三年年平均业务营收(税前)的交叉对比示意

(四)考虑离开深圳执业的主要原因与执业年限的交叉对比

问卷调查显示,执业年限在5年及以下的青年律师,如果离开深圳执业,其考虑离开深圳的主要原因是“执业压力”和“执业成本”,人数占比分别约为80.00%和77.65%。(参见表3－42、图3－42)

表 3－42 青年律师考虑离开深圳执业的主要原因与执业年限的交叉对比统计

单位：人

执业年限	考虑离开深圳执业的主要原因					答题人数
	执业压力	执业成本	家庭原因	寻求更好的发展环境	其他	
5 年及以下	408	396	189	202	14	510
6～10 年	49	49	30	29	7	72
11～15 年	11	11	6	9	0	14
16～20 年	3	2	3	1	0	3

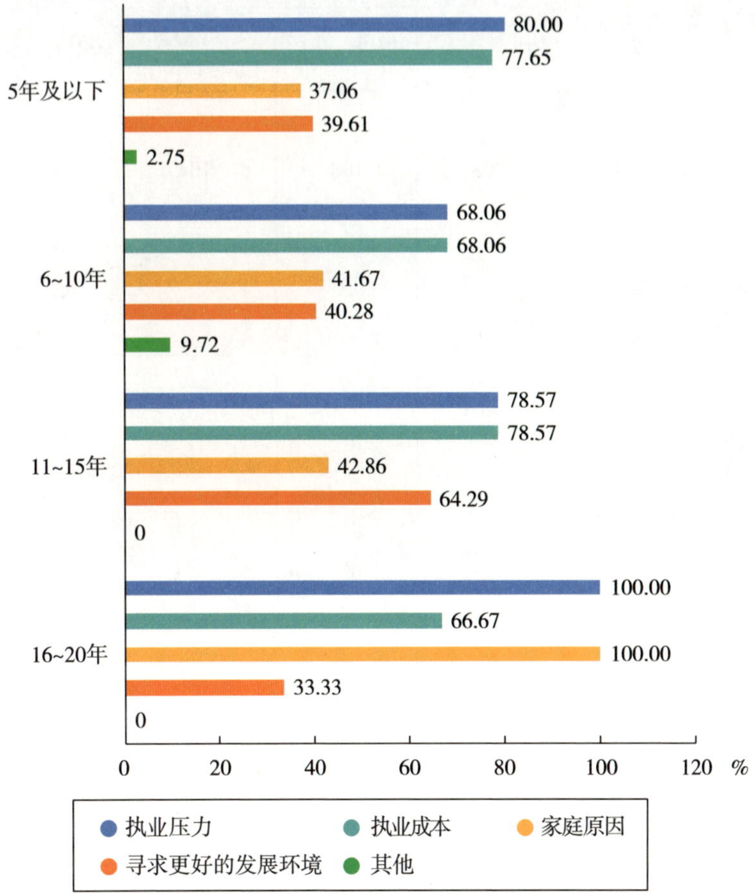

图 3－42 青年律师考虑离开深圳执业的主要原因与执业年限的交叉对比示意

(五)考虑离开深圳执业的主要原因与工作时长的交叉对比

问卷调查显示,工作时间不确定、时忙时闲的青年律师,如果考虑离开深圳执业,选择“寻求更好的发展环境”作为离开深圳的主要原因的人数占比约为47.01%,较明显高于其他工作时长的青年律师。除此之外,其他数据整体相差不大。(参见表3－43、图3－43)

表3－43　青年律师考虑离开深圳执业的主要原因与工作时长的交叉对比统计

单位:人

工作时长	考虑离开深圳执业的主要原因					答题人数
	执业压力	执业成本	家庭原因	寻求更好的发展环境	其他	
每天基本超过8小时,经常加班	211	203	108	104	10	269
一般不超过8小时	59	57	28	31	2	78
业务不多,工作时间较为宽裕	96	96	43	43	5	118
不确定,时忙时闲	105	102	49	63	4	134

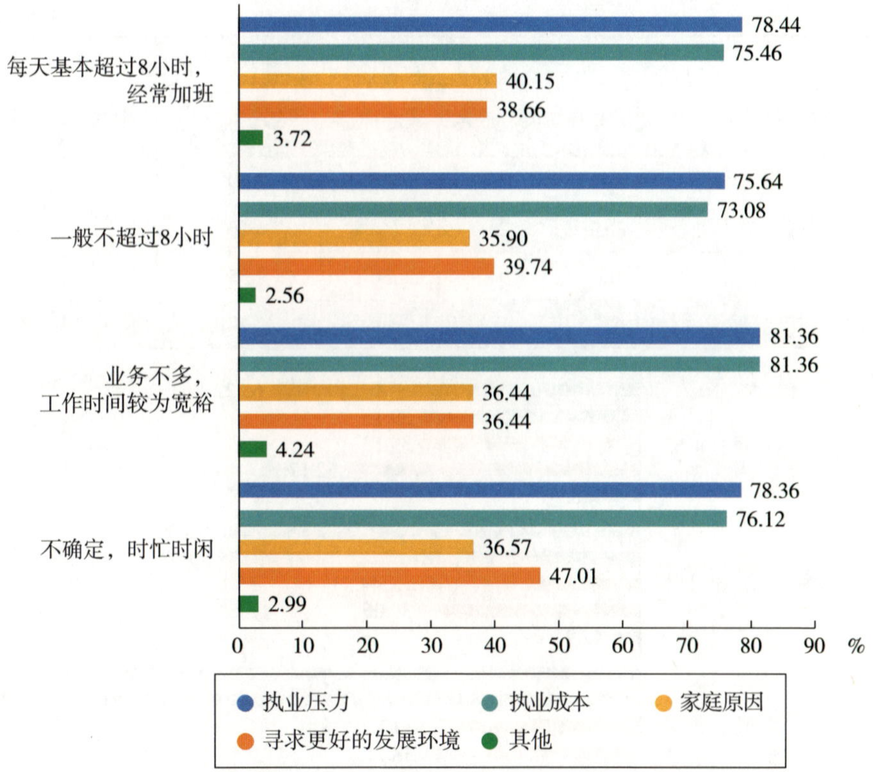

图 3－43　青年律师考虑离开深圳执业的主要原因与工作时长的交叉对比示意

（六）考虑离开深圳执业的主要原因与对律师职业前景看法的交叉对比

问卷调查显示，考虑离开深圳的青年律师中，随着对律师职业前景乐观程度的下降，选择“执业压力”作为离开深圳的主要原因的人数占比呈上升趋势。（参见表 3－44、图 3－44）

表 3－44　青年律师考虑离开深圳执业的主要原因与对律师职业前景看法的交叉对比统计

单位：人

对律师职业前景的看法	考虑离开深圳执业的主要原因					答题人数
	执业压力	执业成本	家庭原因	寻求更好的发展环境	其他	
非常乐观，很有希望	15	9	9	12	2	23
较为乐观，还可以	189	192	114	100	12	256

续表

对律师职业前景的看法	考虑离开深圳执业的主要原因					答题人数
	执业压力	执业成本	家庭原因	寻求更好的发展环境	其他	
比较悲观	128	133	56	60	3	155
没有希望	26	25	9	10	1	30
迷茫	105	94	36	55	3	126
其他	8	5	4	4	0	9

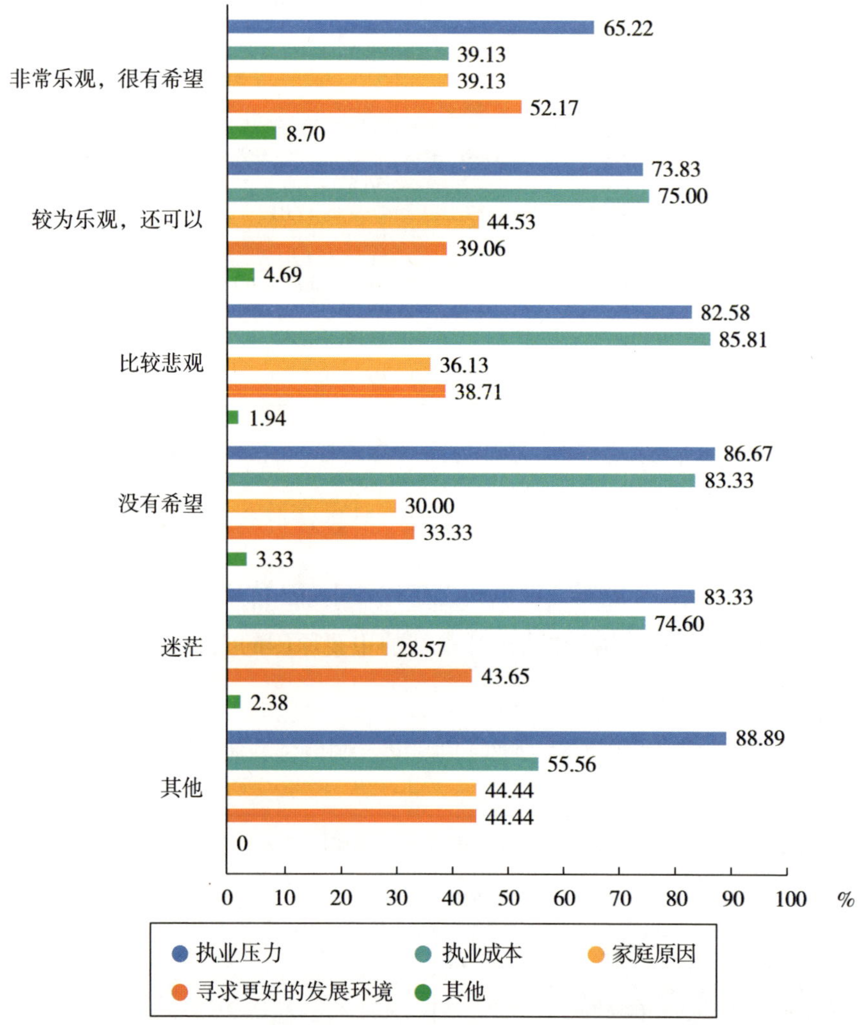

图3－44　青年律师考虑离开深圳执业的主要原因与对律师职业前景看法的交叉对比示意

小结

1. 迫切离开深圳执业的青年律师占比非常少，但有考虑离开深圳执业的青年律师占比约为28.13%，应当引起足够重视。

2. 近三年年平均业务营收（税前）达到15万元及以上后，考虑离开深圳执业的人数比例大幅度下降。

3. “执业压力”“执业成本”是当前青年律师面临的主要问题，如何减少青年律师的压力，并为他们有效执业降低成本，是需要全行业共同思考和努力解决的问题。

六、青年律师考虑离开所在律所的主要原因

问卷调查显示（本问题为多选题），青年律师在选择未来考虑离开目前所在律所的主要原因时，人数占比排名前三位的选项分别为：职业规划，占比约为64.74%；薪资待遇（或业务收入）与预期相差较大，占比约为46.22%；专业能力的提升受限，占比约为30.41%。（参见表3－45、图3－45）

表3－45 青年律师考虑离开所在律所的主要原因统计

选项	小计/人	比例/%
薪资待遇（或业务收入）与预期相差较大	953	46.22
工作强度太大	222	10.77
晋升机会有限	450	21.82
所内制度对青年的限制	548	26.58
职业规划	1335	64.74
专业能力的提升受限	627	30.41
与同事相处不愉快	123	5.97
本题有效填写人数	2062	—

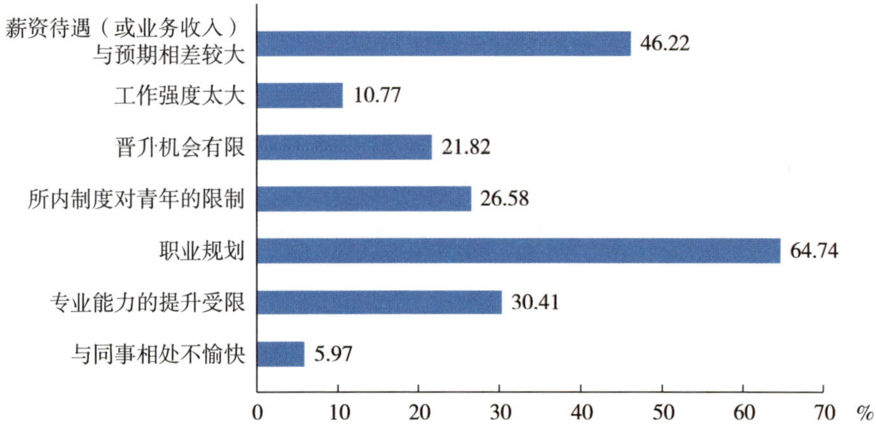

图 3－45　青年律师考虑离开所在律所的主要原因比例示意

(一)考虑离开所在律所的主要原因与年龄的交叉对比

问卷调查显示,随着年龄的增长,青年律师选择可能因“职业规划”“专业能力的提升受限”考虑离开所在律所的人数比例逐步提高,而选择可能因“工作强度太大”“晋升机会有限”“所内制度对青年的限制”考虑离开所在律所的人数比例则逐步降低。(参见表 3－46、图 3－46)

表 3－46　青年律师考虑离开所在律所的主要原因与年龄的交叉对比统计

单位:人

年龄	考虑离开所在律所的主要原因							答题人数
	薪资待遇(或业务收入)与预期相差较大	工作强度太大	晋升机会有限	所内制度对青年的限制	职业规划	专业能力的提升受限	与同事相处不愉快	
30 岁及以下	564	139	262	272	580	277	54	968
31～35 岁	279	57	134	203	475	225	42	716
36～40 岁	110	26	54	73	280	125	27	378

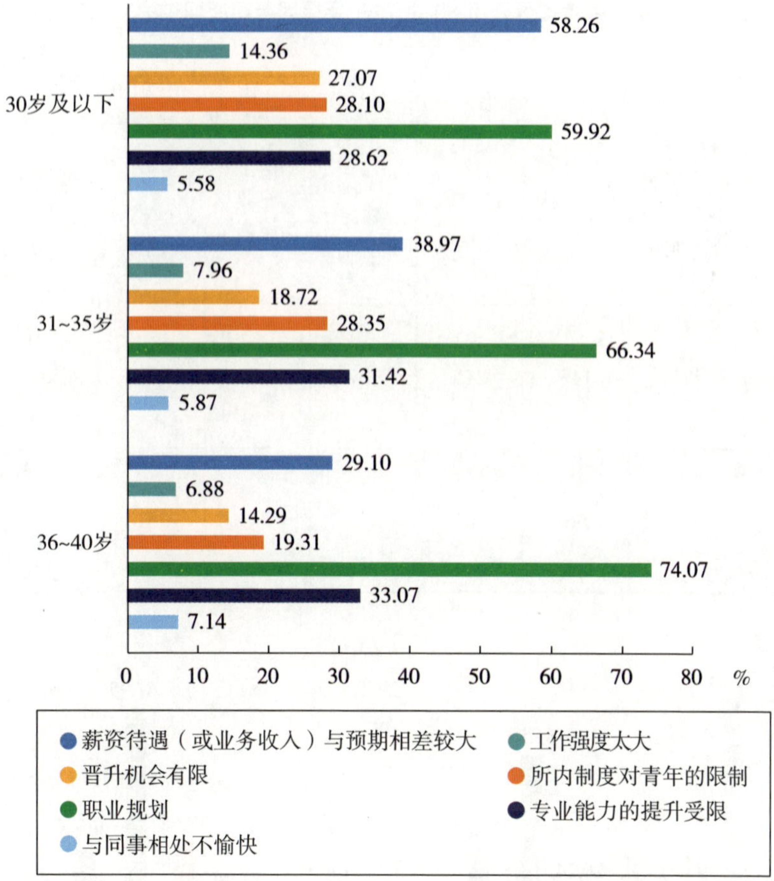

图 3－46　青年律师考虑离开所在律所的主要原因与年龄的交叉对比示意

(二)考虑离开所在律所的主要原因与律所职位的交叉对比

问卷调查显示，授薪律师考虑离开所在律所的主要原因中，占比最高的选项为“薪资待遇（或业务收入）与预期相差较大”，比例约为 71.05%；而非授薪律师中，占比最高的选项为“职业规划”，比例约为 67.95%。其中，授薪律师选择“薪资待遇（或业务收入）与预期相差较大”选项的比例比非授薪律师高出将近一倍，选择“工作强度太大”选项的比例也达到非授薪律师的四倍之多。（参见表 3－47、图 3－47）

表3-47　青年律师考虑离开所在律所的主要原因与律所职位的交叉对比统计

单位：人

律所职位	考虑离开所在律所的主要原因							答题人数
	薪资待遇（或业务收入）与预期相差较大	工作强度太大	晋升机会有限	所内制度对青年的限制	职业规划	专业能力的提升受限	与同事相处不愉快	
专职律师（授薪）	481	145	215	137	376	209	29	677
专职律师（非授薪）	417	66	205	373	778	351	74	1145

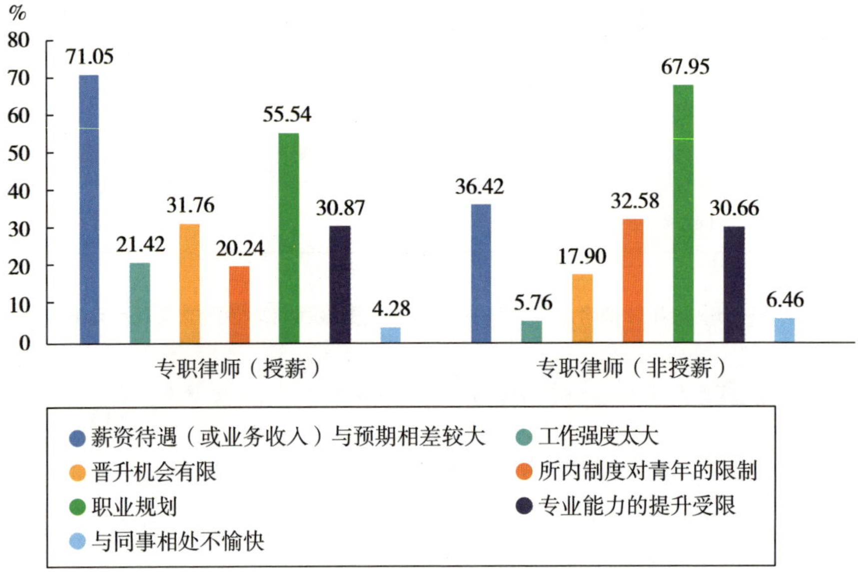

图3-47　青年律师考虑离开所在律所的主要原因与律所职位的交叉对比示意

（三）考虑离开所在律所的主要原因与律所规模的交叉对比

问卷调查显示，在不同规模律所执业的青年律师中，选择"薪资待遇（或业务收入）与预期相差较大""工作强度太大""晋升机会有限""职业规划""与同事相处不愉快"选项为其考虑离开所在律所的主要原因的人数占比差别不大。此外，随着律所规模的增大，选择"所内制度对青年律师的限制"为其考虑离开所在律所的主要原因的青年律师的人数占比呈增长趋势，而选择"专业能力提升受限"为其考虑离开所在律所主要原因的律师人数占比逐渐降低。（参见表3－48、图3－48）

表3－48　青年律师考虑离开所在律所的主要原因与律所规模的交叉对比统计

单位：人

律所规模	考虑离开所在律所的主要原因							答题人数
	薪资待遇（或业务收入）与预期相差较大	工作强度太大	晋升机会有限	所内制度对青年的限制	职业规划	专业能力的提升受限	与同事相处不愉快	
10人及以下	108	19	50	43	147	96	15	215
11～30人	157	46	54	57	211	113	21	327
31～50人	75	22	27	44	90	61	13	148
51～100人	141	32	76	96	227	98	21	334
101人及以上	472	103	243	308	660	259	53	1038

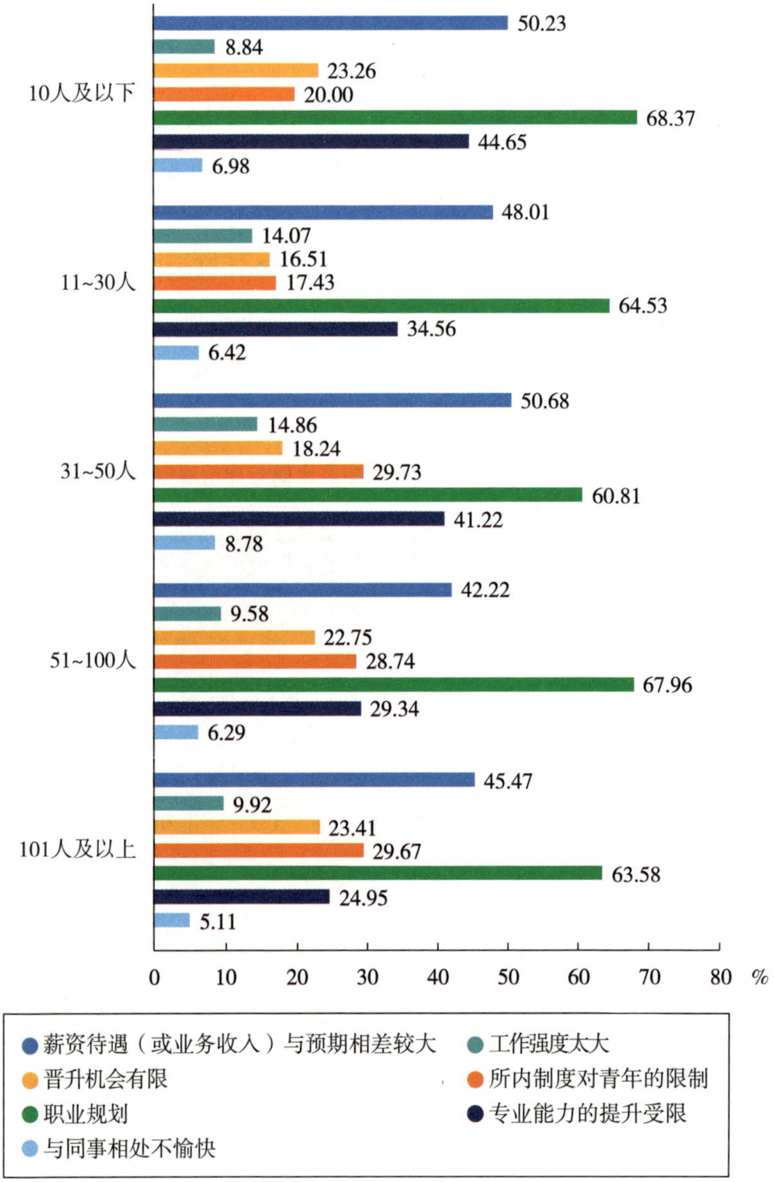

图3-48　青年律师考虑离开所在律所的主要原因与律所规模的交叉对比示意

（四）考虑离开所在律所的主要原因与业务类型的交叉对比

问卷调查显示，“职业规划”是从事诉讼业务、非诉业务及综合性业务的青年律师考虑离开所在律所的最主要原因，而“薪资待遇（或业务收入）与预期相差较大”是根据律所和指导律师的分配决定业务类型的青年律师考虑离开所在律所的最主要原因。此外，从事非诉业务和根据律所和指导律师的分配决定业务类型的青年律师中，由于“工作强度太大”和“晋升机会有限”两个原因而考虑离开所在律所的人数比例高于从事诉讼业务及综合性业务的人数比例；由于“所内制度对青年律师的限制”考虑离开所在律所的青年律师的人数比例低于从事诉讼业务及综合性业务的人数比例。（参见表3－49、图3－49）

表3－49 青年律师考虑离开所在律所的主要原因与业务类型的交叉对比统计

单位：人

业务类型	考虑离开所在律所的主要原因							答题人数
	薪资待遇（或业务收入）与预期相差较大	工作强度太大	晋升机会有限	所内制度对青年的限制	职业规划	专业能力的提升受限	与同事相处不愉快	
诉讼业务	476	100	208	292	667	299	60	1026
非诉业务	63	27	41	19	69	41	5	125
综合性业务	313	72	152	213	517	236	51	773
根据律所和指导律师的分配决定	101	23	49	24	82	51	7	138

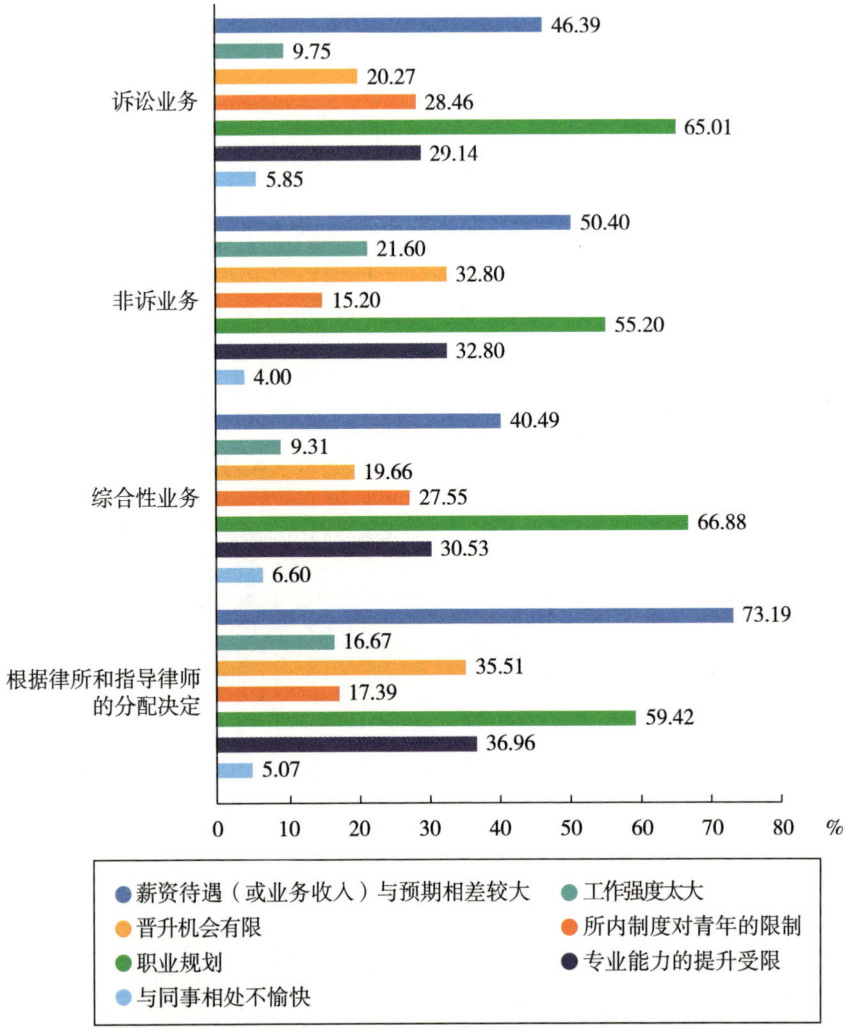

图3－49　青年律师考虑离开所在律所的主要原因与业务类型的交叉对比示意

(五)考虑离开所在律所的主要原因与近三年年平均业务营收(税前)的交叉对比

问卷调查显示,近三年年平均业务营收(税前)在10万元及以下的青年律师考虑离开所在律所的最主要原因是“薪资待遇(或业务收入)与预期相差较大”;而近三年年平均业务营收(税前)在10万元以上的青年律师考虑离开所在律所的最主要原因为"职业规划"。此外,随着收入区间的增长,因"薪资待遇(或业务收入)与预期相差较大""工作强度太大""晋升机会有限"的原因而考虑离开所在律所的青年律师比例整体呈逐渐下降趋势,因"职业规划"原因而考虑离开律所的青年律师比例整体呈逐渐上升趋势。(参见表3-50、图3-50)

表3-50 青年律师考虑离开所在律所的主要原因与近三年年平均业务营收(税前)的交叉对比统计

单位:人

近三年年平均业务营收(税前)	考虑离开所在律所的主要原因							答题人数
	薪资待遇(或业务收入)与预期相差较大	工作强度太大	晋升机会有限	所内制度对青年的限制	职业规划	专业能力的提升受限	与同事相处不愉快	
Q≤10万元	378	83	151	153	349	186	31	607
10万元<Q≤15万元	288	69	118	131	335	161	17	518
15万元<Q≤30万元	193	48	107	142	320	146	33	482
30万元<Q≤45万元	44	10	28	48	117	54	14	169
45万元<Q≤60万元	25	5	23	38	87	41	8	118
60万元<Q≤80万元	6	1	9	12	35	9	7	50
80万元<Q≤100万元	3	3	3	7	31	12	4	37
100万元<Q	16	3	11	17	61	18	9	81

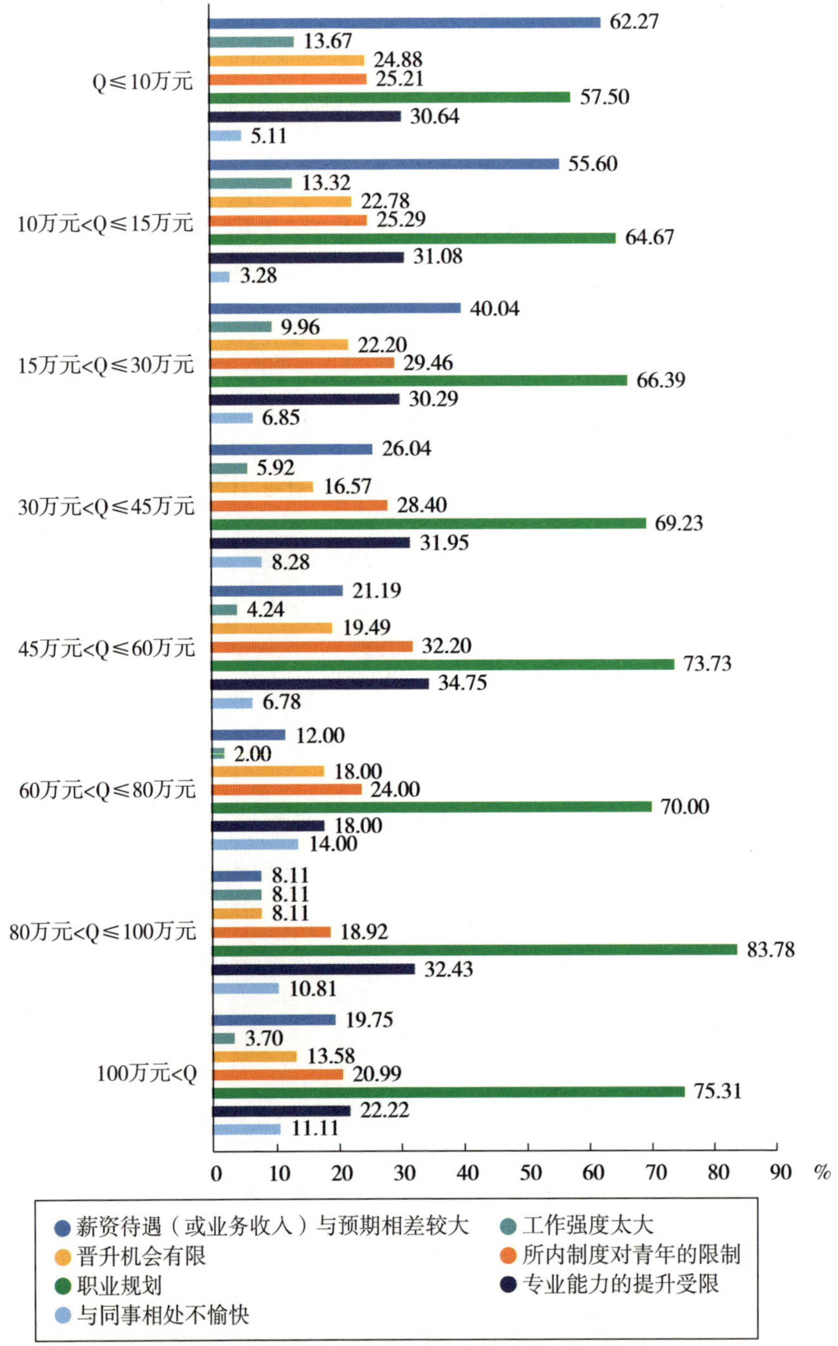

图 3－50　青年律师考虑离开所在律所的主要原因与近三年年平均业务营收(税前)的交叉对比示意

(六)考虑离开所在律所的主要原因与对所在律所的认同感的交叉对比

问卷调查显示,无论对律所的认同感持何种态度,青年律师考虑离开所在律所的主要原因中,选择“职业规划”和“薪资待遇(或业务收入)与预期差距较大”的比例均较高。其中,在对律所有感情的青年律师中,“职业规划”是其考虑离开律所的最主要原因;而对于已有离开打算的青年律师,“薪资待遇(或业务收入)与预期差距较大”是其考虑离开所在律所的最主要原因。(参见表3-51、图3-51)

表3-51 青年律师考虑离开所在律所的主要原因与对所在律所的认同感的交叉对比统计

单位:人

对所在律所的认同感	考虑离开所在律所的主要原因							答题人数
	薪资待遇(或业务收入)与预期相差较大	工作强度太大	晋升机会有限	所内制度对青年的限制	职业规划	专业能力的提升受限	与同事相处不愉快	
很有感情,愿意在该所长期发展	255	74	130	122	466	140	49	684
有感情,但最多是作为执业平台	352	70	169	217	508	253	40	771
有感情,但无长期打算,等待时机成熟会选择离开	242	59	106	139	287	159	18	441
已有离开的打算	104	19	45	70	74	75	16	166

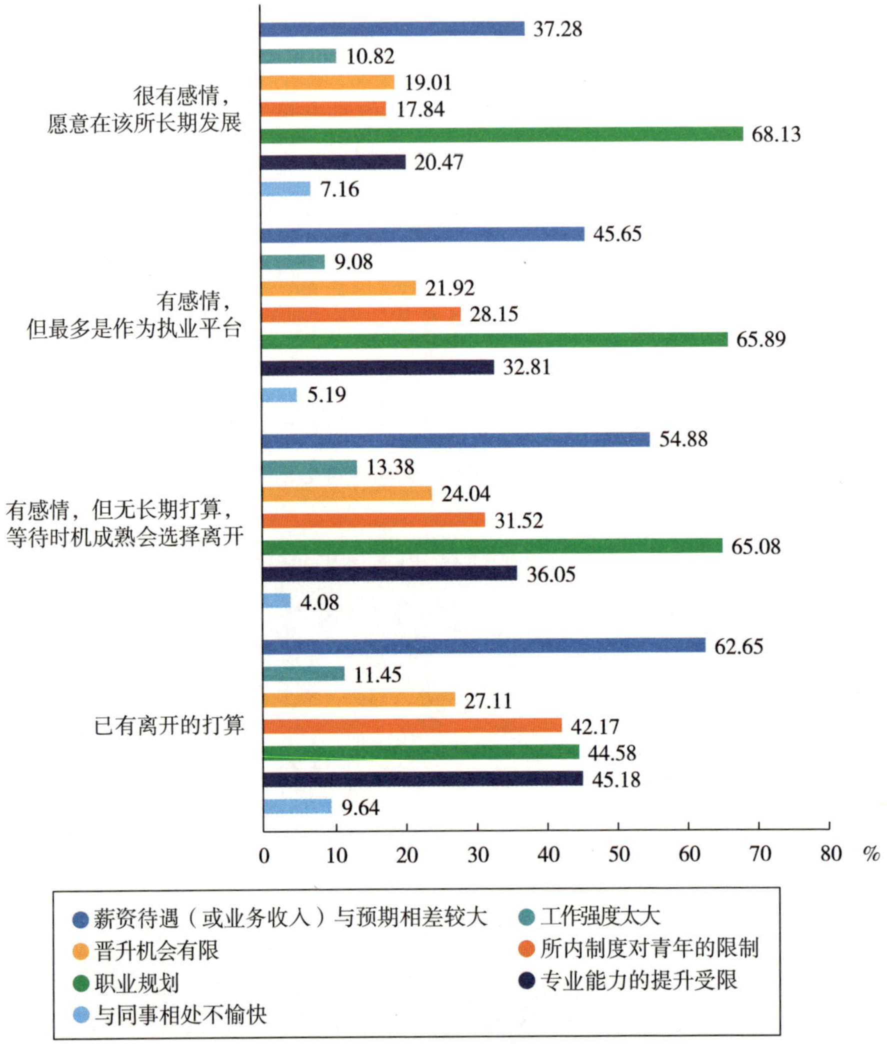

图3－51　青年律师考虑离开所在律所的主要原因与对所在律所的认同感的交叉对比示意

小结

1. 不同年龄层以及不同年平均业务营收水平的青年律师对于所执业律所的主要诉求有所差异，其中年龄较小或年平均业务营收（税前）水平较低的青年律师对目前的薪资待遇(或业务收入)、工作强度及晋升机会不满,更有可能因为上述问题而考虑离开目前所在律所;而年龄较大或年平均业务营收水平较高的青年律师,对自身的职业规划及专业能力提升问题更为关注,更有可能因为目前所在律所无法满足其职业规划发展和专业能力提升需求而考虑离开。

2. 受访青年律师中,授薪律师在目前所在律所中面临的薪资待遇(或业务收入)及工作强度问题较非授薪律师而言更为突出。

3. 大规模律所相对小规模律所而言能为青年律师专业能力的提升提供更多空间,小规模律所存在更多限制青年律师专业能力提升的问题;而大规模律所基于对人员管理的需求,相较于小规模律所对青年律师有更多的制度限制。

4. 从事非诉业务和根据律所和指导律师的分配决定业务类型的受访青年律师所面临的问题集中在工作强度及晋升机会受限方面;而从事诉讼业务及综合性业务的受访青年律师所面临的问题则更集中于所内制度对于青年律师的限制方面。

5. 问卷调查显示,对律所缺乏认同感的青年律师对于其薪资待遇(或业务收入)不满的人数比例远高于对律所有感情的青年律师,由此可见,对于律所而言,关注并帮助青年律师提高薪资待遇(或业务收入)水平可提高青年律师对所在律所的认同感、降低律所青年律师人才流失。

第二节 青年律师对未来发展的期望

一、希望通过何种形式来提高执业能力

问卷调查显示(本问题为多选题),对于希望通过何种形式来提高执业能力,约83.03%的青年律师选择“建立扶持、激励青年律师的政策机制”,约61.30%的青年律师选择“组织或选派参加培训、举办论坛或沙龙、创造交流机会”,约48.74%的青年律师选择“律所改进相关制度,加强对青年律师的保障”,约45.49%的青年律师选择“通过律协‘传业、传道、传承’或类似活动,协助联系或指定导师”。“其他”选项填写的内容主要包括“减少执业成本,如减少税费,取消年审费用”“案源扶持”“政府支持”“分层级引领青年律师进入相关领域”等。(参见表3-52、图3-52)

表3-52 青年律师希望通过何种形式来提高执业能力统计

选项	小计/人	比例/%
组织或选派参加培训、举办论坛或沙龙、创造交流机会	1264	61.30
律所改进相关制度,加强对青年律师的保障	1005	48.74
建立扶持、激励青年律师的政策机制	1712	83.03
通过律协“传业、传道、传承”或类似活动,协助联系或指定导师	938	45.49
其他	39	1.89
本题有效填写人数	2062	—

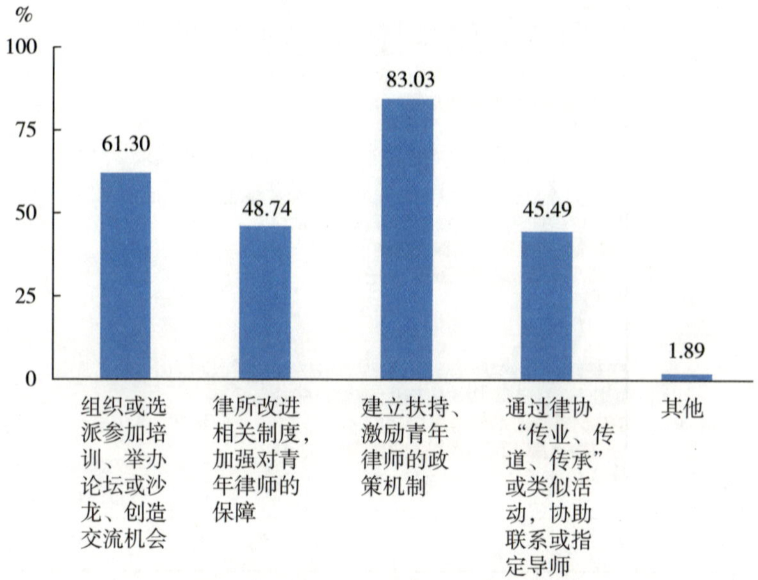

图 3-52 青年律师希望通过何种形式来提高执业能力示意

(一)希望通过何种形式来提高执业能力与年龄的交叉对比

问卷调查显示,无论是在哪个年龄阶段的青年律师,希望通过“建立扶持、激励青年律师的政策机制”来提高执业能力的比例均是最高的。(参见表 3-53、图 3-53)

表 3-53 青年律师希望通过何种形式来提高执业能力与年龄的交叉对比统计

单位:人

年龄	提高执业能力的形式					答题人数
	组织或选派参加培训、举办论坛或沙龙、创造交流机会	律所改进相关制度,加强对青年律师的保障	建立扶持、激励青年律师的政策机制	通过律协“传业、传道、传承”或类似活动,协助联系或指定导师	其他	
30 岁及以下	596	500	833	426	11	968
31~35 岁	440	337	597	310	16	716
36~40 岁	228	168	282	202	12	378

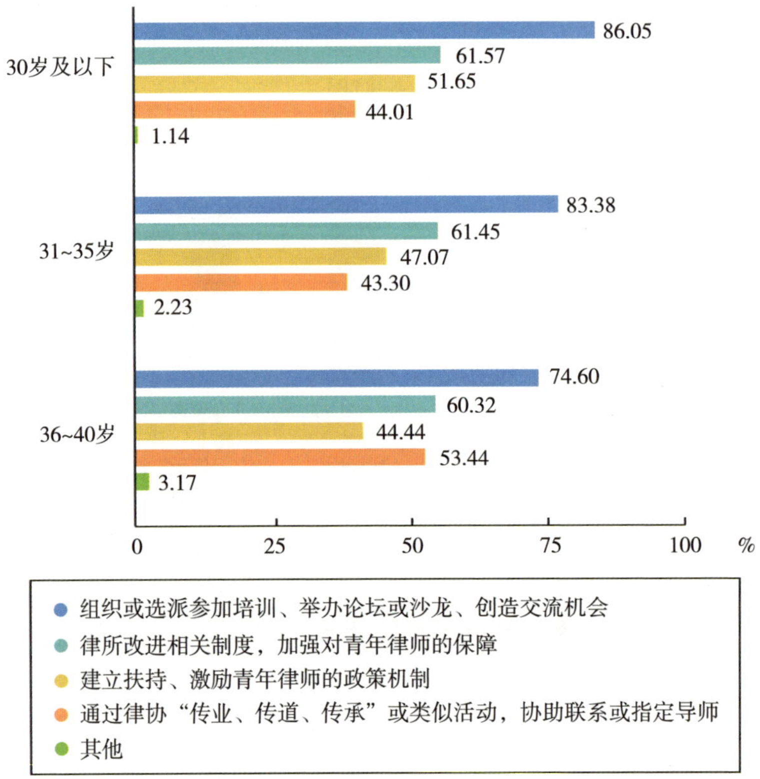

图 3－53　青年律师希望通过何种形式来提高执业能力与年龄的交叉对比示意

(二)希望通过何种形式来提高执业能力与执业年限的交叉对比

问卷调查显示,选择“建立扶持、激励青年律师的政策机制”的人数比例在不同执业年限的青年律师中均是最高的。执业年限在 15 年及以下的青年律师,选择“组织或选派参加培训、举办论坛或沙龙、创造交流机会”的占比均居次席,而执业年限在 16～20 年的青年律师,将“律所改进相关制度,加强对青年律师的保障”作为提高其执业能力的第二选择。(参见表 3－54、图 3－54)

表 3－54　青年律师希望通过何种形式来提高执业能力与执业年限的交叉对比统计

单位：人

执业年限	提高执业能力的形式					答题人数
	组织或选派参加培训、举办论坛或沙龙、创造交流机会	律所改进相关制度，加强对青年律师的保障	建立扶持、激励青年律师的政策机制	通过律协"传业、传道、传承"或类似活动，协助联系或指定导师	其他	
5 年及以下	976	764	1332	716	24	1571
6～10 年	229	195	315	179	9	395
11～15 年	54	40	58	41	6	88
16～20 年	5	6	7	2	0	8

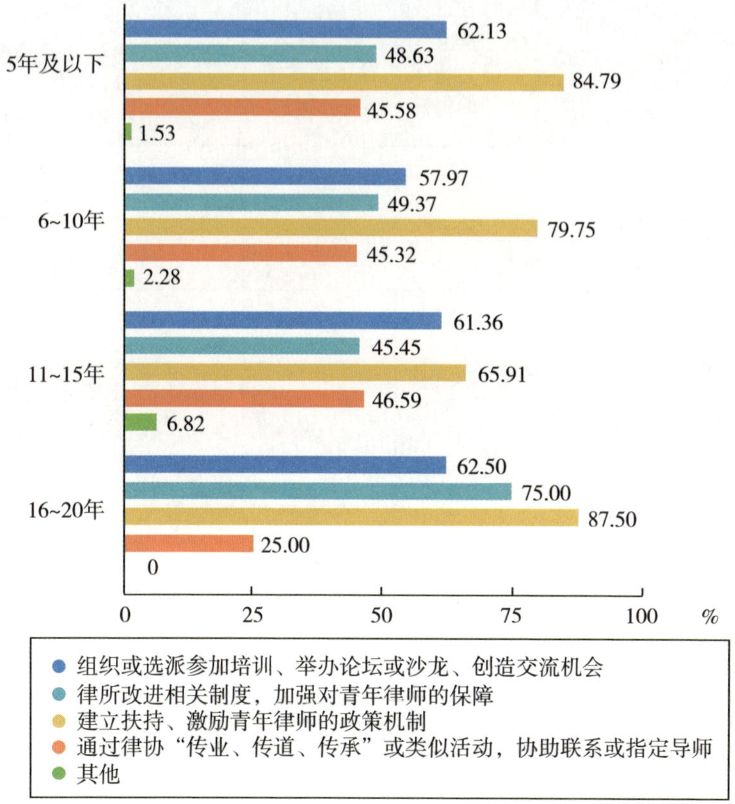

图 3－54　青年律师希望通过何种形式来提高执业能力与执业年限的交叉对比示意

（三）希望通过何种形式来提高执业能力与业务类型的交叉对比

问卷调查显示，无论从事诉讼业务、非诉业务还是综合性业务，青年律师希望通过“建立扶持、激励青年律师的政策机制”来提高执业能力的占比均是最高的。其中，从事非诉业务的青年律师占比约为72.8%，从事诉讼业务的青年律师占比约为83.92%，后者占比高出前者近11%。（参见表3－55、图3－55）

表3－55 青年律师希望通过何种形式来提高执业能力与业务类型的交叉对比统计

单位：人

业务类型	提高执业能力的形式					答题人数
	组织或选派参加培训、举办论坛或沙龙、创造交流机会	律所改进相关制度，加强对青年律师的保障	建立扶持、激励青年律师的政策机制	通过律协“传业、传道、传承”或类似活动，协助联系或指定导师	其他	
诉讼业务	602	502	861	458	20	1026
非诉业务	80	53	91	54	1	125
综合性业务	480	386	641	363	14	773
根据律所和指导律师的分配决定	102	64	119	63	4	138

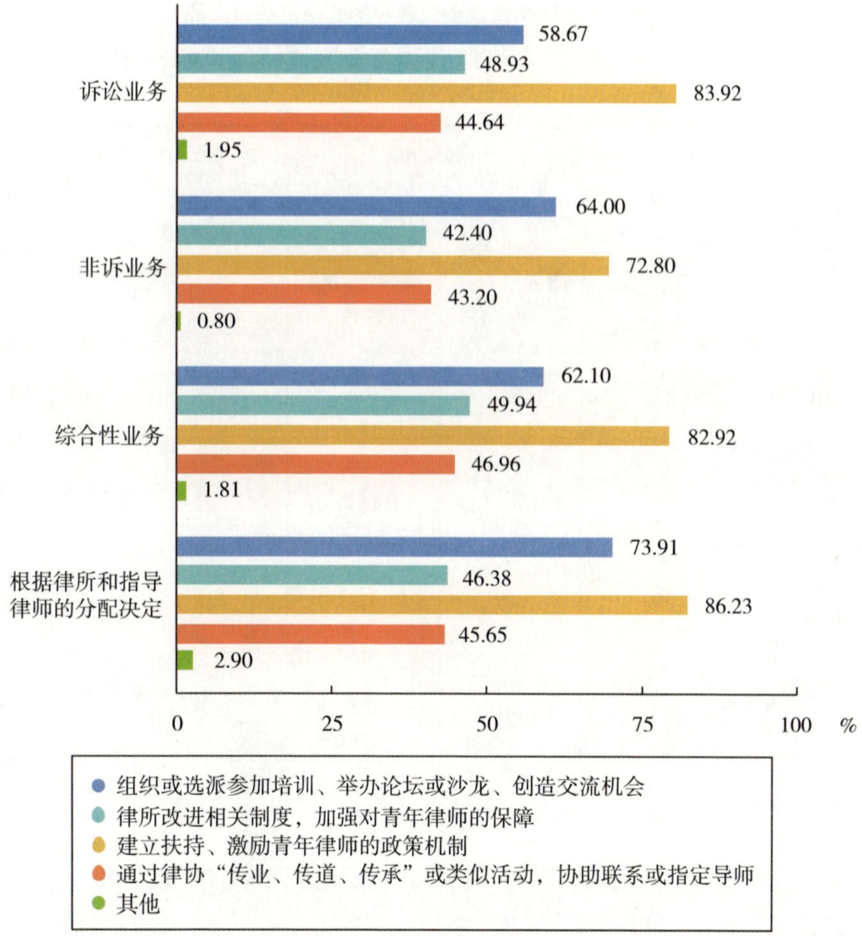

图 3－55　青年律师希望通过何种形式来提高执业能力与业务类型的交叉对比示意

（四）希望通过何种形式来提高执业能力与近三年年平均业务营收（税前）的交叉对比

问卷调查显示，近三年年均平均业务营收（税前）在 100 万元及以下各区间的青年律师，希望通过“建立扶持、激励青年律师的政策机制”来提高执业能力的比例均是其区间内最高的，而近三年年平均业务营收（税前）在 100 万元以上的青年律师，选择比例最高的是“组织或选派参加培训、举办论坛或沙龙、创造交流机会”。（参见表 3－56、图 3－56）

表3－56　青年律师希望通过何种形式来提高执业能力与近三年年平均业务营收(税前)的交叉对比统计

单位:人

近三年年平均业务营收(税前)	提高执业能力的形式					答题人数
	组织或选派参加培训、举办论坛或沙龙、创造交流机会	律所改进相关制度，加强对青年律师的保障	建立扶持、激励青年律师的政策机制	通过律协"传业、传道、传承"或类似活动，协助联系或指定导师	其他	
Q≤10万元	357	293	508	277	13	607
10万元＜Q≤15万元	314	265	455	225	9	518
15万元＜Q≤30万元	307	229	413	233	7	482
30万元＜Q≤45万元	103	80	138	79	1	169
45万元＜Q≤60万元	78	63	91	52	1	118
60万元＜Q≤80万元	28	26	34	16	1	50
80万元＜Q≤100万元	21	17	28	18	1	37
100万元＜Q	56	32	45	38	6	81

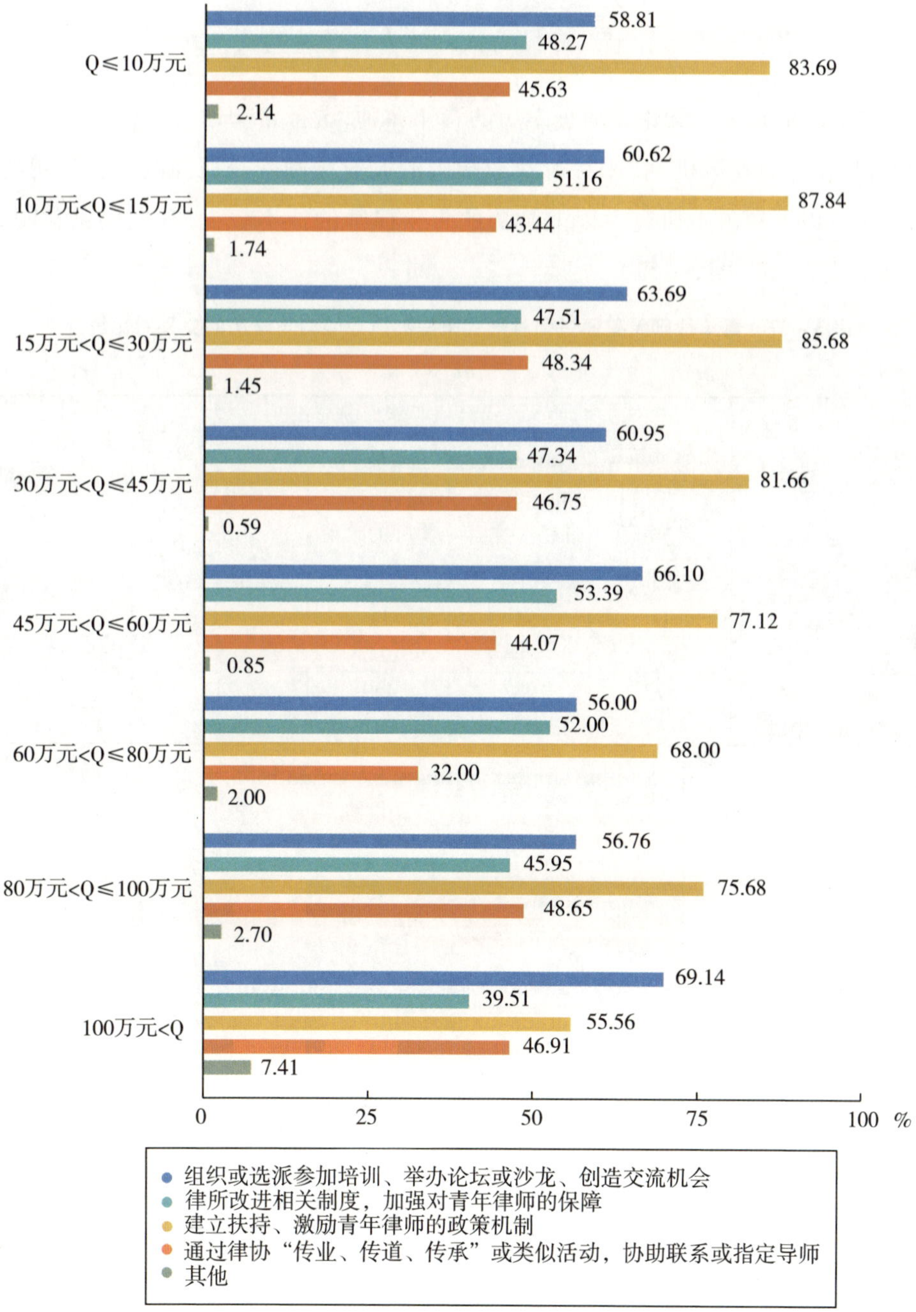

图 3－56　青年律师希望通过何种形式来提高执业能力与近三年年平均业务营收（税前）的交叉对比示意

（五）希望通过何种形式来提高执业能力与学历的交叉对比

问卷调查显示，无论是何种学历的青年律师，选择希望通过“建立扶持、激励青年律师的政策机制”来提升执业能力的人数比例均是最高的。要说明的是，本科以下和硕士研究生以上学历的青年律师的样本较少，数据仅供参阅。（参见表3－57、图3－57）

表3－57　青年律师希望通过何种形式来提高执业能力与学历的交叉对比统计

单位：人

学历	提高执业能力的形式					答题人数
	组织或选派参加培训、举办论坛或沙龙、创造交流机会	律所改进相关制度，加强对青年律师的保障	建立扶持、激励青年律师的政策机制	通过律协“传业、传道、传承”或类似活动，协助联系或指定导师	其他	
本科以下	11	5	11	11	0	16
本科	871	706	1243	681	31	1462
硕士研究生	377	287	450	242	7	572
硕士研究生以上	5	7	8	4	1	12

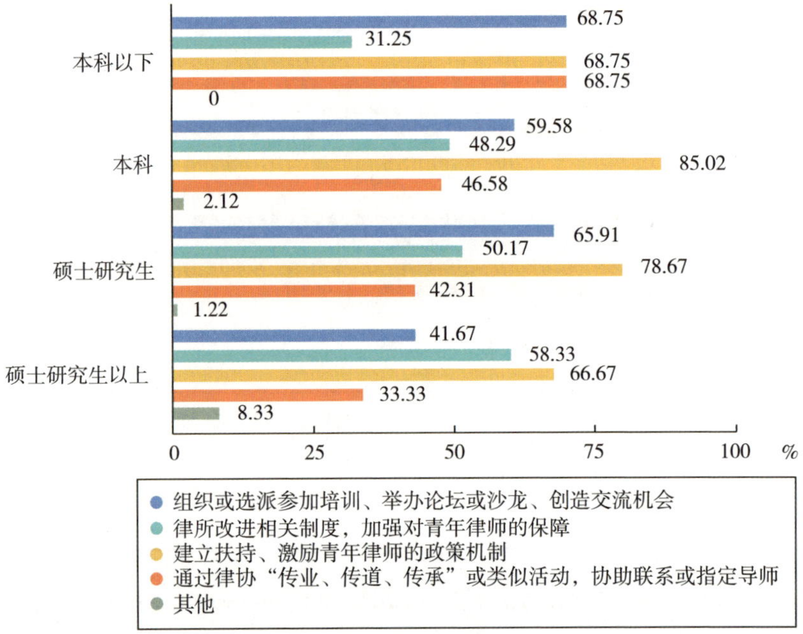

图3－57　青年律师希望通过何种形式来提高执业能力与学历的交叉对比示意

小结

1. 选择希望通过"建立扶持、激励青年律师的政策机制"来提高执业能力的青年律师的人数比例随着年龄的增加呈明显下降的趋势。

2. 从事诉讼业务的青年律师选择希望通过"建立扶持、激励青年律师的政策机制"来提高执业能力的占比高出从事非诉业务的青年律师近11%，从事诉讼业务的青年律师更希望通过"建立扶持、激励青年律师的政策机制"来提高执业能力。

二、对专业领域的学习期望

问卷调查显示(本问题为多选题),希望学习投融资、股权并购领域、企业合规领域知识的青年律师的人数比例是最高的,分别达到约45.59%和45.54%。公司清算、公司或个人破产领域,破产领域、婚姻家事与家族财富传承领域,刑事辩护诉讼领域的学习需求分别位于第三、第四、第五,而且人数比例明显高于其他领域。此外,在"其他"选项中,许多青年律师提出希望学习建设工程领域、涉税领域、城市更新领域的知识。(参见表3-58、图3-58)

表3-58　青年律师对专业领域的学习期望统计

选项	小计/人	比例/%
投融资、股权并购领域	940	45.59
公司清算、公司或个人破产领域	777	37.68
婚姻家事与家族财富传承领域	652	31.62
刑事辩护诉讼领域	590	28.61
劳动人事领域	420	20.37
知识产权领域	289	14.02
政府法律服务领域	334	16.2
涉外法律领域	259	12.56
社会治理领域	127	6.16
企业合规领域	939	45.54
其他	78	3.78
本题有效填写人数	2062	—

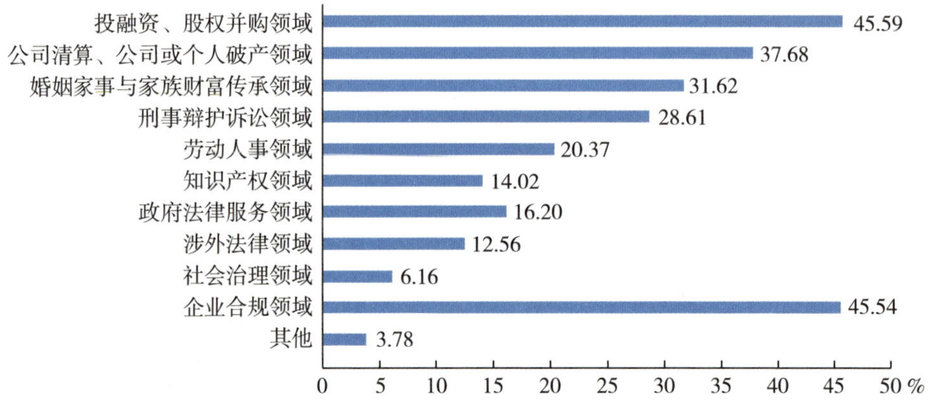

图3－58　青年律师对专业领域的学习期望比例示意

(一)对专业领域的学习期望与性别的交叉对比

问卷调查显示,无论男性还是女性,希望学习投融资、股权并购领域和企业合规领域知识的青年律师的人数比例都是最高的。此外,男性青年律师希望学习刑事辩护诉讼领域知识的人数比例明显高于女性青年律师,男性青年律师的人数比例约为35.96%,女性青年律师的人数比例只有约22.62%;而女性青年律师希望学习婚姻家事与家族财富传承领域、涉外法律领域知识的人数比例明显高于男性青年律师,女性青年律师的人数比例分别为38.82%和15.58%,男性青年律师的人数比例分别只有约22.79%和8.86%。(参见表3－59、图3－59)

表3－59　青年律师对专业领域的学习期望与性别的交叉对比统计

单位:人

性别	对专业领域的学习期望											答题人数
	投融资、股权并购领域	公司清算、公司或个人破产领域	婚姻家事与家族财富传承领域	刑事辩护诉讼领域	劳动人事领域	知识产权领域	政府法律服务领域	涉外法律领域	社会治理领域	企业合规领域	其他	
男	453	356	211	333	170	134	153	82	70	39	45	926
女	487	421	441	257	250	155	181	177	57	547	33	1136

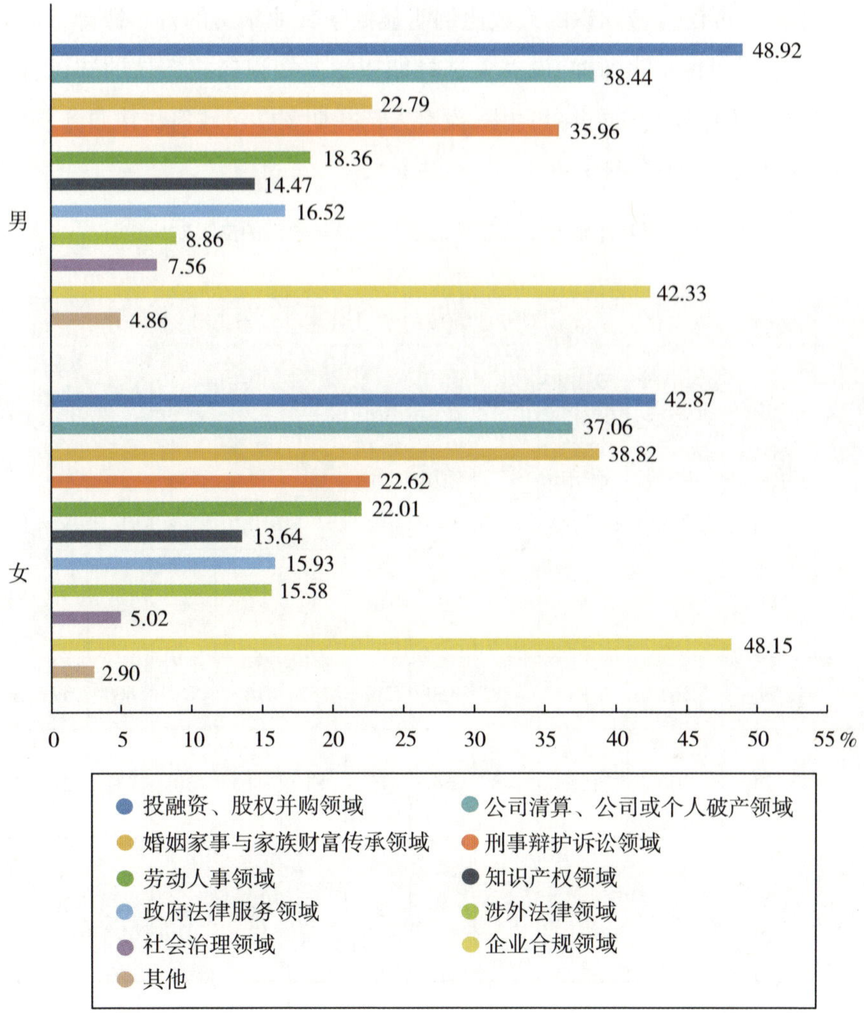

图 3－59　青年律师对专业领域的学习期望与性别的交叉对比示意

（二）对专业领域的学习期望与学历交叉对比

问卷调查显示，学历对青年律师的专业领域学习期望有较大的影响。本科以下和硕士研究生以上学历的青年律师，期望学习投融资、股权并购领域知识的人数比例明显高于其他学历的青年律师，期望学习企业合规领域知识的人数比例却明显低于其他学历的青年律师。硕士研究生以上学历的青年律师，期望学习刑事辩护诉讼领域知识的人数比例明显低于其他学历的青年律师。此外，本科以下学历的青年律师中，没有人选择期望学习知识产权领域的知识，而在12位研究生以上学历的青年律师中，没有人选择期望学习政府法律服务领域的知识。（参见表3-60、图3-60）

表3-60　青年律师对专业领域的学习期望与学历的交叉对比统计

单位：人

学历	对专业领域的学习期望											答题人数
	投融资、股权并购领域	公司清算、公司或个人破产领域	婚姻家事与家族财富传承领域	刑事辩护诉讼领域	劳动人事领域	知识产权领域	政府法律服务领域	涉外法律领域	社会治理领域	企业合规领域	其他	
本科以下	11	7	5	3	3	0	1	2	1	5	0	16
本科	59	561	483	438	350	212	252	142	87	660	57	1462
硕士研究生	324	206	159	148	64	75	81	110	38	271	21	572
硕士研究生以上	9	3	5	1	3	2	0	5	1	3	0	12

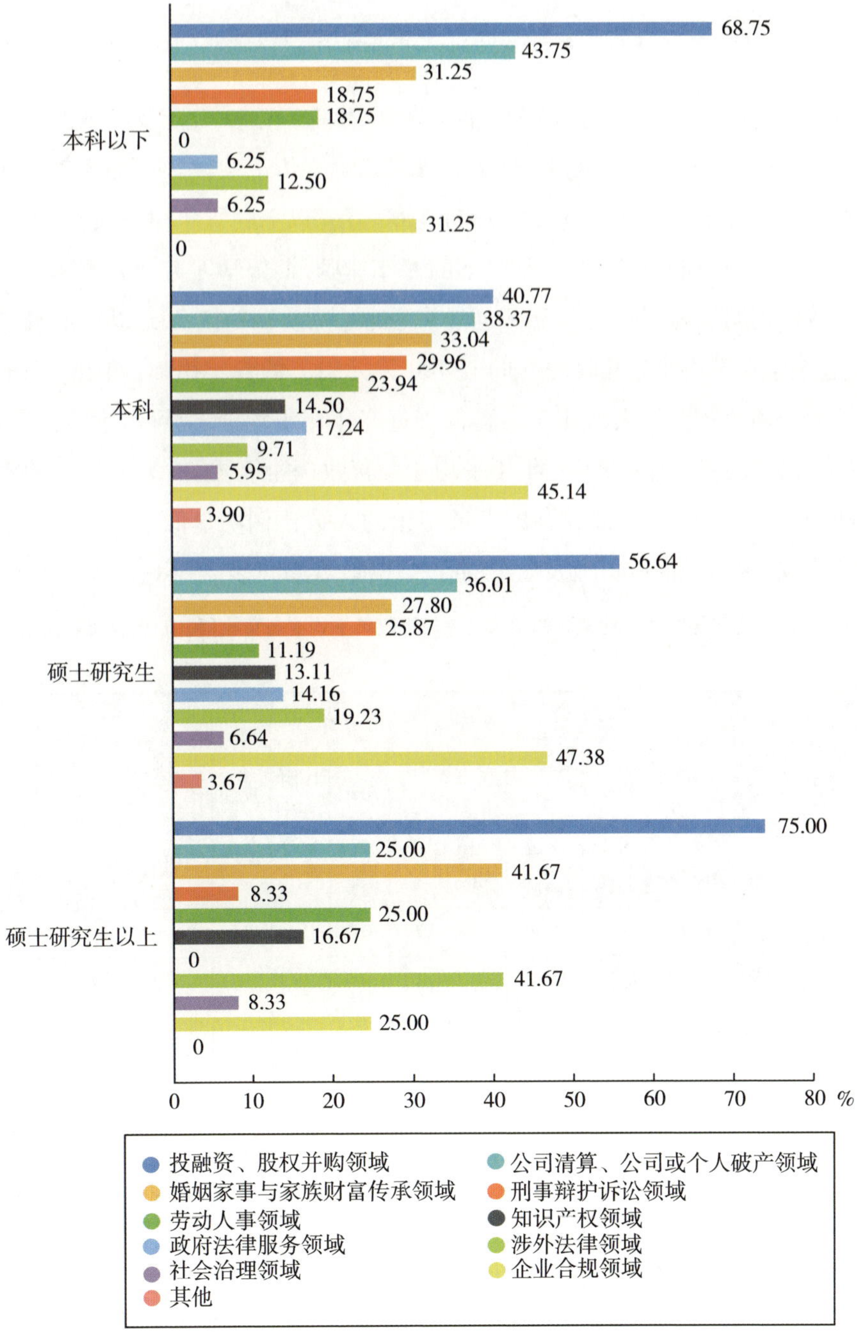

图 3－60　青年律师对专业领域的学习期望与学历的交叉对比示意

（三）对专业领域的学习期望与近三年年平均业务营收（税前）的交叉对比

问卷调查显示，近三年年平均业务营收（税前）在60万元及以下的青年律师，期望学习知识产权领域、婚姻家事与家族财富传承领域知识的人数比例明显高于近三年年平均业务营收（税前）在60万元以上的青年律师；近三年年平均业务营收（税前）在45万元及以下的青年律师，期望学习劳动人事领域知识的人数比例明显高于近三年年平均业务营收（税前）在45万元以上的青年律师；近三年年平均业务营收（税前）在100万元以上的青年律师，期望学习刑事辩护诉讼领域知识的人数比例明显低于近三年年平均业务营收（税前）在100万元及以下的青年律师；近三年年平均业务营收（税前）在30万元以上的青年律师，期望学习投融资、股权并购领域知识的人数比例明显低于近三年年平均业务营收（税前）在30万元及以下的青年律师。（参见表3－61、图3－61）

表3－61　青年律师对专业领域的学习期望与近三年平均业务营收（税前）的交叉对比统计

单位：人

近三年年平均业务营收（税前）	对专业领域的学习期望											答题人数
	投融资、股权并购领域	公司清算、公司或个人破产领域	婚姻家事与家族财富传承领域	刑事辩护诉讼领域	劳动人事领域	知识产权领域	政府法律服务领域	涉外法律领域	社会治理领域	企业合规领域	其他	
Q≤10万元	229	215	228	198	173	97	106	74	36	253	17	607
10万元＜Q≤15万元	215	206	187	162	123	84	91	68	32	215	17	518
15万元＜Q≤30万元	235	184	139	120	85	64	65	69	35	240	23	482
30万元＜Q≤45万元	100	67	39	38	21	23	27	19	8	91	5	169
45万元＜Q≤60万元	62	44	36	35	9	13	13	16	9	58	8	118
60万元＜Q≤80万元	30	17	7	13	3	1	8	4	3	21	5	50
80万元＜Q≤100万元	21	18	4	12	3	1	7	3	0	19	0	37
100万元＜Q	48	26	12	12	3	6	17	6	4	42	3	81

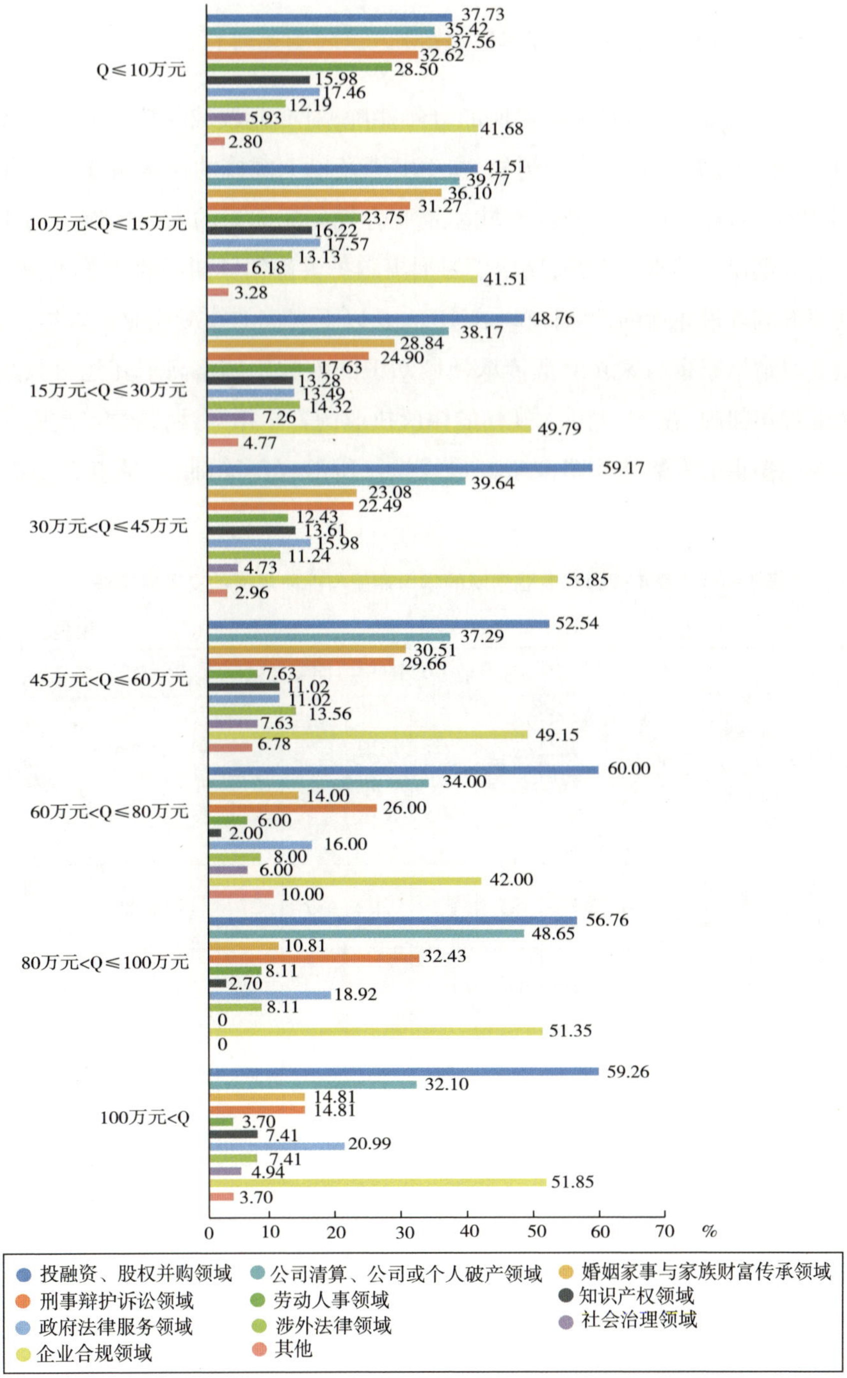

图3-61　青年律师对专业领域的学习期望与近三年年平均业务营收（税前）的交叉对比示意

（四）对专业领域的学习期望与律所规模的交叉对比

问卷调查显示，不同规模律所的青年律师，对专业领域的学习期望大体相当，有小部分数据略有不同。例如，在101人及以上规模的律所执业的青年律师，期望学习投融资、股权并购领域和企业合规领域知识的人数比例略高于其他人数规模律所的青年律师，期望学习刑事辩护诉讼领域知识的人数比例略低于其他人数规模律所的青年律师；在10人及以下规模的律所执业的青年律师，期望学习婚姻家事与家族财富传承领域知识的人数比例略高于其他人数规模律所的青年律师；在31～50人规模的律所执业的青年律师，期望学习政府法律服务领域知识的人数比例略高于其他规模律所的青年律师。（见表3－62、图3－62）

表3－62　青年律师对专业领域的学习期望与律所规模的交叉对比统计

单位：人

律所规模	对专业领域的学习期望											答题人数
	投融资、股权并购领域	公司清算、公司或个人破产领域	婚姻家事与家族财富传承领域	刑事辩护诉讼领域	劳动人事领域	知识产权领域	政府法律服务领域	涉外法律领域	社会治理领域	企业合规领域	其他	
10人及以下	80	75	90	83	52	29	37	27	12	89	10	215
11～30人	121	119	98	117	93	61	60	26	30	137	12	327
31～50人	53	60	53	49	31	22	40	17	9	59	6	148
51～100人	135	130	99	100	74	45	63	42	21	147	13	334
101人及以上	551	393	312	241	170	132	134	147	55	507	37	1038

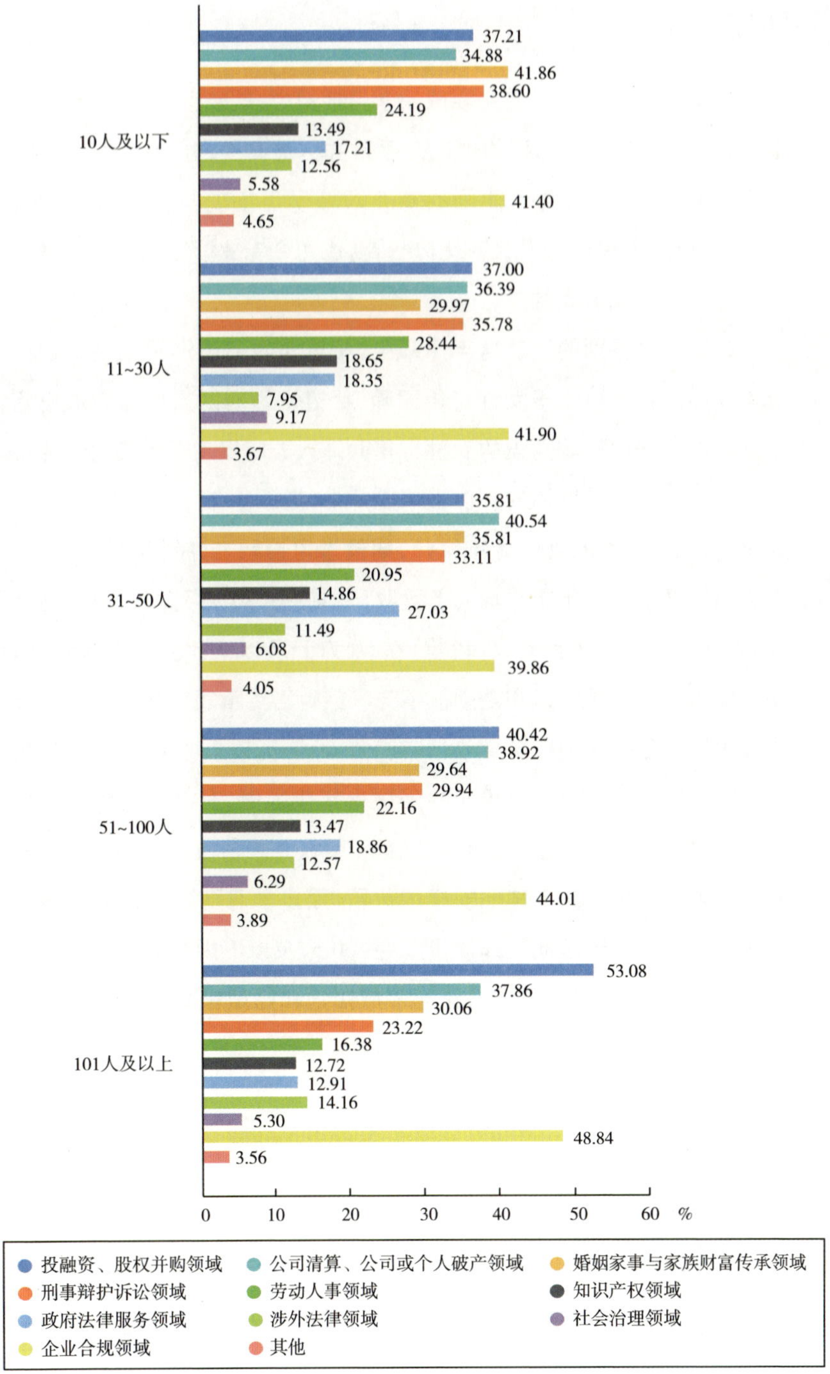

图 3－62　青年律师对专业领域的学习期望与律所规模的交叉对比示意

小结

1. 受访青年律师对专业领域的学习期望中，期望学习投融资、股权并购领域和企业合规领域知识的占比几乎是并列最高的，分别达到了约45.59%和45.54%。同时将青年律师的专业领域学习期望与律师性别、学历、收入、所在律所规模进行交叉对比分析，前述两个专业领域仍然是受访青年律师学习期望占比最高的。

2. 在不同性别的受访青年律师中，希望学习刑事辩护领域知识的男性青年律师人数明显高于女性青年律师；希望学习婚姻家事与家族财富传承领域和涉外法律领域知识的女性青年律师人数明显高于男性青年律师。

3. 在不同收入群体的受访青年律师中，近三年年平均业务营收（税前）在30万元及以下的受访青年律师，期望学习投融资、股权并购领域知识的人数明显高于近三年年平均业务营收（税前）在30万元以上的受访青年律师；近三年年平均业务营收（税前）在60万元及以下的受访青年律师，期望学习知识产权领域知识和婚姻家事与家族财富传承领域知识的人数比例明显高于近三年年平均业务营收（税前）在60万元以上的受访青年律师。

4. 在执业于不同规模律所的受访青年律师中，在101人及以上规模的律所执业的青年律师，期望学习投融资、股权并购领域知识和企业合规领域知识的人数比例略高于其他规模的律所，期望学习刑事辩护诉讼领域知识的人数比例略低于其他规模的律所；在10人及以下规模的律所执业的青年律师，期望学习刑事辩护诉讼业务领域知识和婚姻家事与家族财富传承领域知识的人数比例略高于其他规模的律所。

三、执业3年以下的授薪律师的合理月平均收入水平（税前、含奖金）

本次问卷调查的有效样本中，非授薪律师样本为1385份，授薪律师样本为677份，为了更好地分析这一主题，我们对非授薪青年律师的数据（参见表3－63、图3－63）和授薪青年律师的数据（参见表3－64、图3－64）分别进行分析。

问卷调查显示，无论是非授薪还是授薪的青年律师，认为执业3年以下的授薪律师的合理月平均收入（税前、含奖金）应在12,001～16,000元的人数比例均是最高的，占比分别约为43.68%和46.97%，远高于其他选项。

对比来看，认为执业3年以下的授薪律师的合理月平均收入水平（税前、含奖金）应在8000～12,000元的非授薪青年律师的人数比例约为18.63%，比授薪青年律师的比例高约5.48%；而认为应在16,001～20,000元的非授薪青年律师的人数比例约为23.39%，比授薪青年律师的比例低约4.08%。

表3-63　非授薪青年律师认为执业3年以下的授薪律师的合理月平均收入（税前、含奖金）统计

选项	小计/人	比例/%
8000～12,000元	258	18.63
12,001～16,000元	605	43.68
16,001～20,000元	324	23.39
20,001～24,000元	118	8.52
24,001元及以上	80	5.78
本题有效填写人数	1385	—

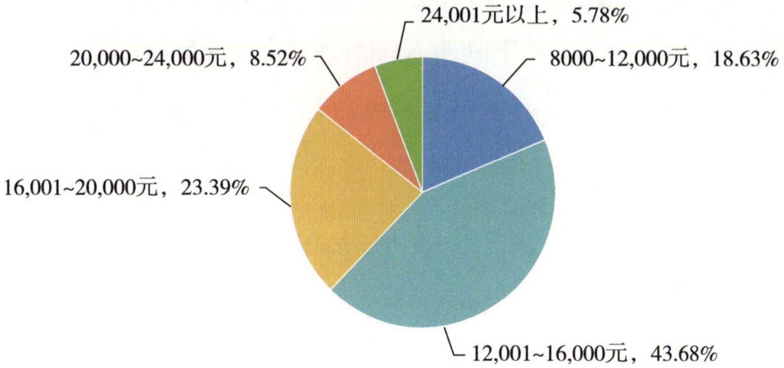

图3-63　非授薪青年律师认为执业3年以下的授薪律师的合理月平均收入（税前、含奖金）比例示意

表 3-64　授薪青年律师认为执业 3 年以下的授薪律师的合理月平均收入（税前、含奖金）统计

选项	小计/人	比例/%
8000～12,000 元	89	13.15
12,001～16,000 元	318	46.97
16,001～20,000 元	186	27.47
20,001～24,000 元	56	8.27
24,001 元以上	28	4.14
本题有效填写人数	677	—

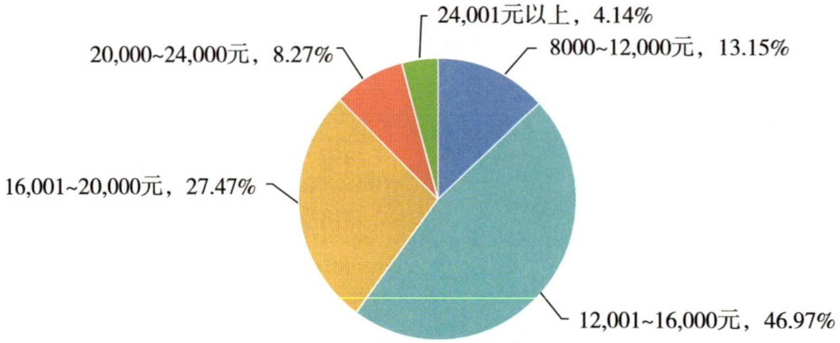

图 3-64　授薪青年律师认为执业 3 年以下的授薪律师的合理月平均收入（税前、含奖金）比例示意

（一）执业 3 年以下的授薪律师的合理月平均收入（税前、含奖金）与年龄的交叉对比

问卷调查显示，在非授薪青年律师中，无论处于哪个年龄段，认为执业 3 年以下的授薪律师的合理月平均收入（税前、含奖金）应在 12,001～16,000 元的人数比例均是最高的，均超过了 40%。随着非授薪青年律师的年龄增长，认为执业 3 年以下的授薪律师的合理月平均收入（税前、含奖金）应在 8000～12,000 元的人数比例呈上升趋势，认为应在 16,001～20,000 元的人数比例呈下降趋势。（参见表 3-65、图 3-65）

表 3－65 非授薪律师认为执业 3 年以下的授薪律师的合理月平均收入(税前、含奖金)与年龄的交叉对比统计

单位:人

年龄	合理月平均收入(税前、含奖金)					答题人数
	8000～12,000 元	12,001～16,000 元	16,001～20,000 元	20,001～24,000 元	24,001 元及以上	
30 岁及以下	63	232	133	34	29	491
31～35 岁	112	231	134	54	28	559
36～40 岁	83	142	57	30	23	335

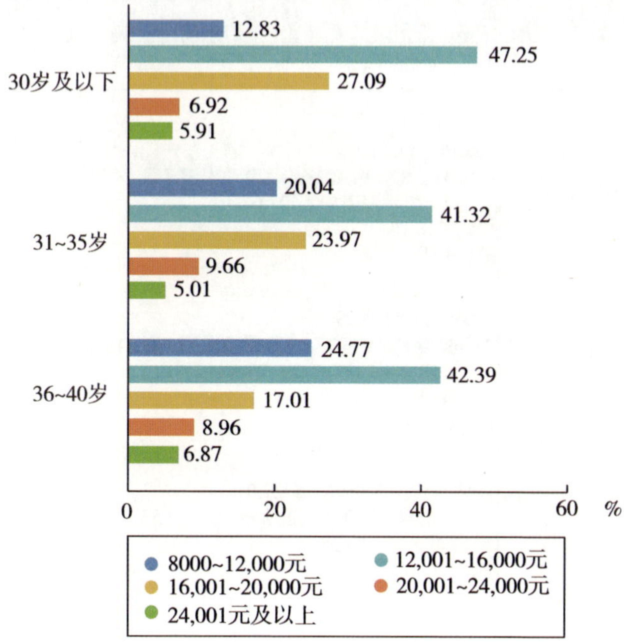

图 3－65 非授薪青年律师认为执业 3 年以下的授薪律师的合理月平均收入(税前、含奖金)与年龄的交叉对比示意

在授薪青年律师中,无论处于哪个年龄段,认为执业 3 年以下的授薪律师的合理月平均收入(税前、含奖金)应在 12,001～16,000 元的人数比例均是最高的,均超过了 40%。并且,随着年龄的增长,选择该选项的人数比例呈下降的趋势。与非授薪青年律师相同,随着授薪青年律师的年龄增长,认为执业 3 年以下的授薪律师的合理月平均收入（税前、含奖金）应在8000～12,000元的人数比例呈上升趋势。（参见表3－66、图3－66）

表3－66 授薪青年律师认为执业3年以下的授薪律师的合理月平均收入（税前、含奖金）与年龄的交叉对比统计

单位：人

年龄	合理月平均收入（税前、含奖金）					答题人数
	8000～12,000元	12,001～16,000元	16,001～20,000元	20,001～24,000元	24,001元及以上	
30岁及以下	53	233	132	39	20	477
31～35岁	24	68	47	13	5	157
36～40岁	12	17	7	4	3	43

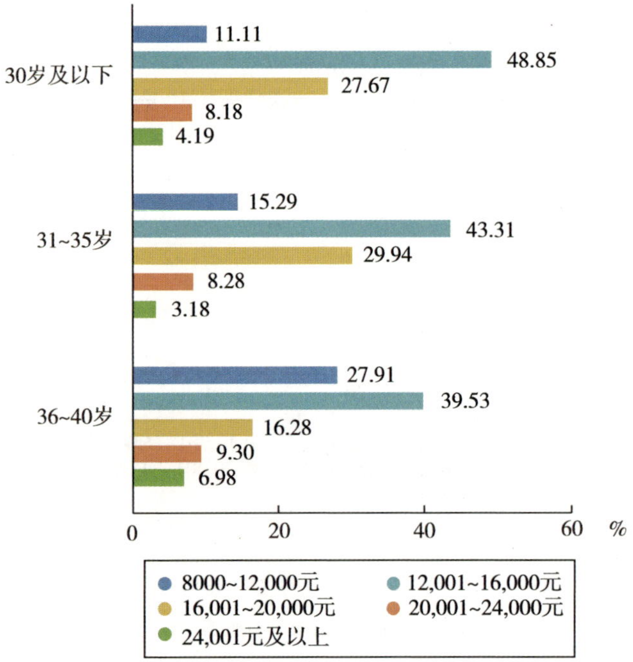

图3－66 授薪青年律师认为执业3年以下的授薪律师的合理月平均收入（税前、含奖金）与年龄的交叉对比示意

(二)执业3年以下的授薪律师的合理月平均收入(税前、含奖金)与性别的交叉对比

问卷调查显示,在非授薪青年律师中,无论性别,认为执业3年以下的授薪律师的合理月平均收入(税前、含奖金)应在12,001~16,000元的人数比例均是最高的,分别约为40.27%和46.91%,其中女性青年律师的比例比男性高约6.64%。(参见表3-67、图3-67)

表3-67　非授薪青年律师认为执业3年以下的授薪律师的合理月平均收入(税前、含奖金)与性别的交叉对比统计

单位:人

性别	合理月平均收入(税前、含奖金)					答题人数
	8000~12,000元	12,001~16,000元	16,001~20,000元	20,001~24,000元	24,001元及以上	
男	137	271	156	57	52	673
女	121	334	168	61	28	712

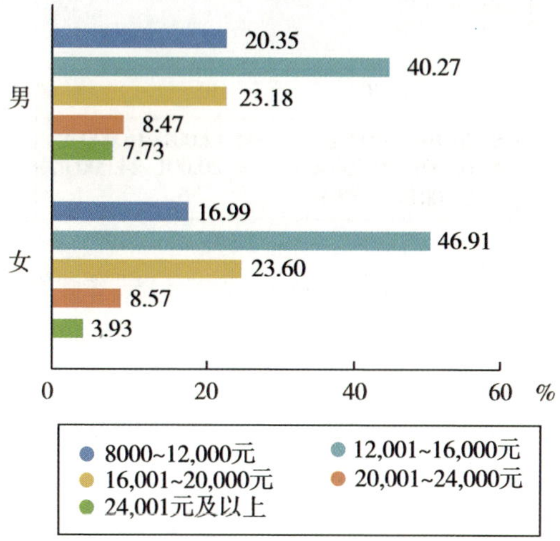

图3-67　非授薪青年律师认为执业3年以下的授薪律师的合理月平均收入(税前、含奖金)与性别的交叉对比示意

与非授薪律师的情况相同,授薪青年律师中,无论性别,认为执业3年以下

的授薪律师的合理月平均收入(税前、含奖金)应在12,001～16,000元的人数比例都是最高的,均超过了45%。(参见表3-68、图3-68)

表3-68　授薪青年律师认为执业3年以下的授薪律师的合理月平均收入(税前、含奖金)与性别的交叉对比统计

单位:人

性别	合理月平均收入(税前、含奖金)					答题人数
	8000～12,000元	12,001～16,000元	16,001～20,000元	20,001～24,000元	24,001元及以上	
男	32	116	68	23	14	253
女	57	202	118	33	14	424

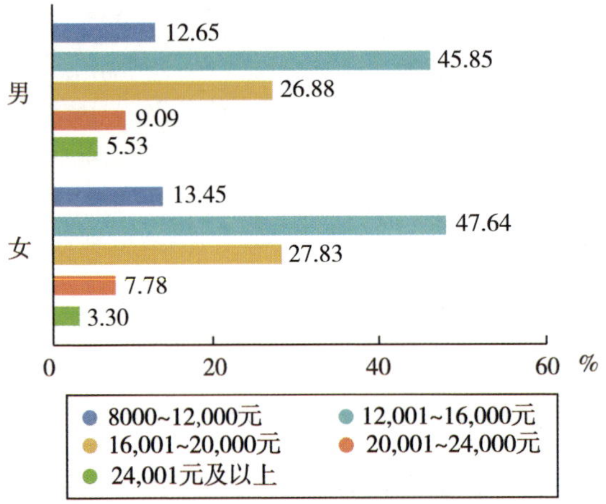

图3-68　授薪青年律师认为执业3年以下的授薪律师的合理月平均收入(税前、含奖金)与性别的交叉对比示意

(三)执业3年以下的授薪律师的合理月平均收入(税前、含奖金)与学历的交叉对比

问卷调查显示,在本科学历和硕士研究生学历的非授薪青年律师中,认为执业3年以下的授薪律师的合理月平均收入(税前、含奖金)应在12,001～16,000元的人数比例均是最高的,分别约为44.83%和40.92%。(参见表3-69、图3-69)

表 3－69　非授薪青年律师认为执业 3 年以下的授薪律师的合理月平均收入(税前、含奖金)与学历的交叉对比统计

单位:人

学历	合理月平均收入(税前、含奖金)					答题人数
	8000～12,000 元	12,001～16,000 元	16,001～20,000 元	20,001～24,000 元	24,001 元及以上	
本科以下	4	5	1	2	1	13
本科	187	447	231	82	50	997
硕士研究生	65	151	91	34	28	369
硕士研究生以上	2	2	1	0	1	6

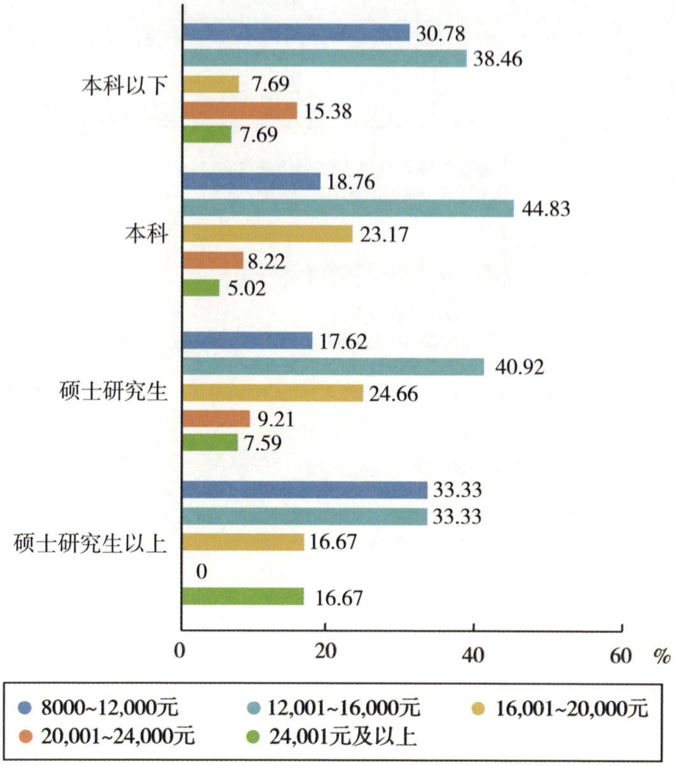

图 3－69　非授薪青年律师认为执业 3 年以下的授薪律师的合理月平均收入(税前、含奖金)与学历的交叉对比示意

在授薪青年律师群体中,虽然本科学历和硕士研究生学历的青年律师认为执业 3 年以下的授薪律师的月平均收入(税前、含奖金)应在 12,001～16,000

元的人数比例也都是最高的，但与非授薪青年律师群体相比，数据整体的差异性较大，主要表现为硕士研究生学历的青年律师认为的收入水平普遍比本科学历的青年律师高。（参见表3－70、图3－70）

表3－70　授薪青年律师认为执业3年以下的授薪律师的合理月平均收入（税前、含奖金）与学历的交叉对比统计

单位：人

学历	合理月平均收入（税前、含奖金）					答题人数
	8000～12,000元	12,001～16,000元	16,001～20,000元	20,001～24,000元	24,001元及以上	
本科以下	1	1	0	0	1	3
本科	74	226	121	33	11	465
硕士研究生	14	89	65	22	13	203
硕士研究生以上	0	2	0	1	3	6

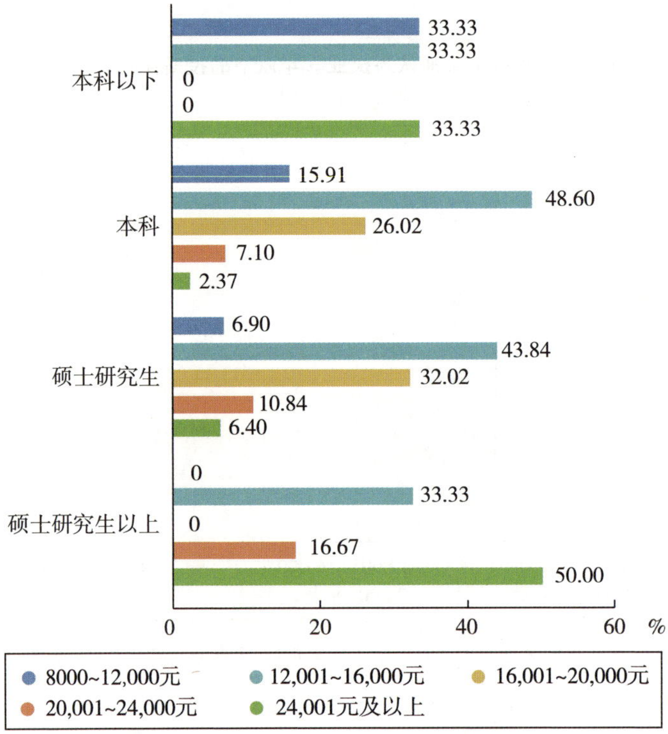

图3－70　授薪青年律师认为执业3年以下的授薪律师的合理月平均收入（税前、含奖金）与学历的交叉对比示意

(四)执业3年以下的授薪律师的合理月平均收入(税前、含奖金)与执业年限的交叉对比

问卷调查显示,在非授薪青年律师中,执业年限在5年及以下和6~10年的青年律师,认为执业3年以下的授薪律师的合理月平均收入(税前、含奖金)应在12,001~16,000元的人数比例是最高的,分别约为44.33%和44.61%。执业年限在11~15年的青年律师,认为执业3年以下的授薪律师的月平均收入(税前、含奖金)应在8000~12,000元的人数比例是最高的,占比约为41.67%。随着非授薪青年律师执业年限的增长,认为执业3年以下的授薪律师的月平均收入(税前、含奖金)应在8000~12,000元的人数比例呈上升趋势,认为应在16,001~20,000元的人数比例呈下降趋势。(参见表3-71、图3-71)

表3-71 非授薪青年律师认为执业3年以下的授薪律师的合理月平均收入(税前、含奖金)与执业年限的交叉对比统计

单位:人

执业年限	合理月平均收入(税前、含奖金)					答题人数
	8000~12,000元	12,001~16,000元	16,001~20,000元	20,001~24,000元	24,001元及以上	
5年及以下	126	422	255	86	63	952
6~10年	96	153	56	24	14	343
11~15年	35	27	12	7	3	84
16~20年	1	3	1	1	0	6

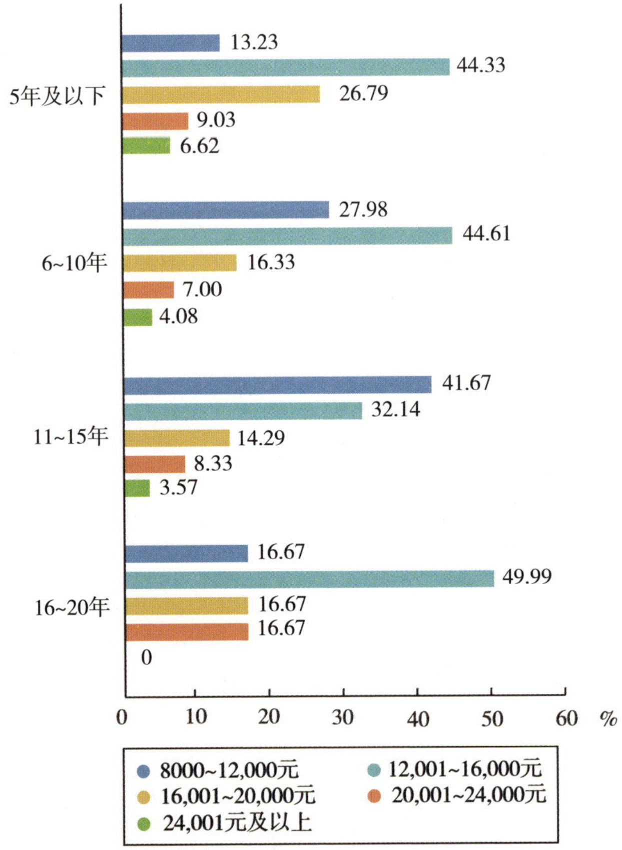

图3－71　非授薪青年律师认为执业3年以下的授薪律师的合理月平均收入（税前、含奖金）与执业年限的交叉对比示意

在授薪青年律师中，执业年限在5年及以下和6～10年的青年律师，认为执业3年以下的授薪律师的月平均收入（税前、含奖金）应在12,001～16,000元的人数比例是最高的，分别约为47.50%和38.46%，但执业年限在5年及以下的青年律师的人数比例要比6～10年的青年律师高约9.04%。而执业年限在6～10年的青年律师认为执业3年以下的授薪律师的月平均收入（税前、含奖金）应在8000～12,000元的人数比例约为38.85%，比执业年限在5年及以下的青年律师的人数比例高出一倍多。（参见表3－72、图3－72）

表 3-72 授薪青年律师认为执业 3 年以下的授薪律师的合理月平均收入（税前、含奖金）与执业年限的交叉对比统计

单位：人

执业年限	合理月平均收入（税前、含奖金）					答题人数
	8000～12,000 元	12,001～16,000 元	16,001～20,000 元	20,001～24,000 元	24,001 元及以上	
5 年及以下	73	294	174	53	25	619
6～10 年	15	20	12	3	2	52
11～15 年	1	3	0	0	0	4
16～20 年	0	1	0	0	1	2

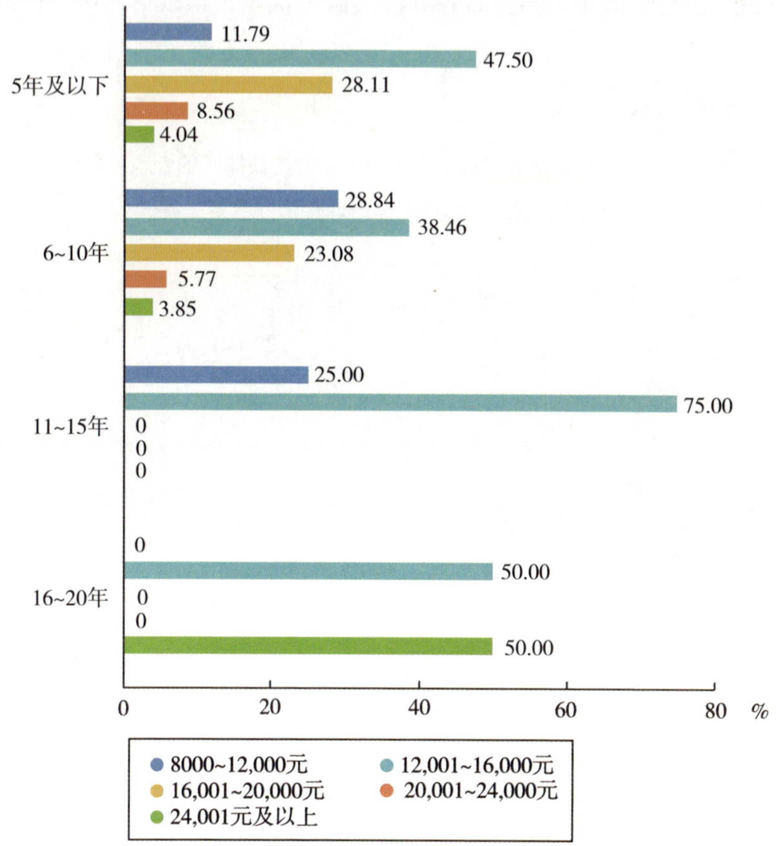

图 3-72 授薪青年律师认为执业 3 年以下的授薪律师的合理月平均收入（税前、含奖金）与执业年限的交叉对比示意

(五)执业3年以下的授薪律师的合理月平均收入(税前、含奖金)与律所职位的交叉对比

问卷调查显示,无论是处于何种职位的青年律师,认为执业3年以下的授薪律师的合理月平均收入(税前、含奖金)应在12,001~16,000元的人数比例均是最高的,除了合伙人(非主任)的比例约为39.55%以外,其他群体的比例均超过40%。

担任主任和合伙人(非主任)的青年律师,认为执业3年以下的授薪律师的月平均收入(税前、含奖金)应在8000~12,000元的人数比例明显比非授薪和授薪律师的比例高,高出一倍左右;相反,其认为执业3年以下的授薪律师的月平均收入(税前、含奖金)应在16,001~20,000元的人数比例明显比非授薪和授薪律师的比例低。(参见表3-73、图3-73)

表3-73 青年律师认为执业3年的以下的授薪律师的合理月平均收入(税前、含奖金)与律所职位的交叉对比统计

单位:人

律所职位	合理月平均收入(税前、含奖金)					答题人数
	8000~12,000元	12,001~16,000元	16,001~20,000元	20,001~24,000元	24,001元及以上	
主任	7	9	2	2	0	20
合伙人(非主任)	71	87	33	18	11	220
专职律师(授薪)	89	318	186	56	28	677
专职律师(非授薪)	180	509	289	98	69	1145

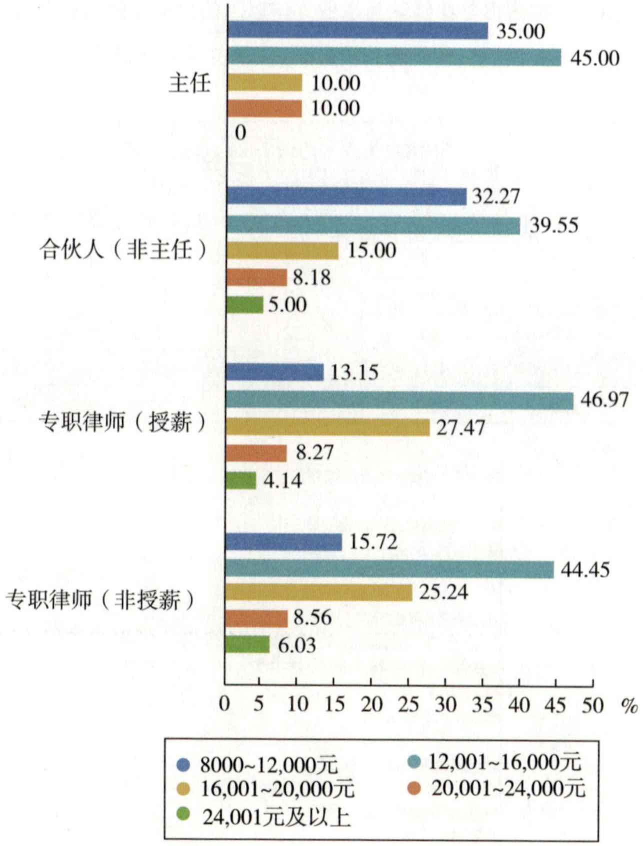

图 3－73　青年律师认为执业 3 年以下的授薪律师的合理月平均收入（税前、含奖金）与律所职位的交叉对比示意

（六）执业 3 年以下的授薪律师的合理月平均收入（税前、含奖金）与律所规模的交叉对比

根据问卷调查显示，无论是授薪青年律师还是非授薪青年律师，在 10 人及以下规模律所执业的青年律师，认为执业 3 年以下授薪律师的合理月平均收入（税前、含奖金）应在 8000 ~ 12,000 元的人数比例明显高于其他规模的律所。（参见表 3－74、图 3－74 和表 3－75、图 3－75）

表 3－74　非授薪青年律师认为执业 3 年以下的授薪律师的合理月平均收入（税前、含奖金）与律所规模的交叉对比统计

单位：人

律所规模	合理月平均收入（税前、含奖金）					答题人数
	8000～12,000 元	12,001～16,000 元	16,001～20,000 元	20,001～24,000 元	24,001 元及以上	
10 人及以下	39	54	34	13	5	145
11～30 人	39	92	52	16	12	211
31～50 人	15	37	22	7	8	89
51～100 人	36	101	43	17	15	212
101 人及以上	129	321	173	65	40	728

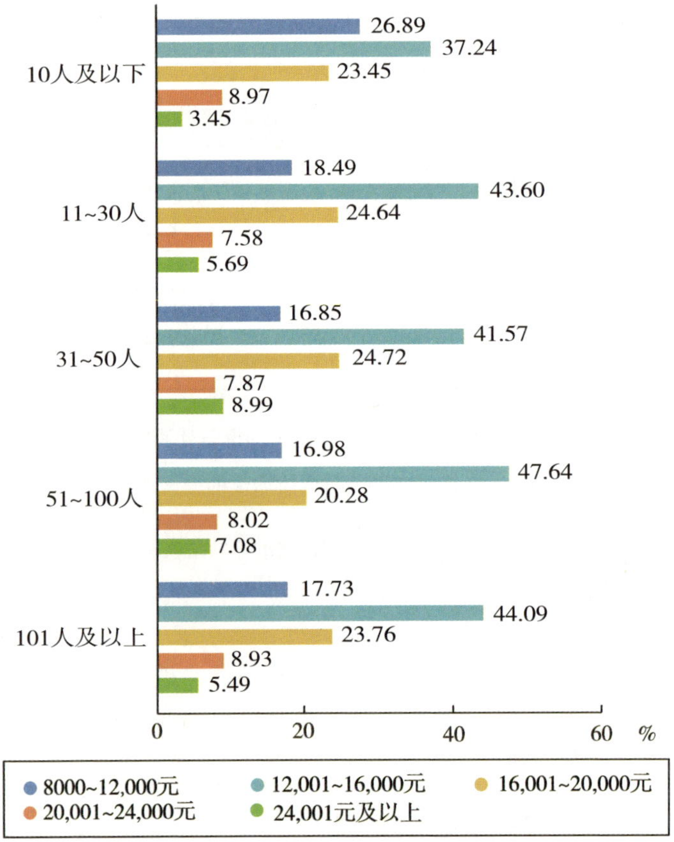

图 3－74　非授薪青年律师认为执业 3 年以下的授薪律师的合理月平均收入（税前、含奖金）与律所规模的交叉对比示意

表 3-75　授薪青年律师认为执业 3 年以下的授薪律师的合理月平均收入（税前、含奖金）与律所规模的交叉对比统计

单位：人

律所规模	合理月平均收入（税前、含奖金）					答题人数
	8000～12,000 元	12,001～16,000 元	16,001～20,000 元	20,001～24,000 元	24,001 元及以上	
10 人及以下	14	32	17	6	1	70
11～30 人	13	54	34	8	7	116
31～50 人	8	30	17	3	1	59
51～100 人	17	61	32	9	3	122
101 人及以上	37	141	86	30	16	310

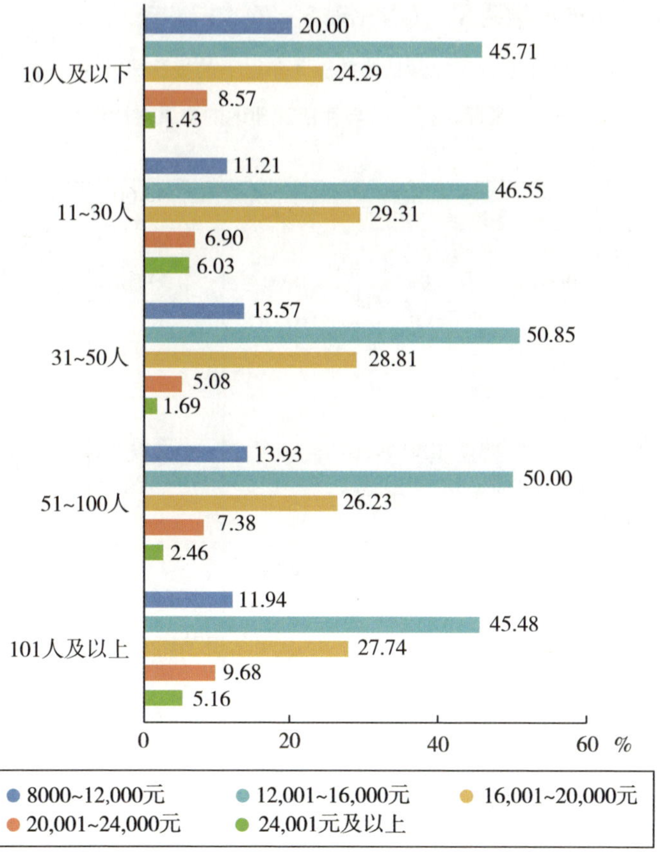

图 3-75　授薪青年律师认为执业 3 年以下的授薪律师的合理月平均收入（税前、含奖金）与律所规模的交叉对比示意

（七）执业3年以下的授薪律师的合理月平均收入（税前、含奖金）与律所注册地的交叉对比

根据问卷调查显示，在非授薪青年律师中，对于执业3年以下的授薪律师的合理月平均收入（税前、含奖金），律所注册地在光明区、坪山区的选择8000～12,000元的人数比例要高于其他地区；律所注册地在光明区的选择20,001～24,000元的人数比例明显要高于其他地区；律所注册地在南山区、盐田区、前海合作区的选择24,001元及以上的人数比例明显要高于其他地区。律所注册地在盐田区的选择20,001～24,000元的人数为零；律所注册地在坪山区的选择20,001元及以上的人数为零。（参见表3－76、图3－76）

表3－76　非授薪青年律师认为执业3年以下的授薪律师的合理月平均收入（税前、含奖金）与律所注册地的交叉对比统计

单位：人

律所注册地	合理月平均收入（税前、含奖金）					答题人数
	8000～12,000元	12,001～16,000元	16,001～20,000元	20,001～24,000元	24,001元及以上	
罗湖区	16	23	16	6	2	63
福田区	152	400	224	73	48	897
南山区	21	70	29	15	16	151
龙岗区	28	42	16	5	5	96
盐田区	2	3	2	0	1	8
宝安区	22	36	21	10	4	93
龙华区	9	20	8	5	2	44
坪山区	4	5	2	0	0	11
光明区	3	2	0	2	0	7
大鹏新区	0	0	0	0	0	0
前海合作区	1	3	6	2	2	14
深汕合作区	0	1	0	0	0	1

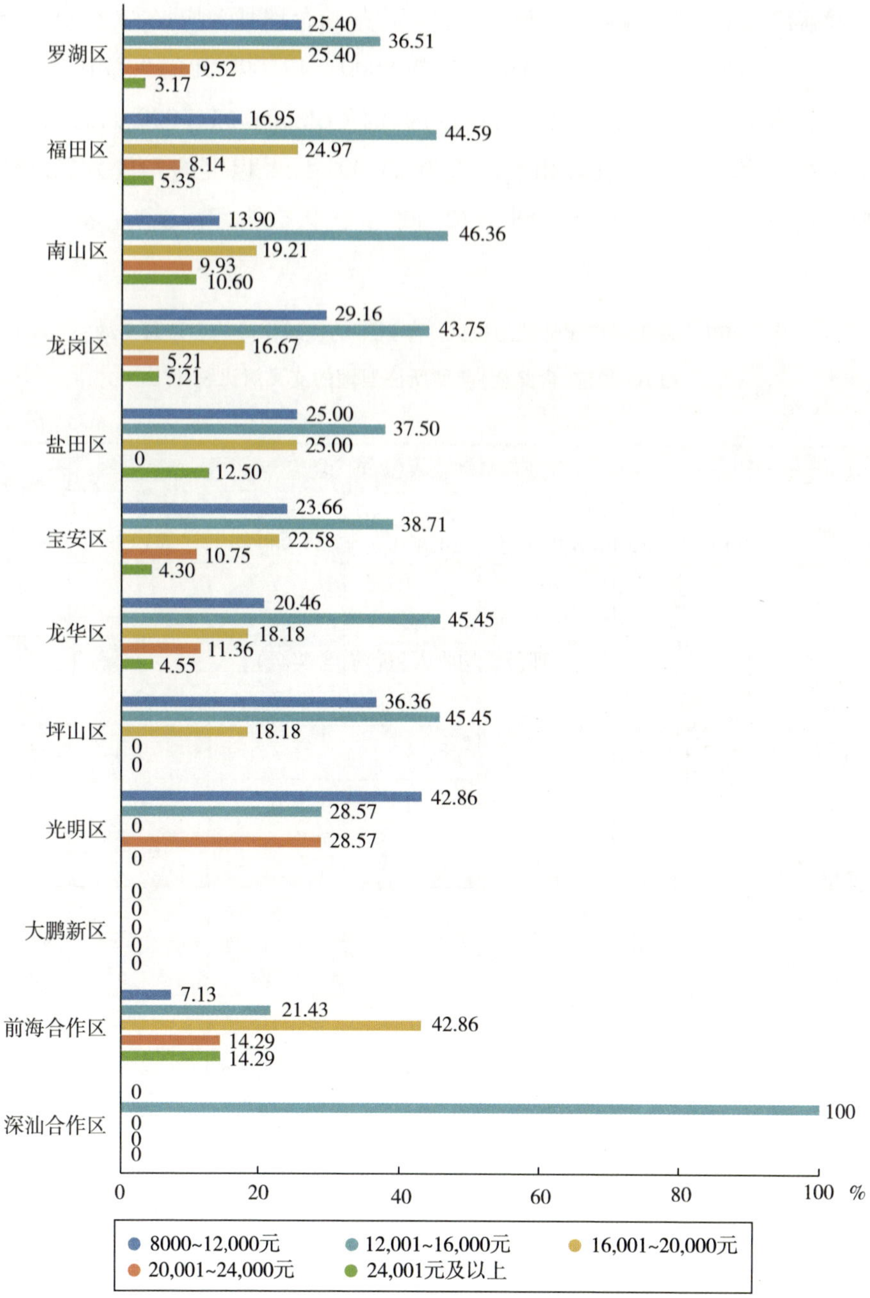

图 3-76　非授薪青年律师认为执业 3 年以下的授薪律师的合理月平均收入（税前、含奖金）与律所注册地的交叉对比示意

授薪律师中，对于执业3年以下的授薪律师的合理月平均收入（税前、含奖金），律所注册地在光明区、龙岗区的选择8000～12,000元的人数比例要明显高于其他地区；律所注册地在盐田区的选择12,001～16,000元的人数比例为100%；律所注册地在坪山区的选择20,001元及以上的人数为零；律所注册地在前海合作区的选择8000～12,000元的人数为零。（参见表3－77、图3－77）

表3－77　授薪青年律师认为执业3年以下的授薪律师的合理月平均收入（税前、含奖金）与律所注册地的交叉对比统计

单位：人

律所注册地	合理月平均收入（税前、含奖金）					答题人数
	8000～12,000元	12,001～16,000元	16,001～20,000元	20,001～24,000元	24,001元及以上	
罗湖区	4	25	11	3	1	44
福田区	46	173	105	32	22	378
南山区	7	48	26	7	3	91
龙岗区	17	22	8	3	1	51
盐田区	0	3	0	0	0	3
宝安区	9	19	17	7	0	52
龙华区	4	18	9	2	1	34
坪山区	0	6	5	0	0	11
光明区	2	2	1	1	0	6
大鹏新区	0	0	0	0	0	0
前海合作区	0	2	4	1	0	7
深汕合作区	0	0	0	0	0	0

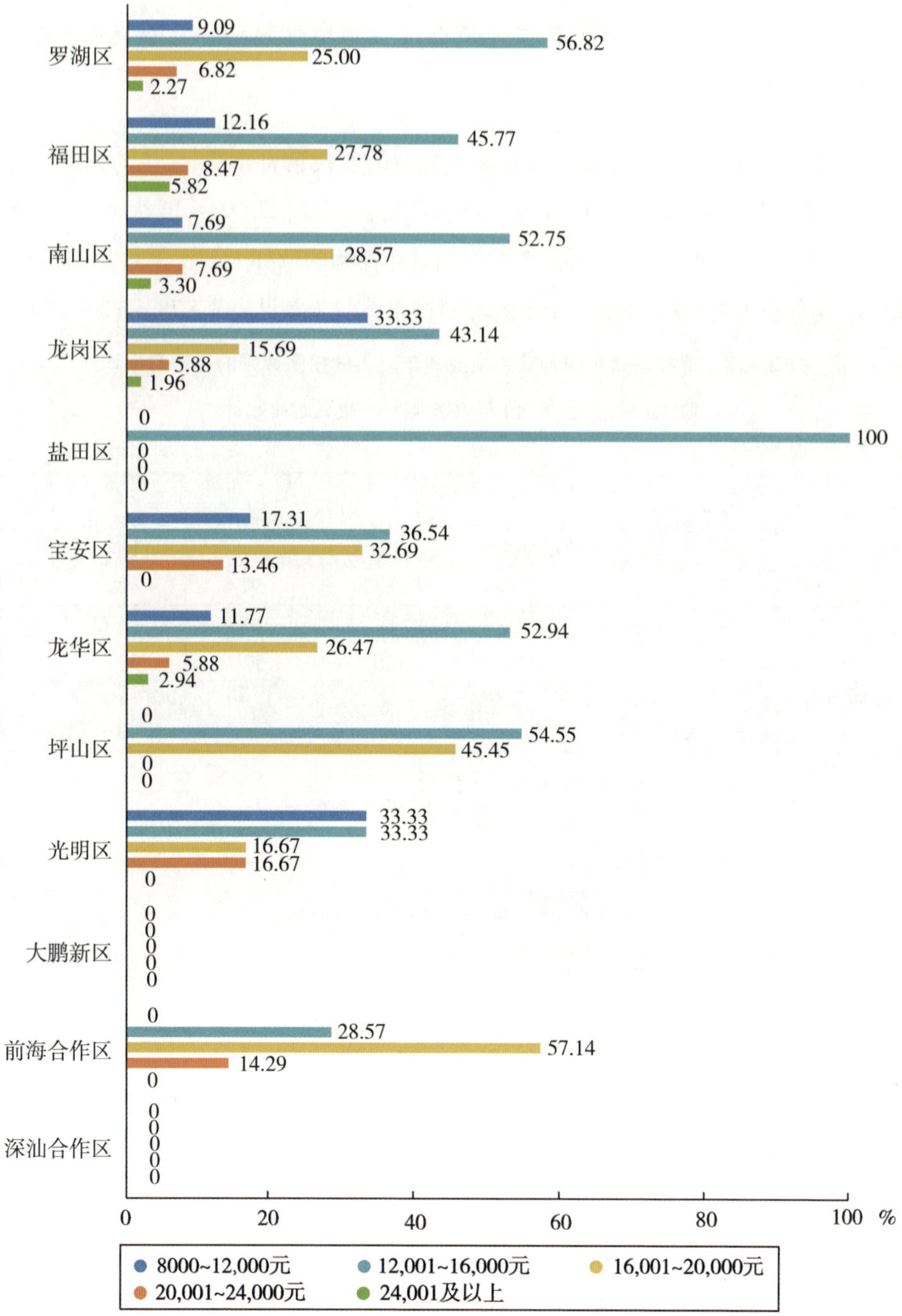

图3－77　授薪青年律师认为执业3年以下的授薪律师的合理月平均收入（税前、含奖金）与律所注册地的交叉对比示意

(八)执业3年以下的授薪律师的合理月平均收入(税前、含奖金)与业务类型的交叉对比

问卷调查显示,无论是从事何种业务类型的非授薪青年律师,认为执业3年以下的授薪律师的合理月平均收入(税前、含奖金)应在12,001~16,000元的人数比例均是最高的,除了从事非诉业务类型的青年律师的选择人数比例约为39.13%以外,其余业务类型的选择人数比例均超过40%。(参见表3-78、图3-78)

表3-78 非授薪青年律师认为执业3年以下的授薪律师的合理月平均收入(税前、含奖金)与业务类型的交叉对比统计

单位:人

业务类型	合理月平均收入(税前、含奖金)					答题人数
	8000~12,000元	12,001~16,000元	16,001~20,000元	20,001~24,000元	24,001元及以上	
诉讼业务	132	331	183	50	40	736
非诉业务	8	18	8	10	2	46
综合性业务	112	245	126	57	38	578
根据律所和指导律师的分配决定	6	11	7	1	0	25

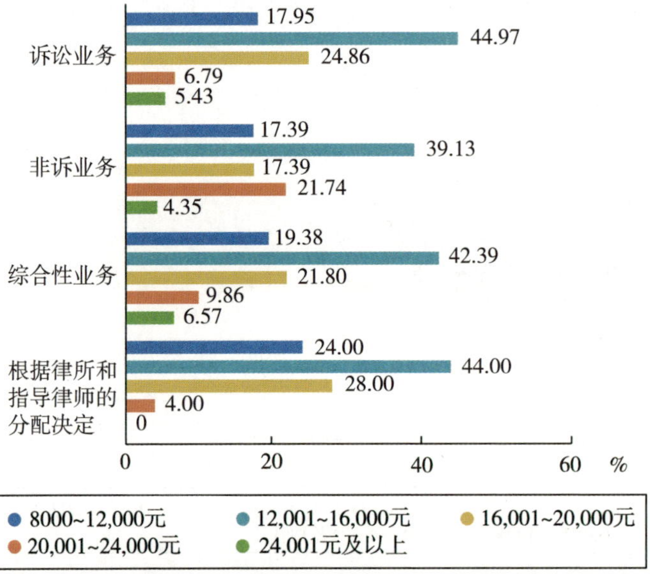

图3-78 非授薪青年律师认为执业3年以下的授薪律师的合理月平均收入(税前、含奖金)与业务类型的交叉对比示意

无论是从事何种业务类型的授薪青年律师，认为执业3年以下的授薪律师的合理月平均收入（税前、含奖金）应在12,001～16,000元的人数比例均是最高的，除了从事非诉业务类型的青年律师的选择人数比例为35.44%以外，其余业务类型的选择人数比例均超过40%。（参见表3－79、图3－79）

表3－79 授薪青年律师认为执业3年以下的授薪律师的合理月平均收入（税前、含奖金）与业务类型的交叉对比统计

单位：人

业务类型	合理月平均收入（税前、含奖金）					答题人数
	8000～12,000元	12,001～16,000元	16,001～20,000元	20,001～24,000元	24,001元及以上	
诉讼业务	41	142	74	19	14	290
非诉业务	9	28	26	12	4	79
综合性业务	26	94	50	18	7	195
根据律所和指导律师的分配决定	13	54	36	7	3	113

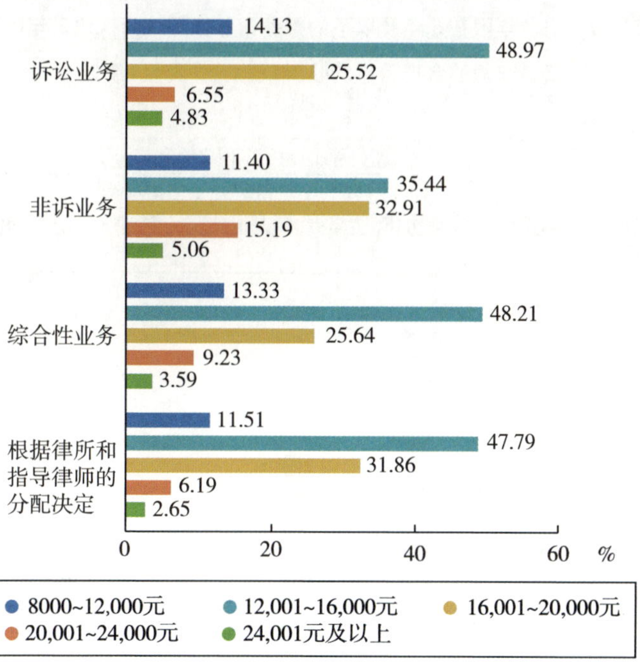

图3－79 授薪青年律师认为执业3年以下的授薪律师的合理月平均收入（税前、含奖金）与业务类型的交叉对比示意

（九）执业年限在5年及以下的授薪律师认为执业3年以下的授薪律师的合理月平均收入（税前、含奖金）与其近三年年平均业务营收（税前）的交叉对比

问卷调查显示，执业年限在5年及以下的授薪律师中，有约47.5%的人认为执业3年以下的授薪律师的月平均收入（税前、含奖金）应当在12,001～16,000元；有约28.11%的人认为应当在16,001～20,000元；只有约1.79%的人认为应当在8000～12,000元。（参见表3－80、图3－80）而这些青年律师中，有约42.16%的人近三年年平均业务营收（税前）在10万元及以下（折算月平均收入在8300元以下），有约37.48%的人年平均业务营收（税前）在10元以上15万元及以下区间（折算月平均收入在8300～12,500元）。（参见表3－81、图3－81）

通过两组数据对比推测，执业年限在5年及以下的授薪律师中，很大比例的人目前所获取的薪酬可能低于其期望的薪资水平。

表3－80　执业年限在5年及以下的授薪青年律师认为执业3年以下的授薪律师的合理月平均收入（税前、含奖金）统计

单位：人

执业年限	合理月平均收入（税前、含奖金）					答题人数
	8000～12,000元	12,001～16,000元	16,001～20,000元	20,001～24,000元	24,001元及以上	
5年及以下	73	294	174	53	25	619

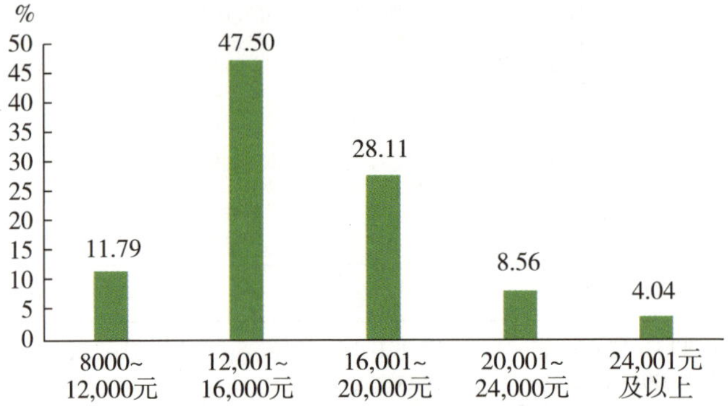

图3－80　执业年限在5年及以下的授薪青年律师认为执业3年以下的授薪律师的合理月平均收入（税前、含奖金）比例示意

表 3-81　执业年限在 5 年及以下的授薪青年律师近三年年平均业务营收(税前)统计

单位:人

执业年限	执业 5 年及以下青年律师近三年年平均业务营收(税前)								答题人数
	Q≤10 万元	10 万元 <Q≤ 15 万元	15 万元 <Q≤ 30 万元	30 万元 <Q≤ 45 万元	45 万元 <Q≤ 60 万元	60 万元 <Q≤ 80 万元	80 万元 <Q≤ 100 万元	100 万元 <Q	
5 年及以下	261	232	102	12	5	0	0	7	619

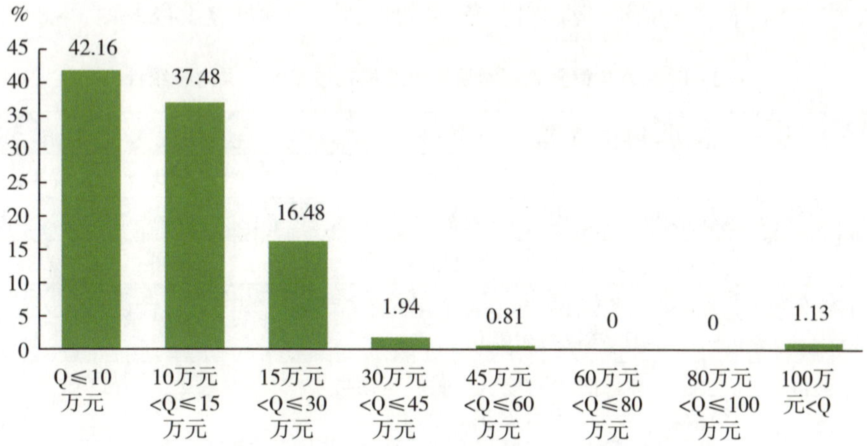

图 3-81　执业年限在 5 年及以下的授薪青年律师近三年年平均业务营收(税前)比例示意

小结

1. 通过与青年律师学历、执业年限、律所职位、律所规模、律所注册地、业务类型等多项因素对比,我们发现,无论是授薪青年律师还是非授薪青年律师,无论是以哪个角度去对比分析,总体上大部分人认为执业 3 年以下的授薪律师的合理月平均收入(税前、含奖金)应在 8000 ~ 12,000 元。

2. 我们筛选了执业年限在 5 年及以下的授薪青年律师的数据,发现大部分人认为执业 3 年以下的授薪律师的合理月平均收入(税前、含奖金)应在 12,000 ~ 20,000 元,但实际上这个群体中大部分人近三年的月均营收(税前)不足 12,000 元,甚至有约 36.47% 的青年律师月均营收(税前)在 8000 元以下。

四、希望律协举办培训或沙龙的主要内容

问卷调查显示（本问题为多选题），约79.83%的青年律师希望律协举办培训或沙龙的主要内容为“以资深律师传授经验和业务技能为主”；约63.24%的青年律师选择“与行业外相关行业进行交流（如法院、证券公司、会计师事务所、知识产权机构等）”；约47.04%的青年律师选择“以请专家学者进行专业理论知识讲授为主”；约30.08%的青年律师选择“演讲口才、礼仪、心理咨询、国学养生、理财、运动指导、急救培训等综合技能知识的培训”。（参见表3－82、图3－82）

表3－82　青年律师希望律协举办培训或沙龙的主要内容统计

选项	小计/人	比例/%
以请专家学者进行专业理论知识讲授为主	970	47.04
以青年律师定期聚会自我交流为主	678	32.88
以资深律师传授经验和业务技能为主	1646	79.83
与行业外相关行业进行交流（如法院、证券公司、会计师事务所、知识产权机构等）	1304	63.24
演讲口才、礼仪、心理咨询、国学养生、理财、运动指导、急救培训等综合技能知识的培训	635	30.8
其他	20	0.97
本题有效填写人数	2062	—

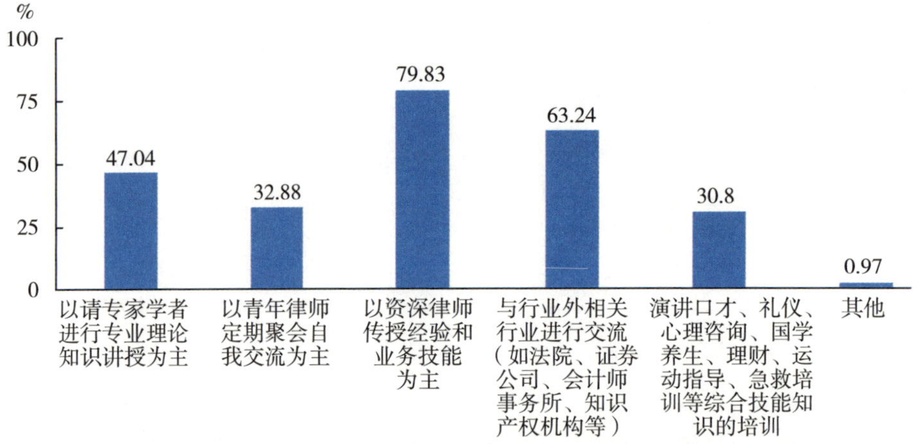

图3－82　青年律师希望律协举办培训或沙龙的主要内容比例示意

（一）希望律协举办培训或沙龙的主要内容与年龄的交叉对比

问卷调查显示，30岁及以下的青年律师，希望律协举办培训或沙龙的主要内容为“以青年律师定期聚会自我交流”的比例较明显高于36～40岁的青年律师。（参见表3-83、图3-83）

表3-83　青年律师希望律协举办培训或沙龙的主要内容与年龄的交叉对比统计

单位：人

年龄	希望律协举办培训或沙龙的主要内容						答题人数
	以请专家学者进行专业理论知识讲授为主	以青年律师定期聚会自我交流为主	以资深律师传授经验和业务技能为主	与行业外相关行业进行交流（如法院、证券公司、会计师事务所、知识产权机构等）	演讲口才、礼仪、心理咨询、国学养生、理财、运动指导、急救培训等综合技能知识的培训	其他	
30岁及以下	477	356	770	599	289	4	968
31～35岁	320	225	571	473	218	10	716
36～40岁	173	97	305	232	128	6	378

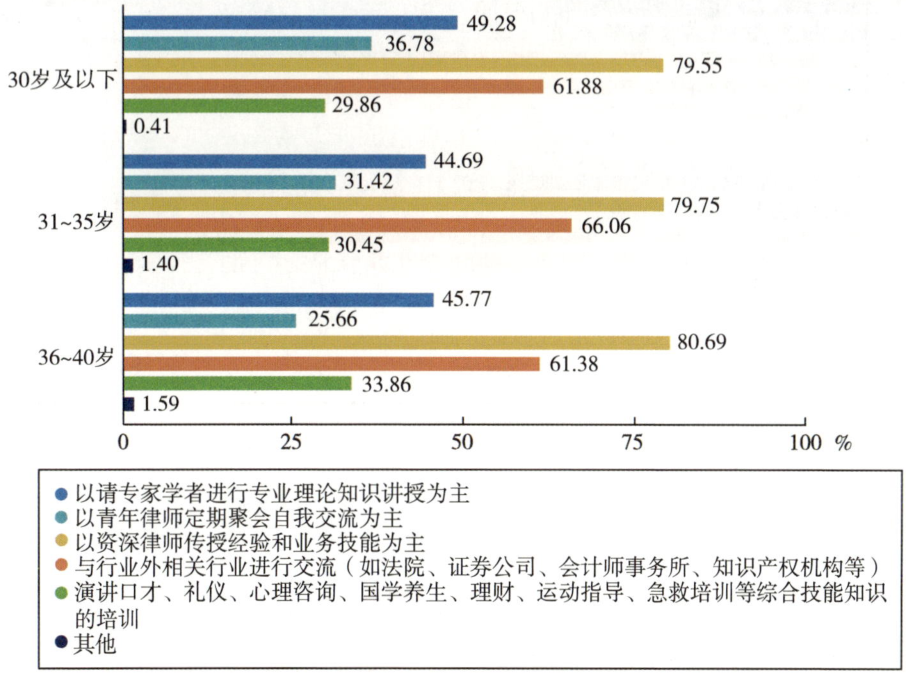

图3-83　青年律师希望律协举办培训或沙龙的主要内容与年龄的交叉对比示意

(二)希望律协举办培训或沙龙的主要内容与性别的交叉对比

问卷调查显示,女性青年律师希望律协举办培训或沙龙的主要内容“与行业外相关行业进行交流(如法院、证券公司、会计师事务所、知识产权机构等)”的人数比例较明显高于男性青年律师,选择的主要内容为“以青年律师定期聚会自我交流”的人数比例略低于男性青年律师。(参见表3-84、图3-84)

表3-84　青年律师希望律协举办培训或沙龙的主要内容与性别的交叉对比统计

性别	希望律协举办培训或沙龙的主要内容						答题人数
	以请专家学者进行专业理论知识讲授为主	以青年律师定期聚会自我交流为主	以资深律师传授经验和业务技能为主	与行业外相关行业进行交流(如法院、证券公司、会计师事务所、知识产权机构等)	演讲口才、礼仪、心理咨询、国学养生、理财、运动指导、急救培训等综合技能知识的培训	其他	
男	413	331	739	537	266	9	926
女	557	347	907	767	369	11	1136

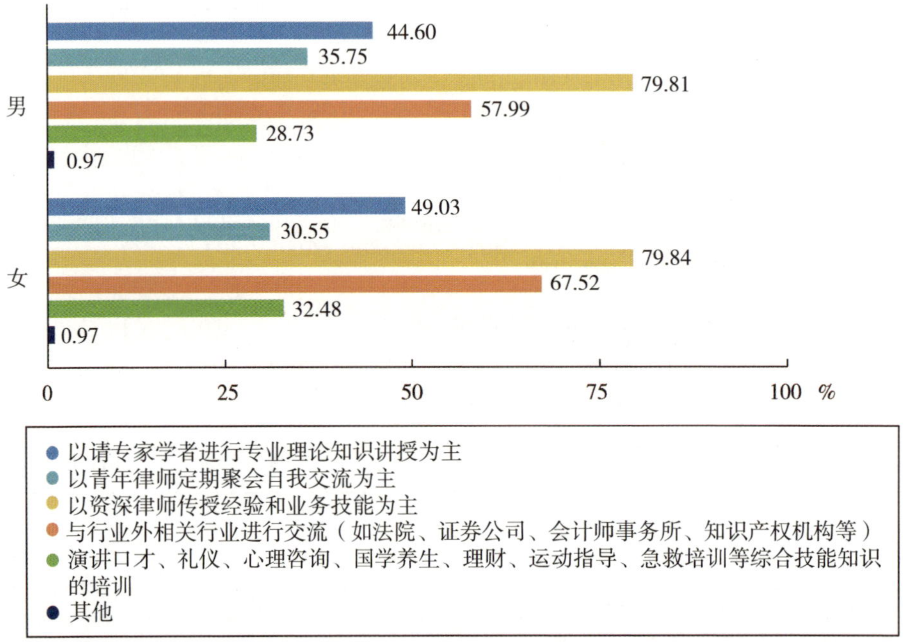

图3-84　青年律师希望律协举办培训或沙龙的主要内容与性别的交叉对比示意

（三）希望律协举办培训或沙龙的主要内容与学历的交叉对比

问卷调查显示，本科学历的青年律师中，约80.51%的人希望律协举办培训或沙龙的主要内容为"以资深律师传授经验和业务技能为主"；硕士研究生学历的青年律师中，希望律协举办培训或沙龙的主要内容为"与行业外相关行业进行交流（如法院、证券公司、会计师事务所、知识产权机构等）"和"以青年律师定期聚会自我交流为主"的比例较明显高于本科以下学历的青年律师；硕士研究生以上学历的青年律师更希望律协培训的主要内容"以请专家学者进行专业理论知识讲授为主"。（参见表3－85、图3－85）

表3－85　青年律师希望律协举办培训或沙龙的主要内容与学历的交叉对比统计

学历	希望律协举办培训或沙龙的主要内容						答题人数
	以请专家学者进行专业理论知识讲授为主	以青年律师定期聚会自我交流为主	以资深律师传授经验和业务技能为主	与行业外相关行业进行交流（如法院、证券公司、会计师事务所、知识产权机构等）	演讲口才、礼仪、心理咨询、国学养生、理财、运动指导、急救培训等综合技能知识的培训	其他	
本科以下	7	4	10	9	6	0	16
本科	682	474	1177	911	448	12	1462
硕士研究生	274	197	451	378	179	7	572
硕士研究生以上	7	3	8	6	2	1	12

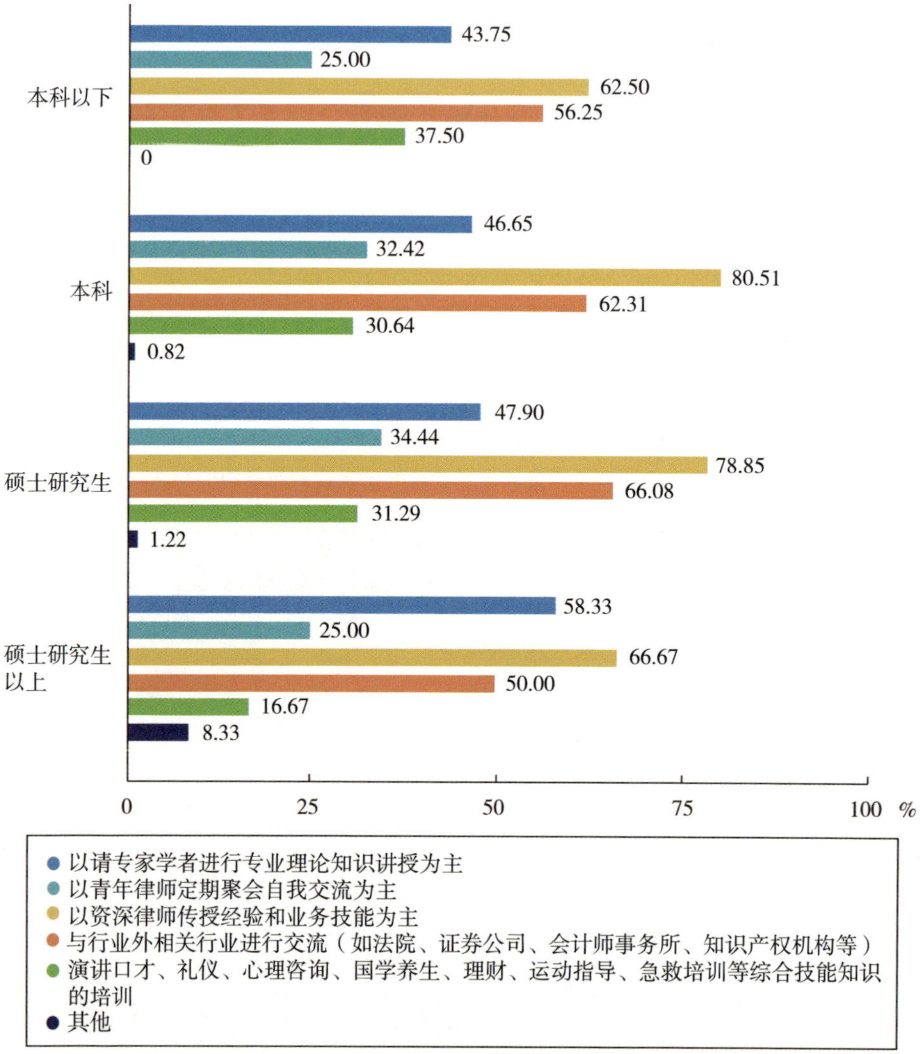

图 3－85　青年律师希望律协举办培训或沙龙的主要内容与学历的交叉对比示意

（四）希望律协举办培训或沙龙的主要内容与执业年限的交叉对比

问卷调查显示，在执业年限为 15 年及以下的青年律师中，随着执业年限的增加，希望律协举办培训或沙龙的主要内容为“以资深律师传授经验和业务技能为主”的比例呈下降趋势。（参见表 3－86、图 3－86）

表 3－86　青年律师希望律协举办培训或沙龙的主要内容与执业年限的交叉对比统计

单位：人

执业年限	希望律协举办培训或沙龙的主要内容						答题人数
	以请专家学者进行专业理论知识讲授为主	以青年律师定期聚会自我交流为主	以资深律师传授经验和业务技能为主	与行业外相关行业进行交流（如法院、证券公司、会计师事务所、知识产权机构等）	演讲口才、礼仪、心理咨询、国学养生、理财、运动指导、急救培训等综合技能知识的培训	其他	
5 年及以下	760	528	1266	974	476	13	1571
6～10 年	163	123	310	270	129	5	395
11～15 年	43	23	63	57	26	2	88
16～20 年	4	4	7	3	4	0	8

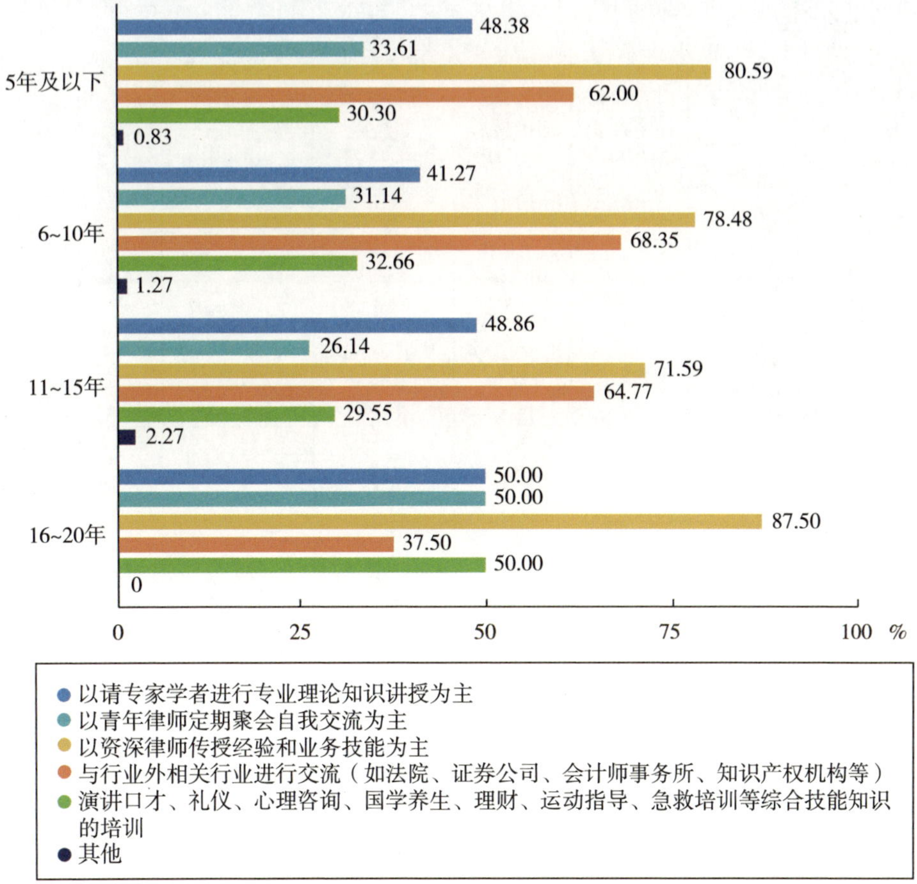

图 3－86　青年律师希望律协举办培训或沙龙的主要内容与执业年限的交叉对比示意

(五)希望律协举办培训或沙龙的主要内容与律所职位的交叉对比

问卷调查显示,担任主任的青年律师更希望律协举办培训或沙龙的主要内容为"以资深律师传授经验和业务技能"和"与行业外相关行业进行交流(如法院、证券公司、会计师事务所、知识产权机构等)",担任合伙人(非主任)的青年律师选择"以请专家学者进行专业理论知识讲授为主"的比例是所有职位的青年律师中最低的。(参见表3-87、图3-87)

表3-87 青年律师希望律协举办培训或沙龙的主要内容与律所职位的交叉对比统计

律所职位	希望律协举办培训或沙龙的主要内容						答题人数
	以请专家学者进行专业理论知识讲授为主	以青年律师定期聚会自我交流为主	以资深律师传授经验和业务技能为主	与行业外相关行业进行交流(如法院、证券公司、会计师事务所、知识产权机构等)	演讲口才、礼仪、心理咨询、国学养生、理财、运动指导、急救培训等综合技能知识的培训	其他	
主任	11	6	13	13	9	0	20
合伙人(非主任)	88	72	173	146	73	3	220
专职律师(授薪)	344	236	553	433	188	4	677
专职律师(非授薪)	527	364	907	712	365	13	1145

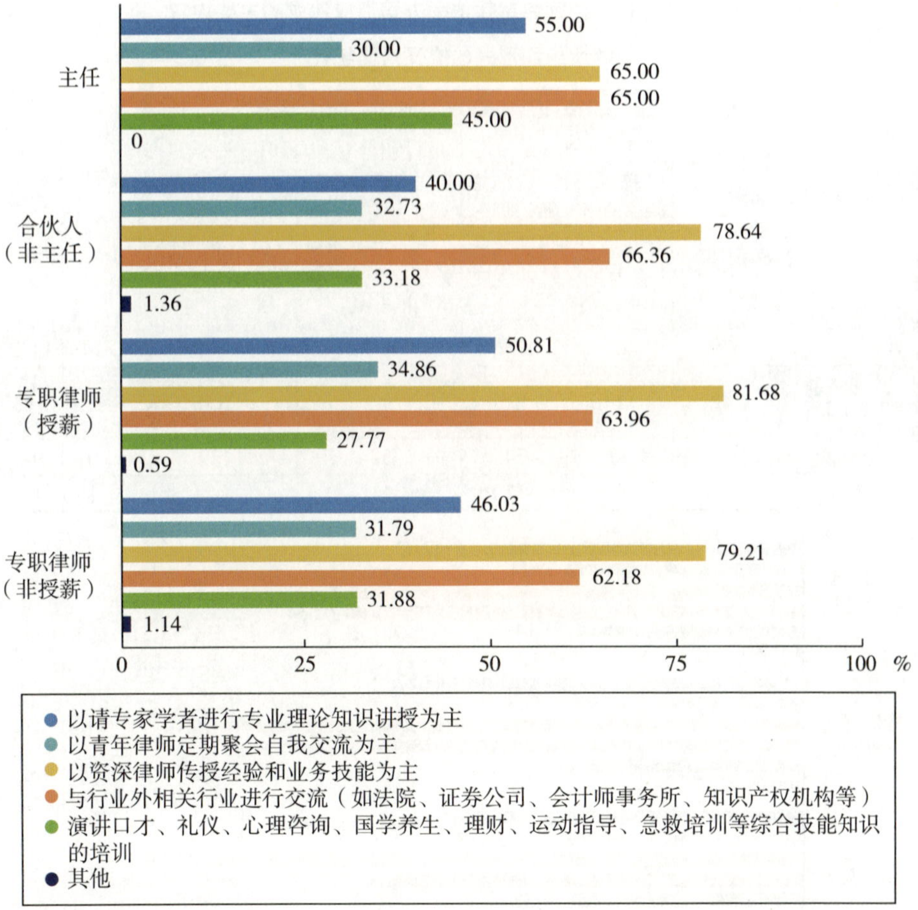

图3－87　青年律师希望律协举办培训或沙龙的主要内容与律所职位的交叉对比示意

（六）希望律协举办培训或沙龙的主要内容与律所组织形式的交叉对比

问卷调查显示，在普通合伙所、特殊普通合伙所、个人所执业的青年律师对于希望律协举办培训或沙龙的主要内容的选择比例相差不大，而在联营所执业的青年律师，不仅关注“以资深律师传授经验和业务技能为主”的内容，也同样重视“与行业外相关行业进行交流（如法院、证券公司、会计师事务所、知识产权机构等）”的内容，但对“以请专家学者进行专业理论知识讲授为主”的内容的关注度低于在其他组织形式律所执业的青年律师。（参见表3－88、图3－88）

表3－88　青年律师希望律协举办培训或沙龙的主要内容与律所组织形式的交叉对比统计

律所组织形式	希望律协举办培训或沙龙的主要内容						答题人数
	以请专家学者进行专业理论知识讲授为主	以青年律师定期聚会自我交流为主	以资深律师传授经验和业务技能为主	与行业外相关行业进行交流（如法院、证券公司、会计师事务所、知识产权机构等）	演讲口才、礼仪、心理咨询、国学养生、理财、运动指导、急救培训等综合技能知识的培训	其他	
普通合伙所	678	463	1156	899	449	14	1442
特殊普通合伙所	242	173	405	342	148	5	512
个人所	45	36	74	52	29	0	92
联营所	5	6	11	11	9	1	16

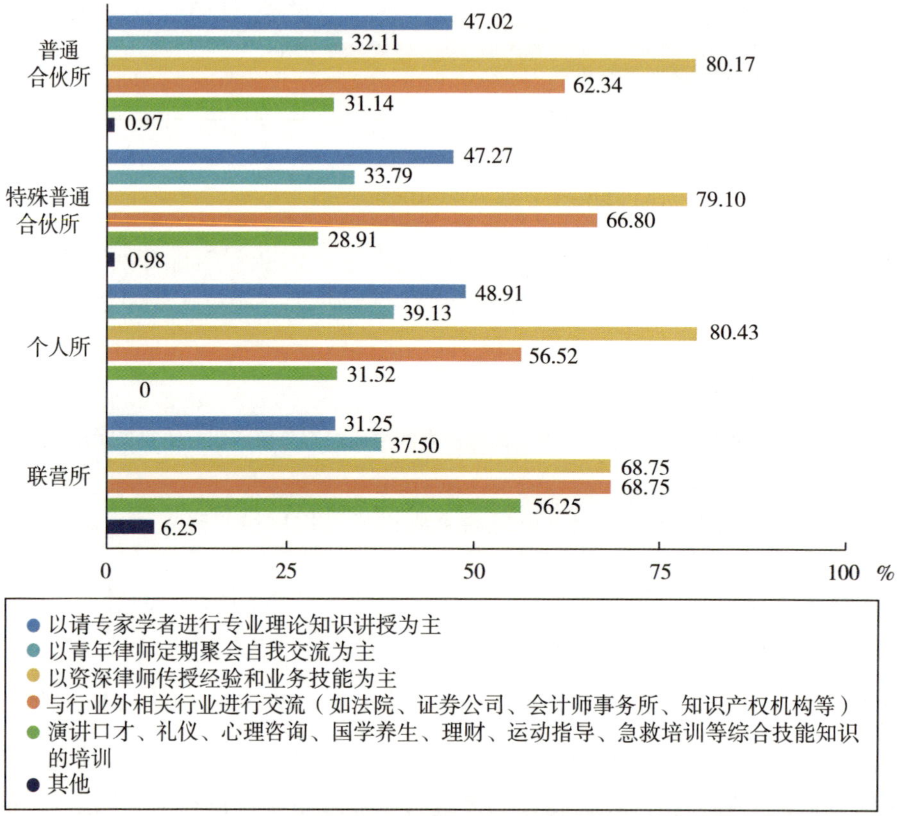

图3－88　青年律师希望律协举办培训或沙龙的主要内容与律所组织形式的交叉对比示意

（七）希望律协举办培训或沙龙的主要内容与律所规模的交叉对比

问卷调查显示，在31～50人规模的律所执业的青年律师，希望律协举办培训或沙龙的主要内容为“资深律师传授经验和业务技能为主”的比例是最高的，超过了八成。（参见表3－89、图3－89）

表3－89　青年律师希望律协举办培训或沙龙的主要内容与律所规模的交叉对比统计

律所规模	希望律协举办培训或沙龙的主要内容						答题人数
	以请专家学者进行专业理论知识讲授为主	以青年律师定期聚会自我交流为主	以资深律师传授经验和业务技能为主	与行业外相关行业进行交流（如法院、证券公司、会计师事务所、知识产权机构等）	演讲口才、礼仪、心理咨询、国学养生、理财、运动指导、急救培训等综合技能知识的培训	其他	
10人及以下	99	79	176	129	69	1	215
11～30人	142	114	259	200	100	4	327
31～50人	69	44	124	93	50	0	148
51～100人	162	107	266	210	111	4	334
101人及以上	498	334	821	672	305	11	1038

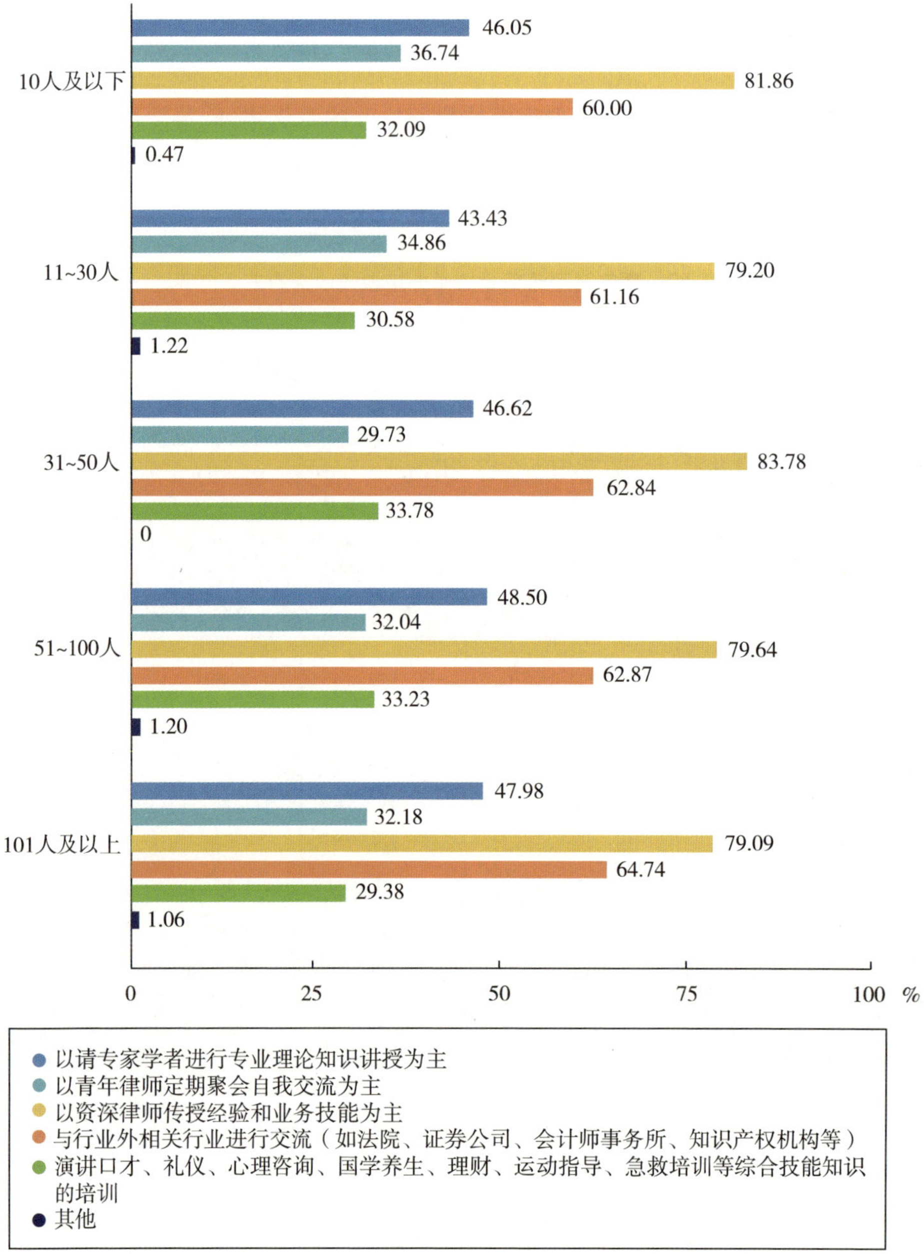

图3-89　青年律师希望律协举办培训或沙龙的主要内容与律所规模的交叉对比示意

(八)希望律协举办培训或沙龙的主要内容与业务类型的交叉对比

问卷调查显示,无论是从事何种类型业务的青年律师,最希望律协举办培训或沙龙的主要内容都是“以资深律师传授经验和业务技能为主”。除此以外,从事非诉业务的青年律师相较于从事其他业务类型的青年律师,更为关注“与行业外相关行业进行交流(如法院、证券公司、会计师事务所、知识产权机构等)”的内容。从事诉讼业务的青年律师相较于从事其他业务类型的青年律师,更多选择“以青年律师定期聚会自我交流”的内容。而根据律所和指导律师的分配决定业务类型的青年律师,比从事其他业务类型的青年律师更关注“以请专家学者进行专业理论知识讲授”的内容。(参见表3-90、图3-90)

表3-90 青年律师希望律协举办培训或沙龙的主要内容与业务类型的交叉对比统计

单位:人

业务类型	希望律协举办培训或沙龙的主要内容						答题人数
	以请专家学者进行专业理论知识讲授为主	以青年律师定期聚会自我交流为主	以资深律师传授经验和业务技能为主	与行业外相关行业进行交流(如法院、证券公司、会计师事务所、知识产权机构等)	演讲口才、礼仪、心理咨询、国学养生、理财、运动指导、急救培训等综合技能知识的培训	其他	
诉讼业务	466	354	799	626	320	10	1026
非诉业务	67	32	101	89	30	2	125
综合性业务	357	246	622	506	246	7	773
根据律所和指导律师的分配决定	80	46	124	83	39	1	138

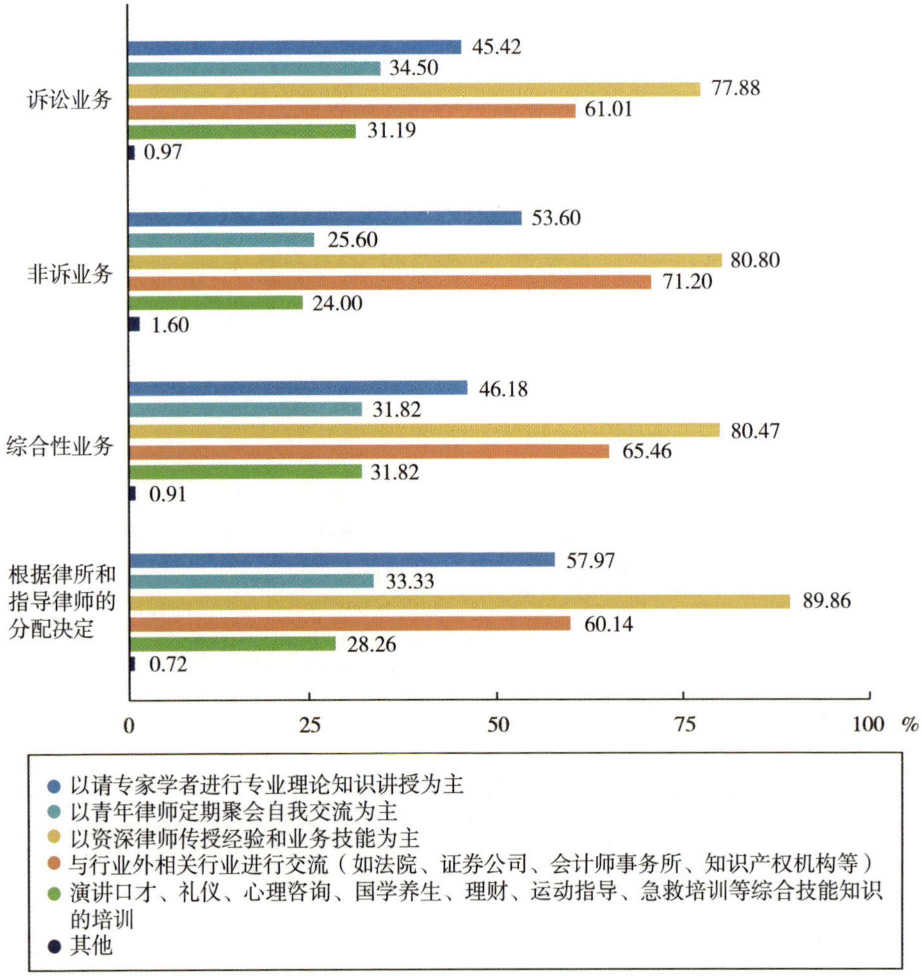

图 3－90　青年律师希望律协举办培训或沙龙的主要内容与业务类型的交叉对比示意

(九)希望律协举办培训或沙龙的主要内容与近三年年平均业务营收(税前)的交叉对比

问卷调查显示,不同收入水平的青年律师,希望律协举办培训或沙龙的主要内容有一定区别,近三年年平均业务营收(税前)在 15 万元以上 30 万元及以下区间的青年律师,选择“以资深律师传授经验和业务技能为主”的比例是最高的，占比约为 82.57%。而近三年年平均业务营收（税前）在 60 万元以上 80 万元及以下区间的青年律师，选择“与行业外相关行业进行交流（如法院、证券公司、会计师事务所、知识产权机构等）”的比例是最高的，占比约为 78%。近三年年平均业务营收（税前）在 80 万元以上 100 万元及以下区间的青年律师，选择“演讲口才、礼仪、心理咨询、国学养生、理财、运动指导、急救培训等综合技能知识的培训”的比例是最高的，同时选择“以请专家学者进行专业理论知识讲授”的比例是最低的。（参见表 3－91、图 3－91）

表 3－91 青年律师希望律协举办培训或沙龙的主要内容与近三年年平均业务营收（税前）的交叉对比统计

单位：人

近三年年平均业务营收（税前）	希望律协举办培训或沙龙的主要内容						答题人数
	以请专家学者进行专业理论知识讲授为主	以青年律师定期聚会自我交流为主	以资深律师传授经验和业务技能为主	与行业外相关行业进行交流（如法院、证券公司、会计师事务所、知识产权机构等）	演讲口才、礼仪、心理咨询、国学养生、理财、运动指导、急救培训等综合技能知识的培训	其他	
Q≤10 万元	299	193	486	363	195	4	607
10 万元＜Q≤15 万元	245	177	413	340	148	6	518
15 万元＜Q≤30 万元	229	146	398	311	144	4	482
30 万元＜Q≤45 万元	89	64	128	105	50	0	169
45 万元＜Q≤60 万元	53	37	93	74	42	1	118
60 万元＜Q≤80 万元	18	13	37	39	14	3	50
80 万元＜Q≤100 万元	8	14	28	22	18	0	37
100 万元＜Q	29	34	63	50	24	2	81

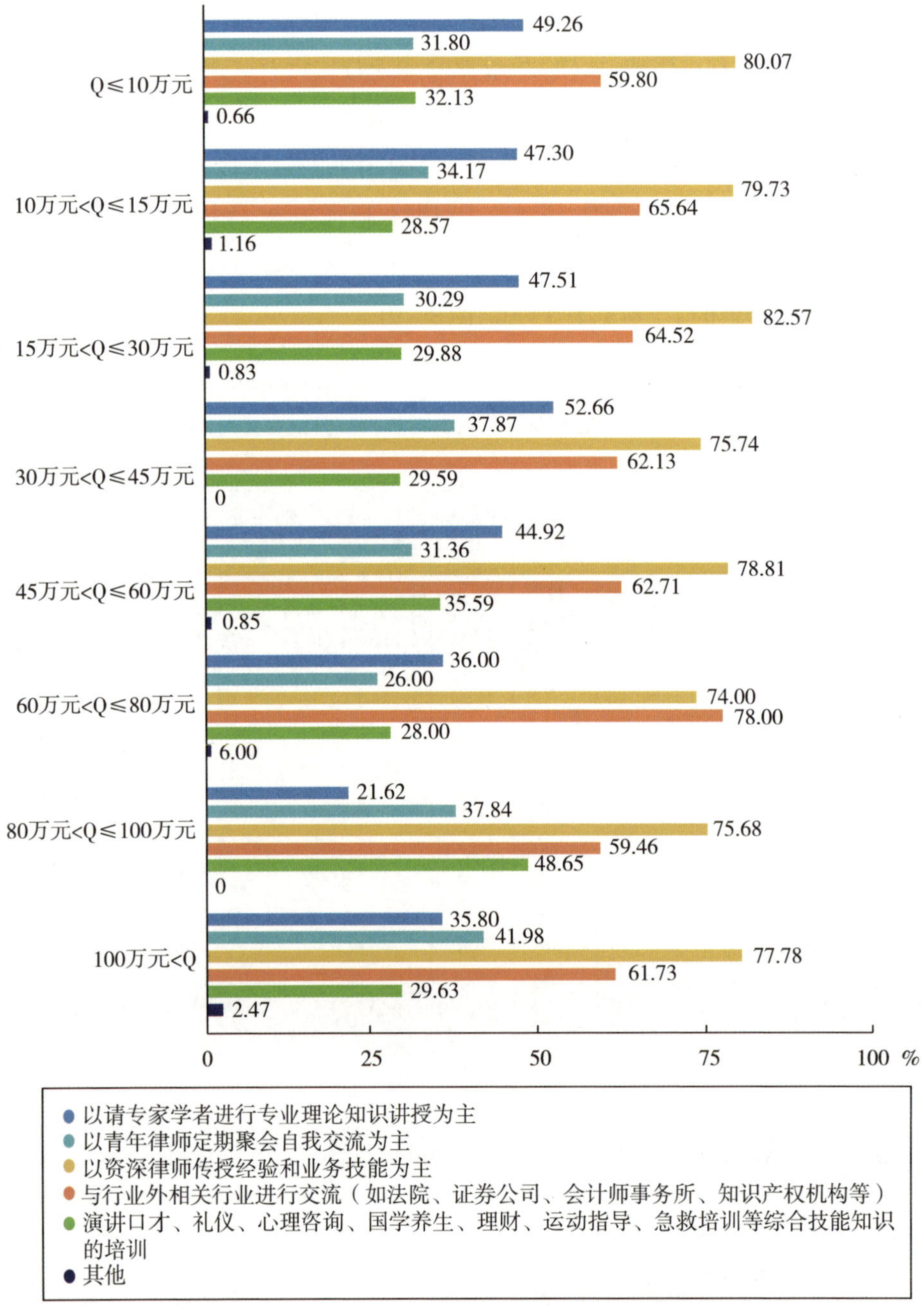

图3－91　青年律师希望律协举办培训或沙龙的主要内容与近三年年平均业务营收（税前）的交叉对比示意

（十）希望律协举办培训或沙龙的主要内容与案件来源的交叉对比

问卷调查显示，主要案件来源方式与青年律师期望律协举办培训或沙龙的主要内容的关联性不强，无论以何种方式作为其案件主要来源，青年律师期望律协举办培训或沙龙的主要内容仍集中在“资深律师传授经验和业务技能”“与行业外相关行业进行交流”“专家学者进行专业理论知识讲授”等方面。其中，案件来源主要为第三方案源平台推荐的青年律师，选择“以青年律师定期聚会自我交流”的比例是最高的，约为43.41%；而案件来源主要为法律援助中心指派的青年律师，选择“以请专家学者进行专业理论知识讲授”的比例是最低的，约为37.12%。（参见表3-92、图3-92）

表3-92 青年律师希望律协举办培训或沙龙的主要内容与案件来源的交叉对比统计

单位：人

案件来源	希望律协举办培训或沙龙的主要内容						答题人数
	以请专家学者进行专业理论知识讲授为主	以青年律师定期聚会自我交流为主	以资深律师传授经验和业务技能为主	与行业外相关行业进行交流（如法院、证券公司、会计师事务所、知识产权机构等）	演讲口才、礼仪、心理咨询、国学养生、理财、运动指导、急救培训等综合技能知识的培训	其他	
亲戚朋友介绍	667	449	1109	897	441	13	1398
本所同事介绍	410	306	725	573	286	8	886
外所同行介绍	187	133	300	225	120	2	381
第三方案源平台推荐	56	56	102	80	37	2	129
自寻客户（含自媒体）	197	136	341	259	139	7	430
原客户介绍	371	246	639	515	248	5	785
法律援助中心指派	49	48	105	88	45	1	132
客户自行上门	108	69	175	124	72	3	211
其他来源	61	42	114	97	44	2	135

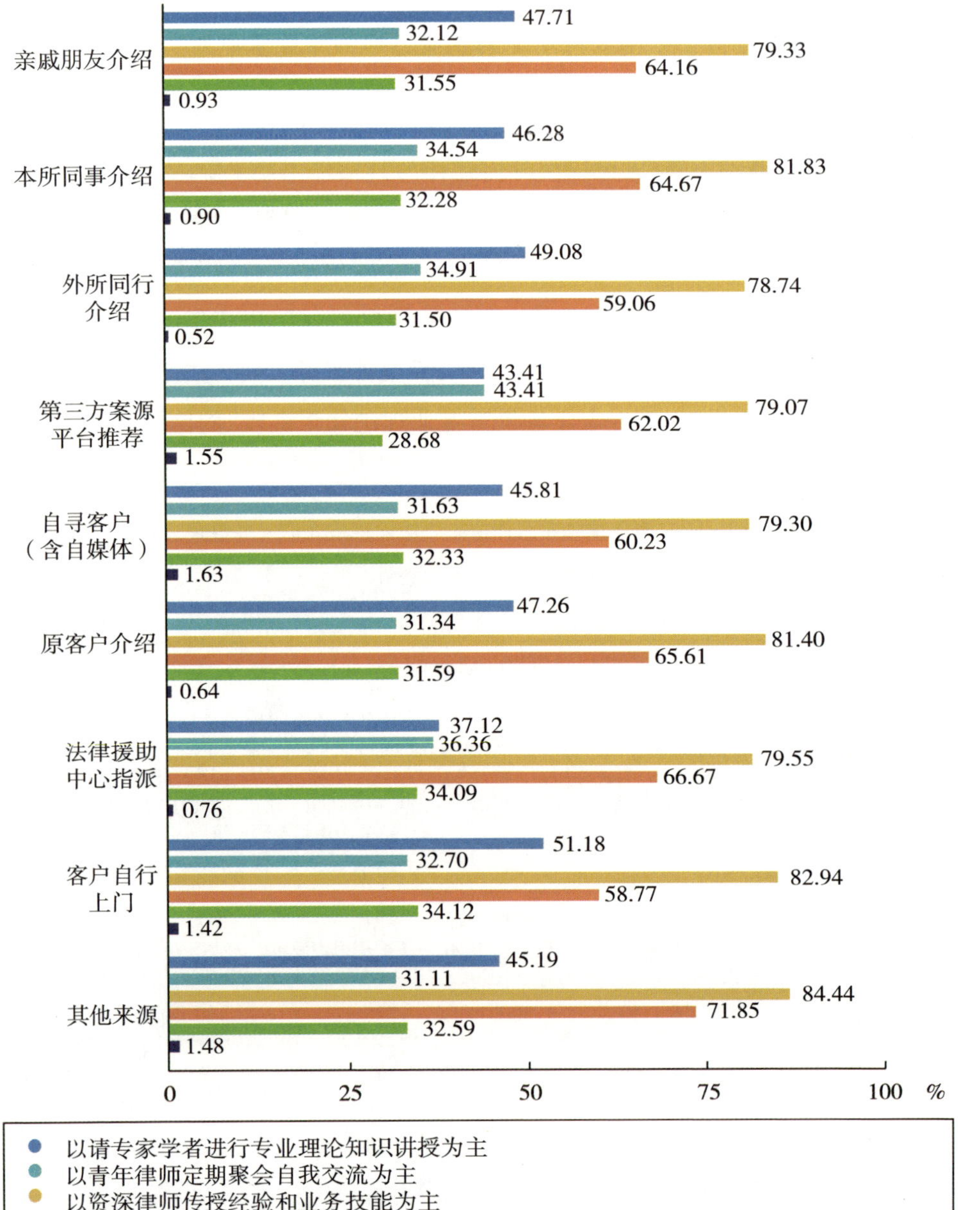

图3-92　青年律师希望律协举办培训或沙龙的主要内容与案件来源的交叉对比示意

（十一）希望律协举办培训或沙龙的主要内容与近三年年平均执业成本的交叉对比

问卷调查显示，总体上，青年律师期望律协举办培训或沙龙的主要内容集中在“资深律师传授经验和业务技能”“与行业外相关行业进行交流”“专家学者进行专业理论知识讲授”分列前三位。但近三年年平均执业成本在150,001元及以上的青年律师，希望律协举办培训或沙龙的主要内容的选择顺序发生变化，选择“以青年律师定期聚会自我交流”的占比升至第三，选择“以请专家学者进行专业理论知识讲授”的比例在四个执业成本区间中是最低的，约为36.67%。近三年年平均执业成本在100,001～150,000元的青年律师群体，选择“以请专家学者进行专业理论知识讲授”的比例是最高的，约为50.67%。（参见表3－93、图3－93）

表3－93　青年律师希望律协举办培训或沙龙的主要内容与近三年年平均执业成本的交叉对比统计

单位：人

近三年年平均执业成本	希望律协举办培训或沙龙的主要内容						答题人数
	以请专家学者进行专业理论知识讲授为主	以青年律师定期聚会自我交流为主	以资深律师传授经验和业务技能为主	与行业外相关行业进行交流（如法院、证券公司、会计师事务所、知识产权机构等）	演讲口才、礼仪、心理咨询、国学养生、理财、运动指导、急救培训等综合技能知识的培训	其他	
50,000元及以下	572	375	939	707	333	9	1140
50,001～100,000元	256	181	463	393	188	5	592
100,001～150,000元	76	55	112	90	53	2	150
150,001元及以上	66	67	132	114	61	4	180

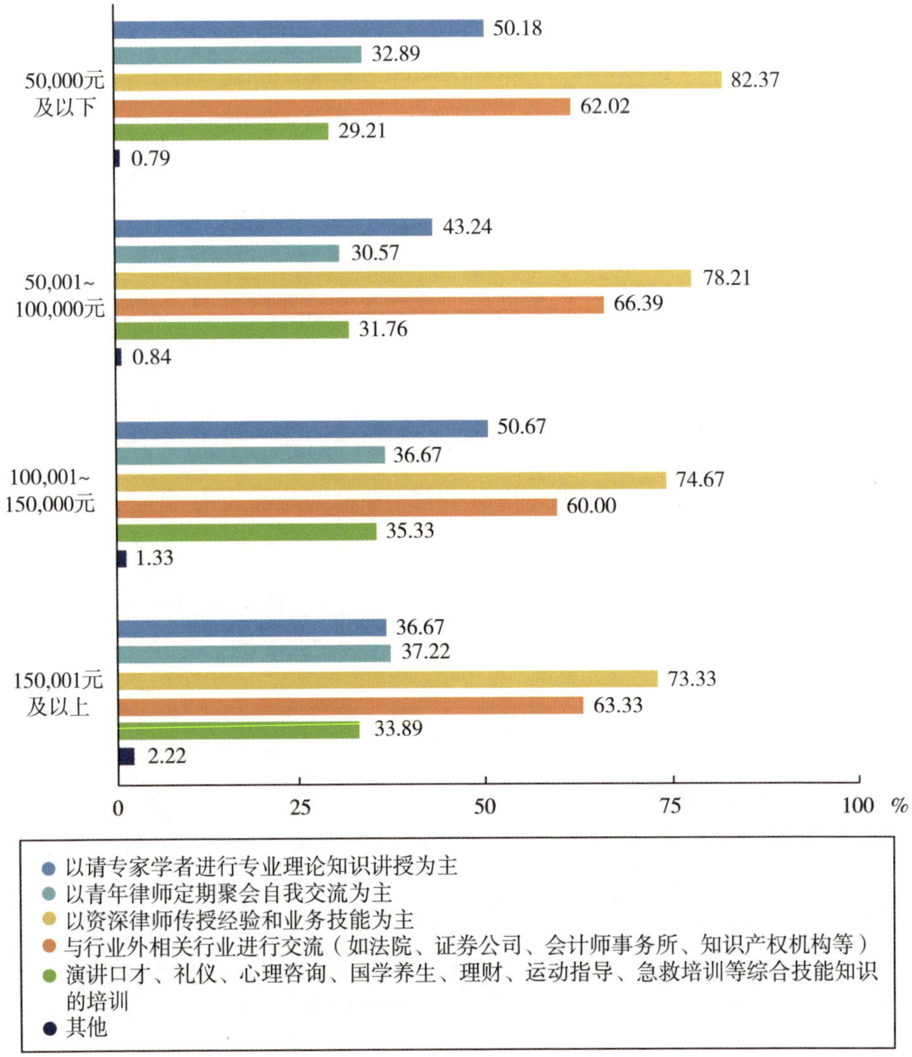

图 3 - 93　青年律师希望律协举办培训或沙龙的主要内容与近三年年平均执业成本的交叉对比示意

（十二）希望律协举办培训或沙龙的主要内容与自我提升的主要方式的交叉对比

问卷调查显示，平时以学历提升为自我提升主要方式的青年律师，选择“以资深律师传授经验和业务技能”作为希望律协举办培训或沙龙的主要内容的比例是最低的，选择“演讲口才、礼仪、心理咨询、国学养生、理财、运动指导、急救培训等综合技能知识的培训”的比例是最高的。（参见表3－94、图3－94）

表3－94 青年律师希望律协举办培训或沙龙的主要内容与自我提升的主要方式的交叉对比统计

单位：人

自我提升的主要方式	希望律协举办培训或沙龙的主要内容						答题人数
	以请专家学者进行专业理论知识讲授为主	以青年律师定期聚会自我交流为主	以资深律师传授经验和业务技能为主	与行业外相关行业进行交流（如法院、证券公司、会计师事务所、知识产权机构等）	演讲口才、礼仪、心理咨询、国学养生、理财、运动指导、急救培训等综合技能知识的培训	其他	
自学专业书籍、文件和司法判例	915	634	1549	1219	591	17	1924
同行交流	756	550	1300	1040	492	13	1595
通过实务培训提升	712	480	1162	936	451	14	1435
学历提升	59	34	93	86	50	1	125
其他	10	7	17	14	6	0	21

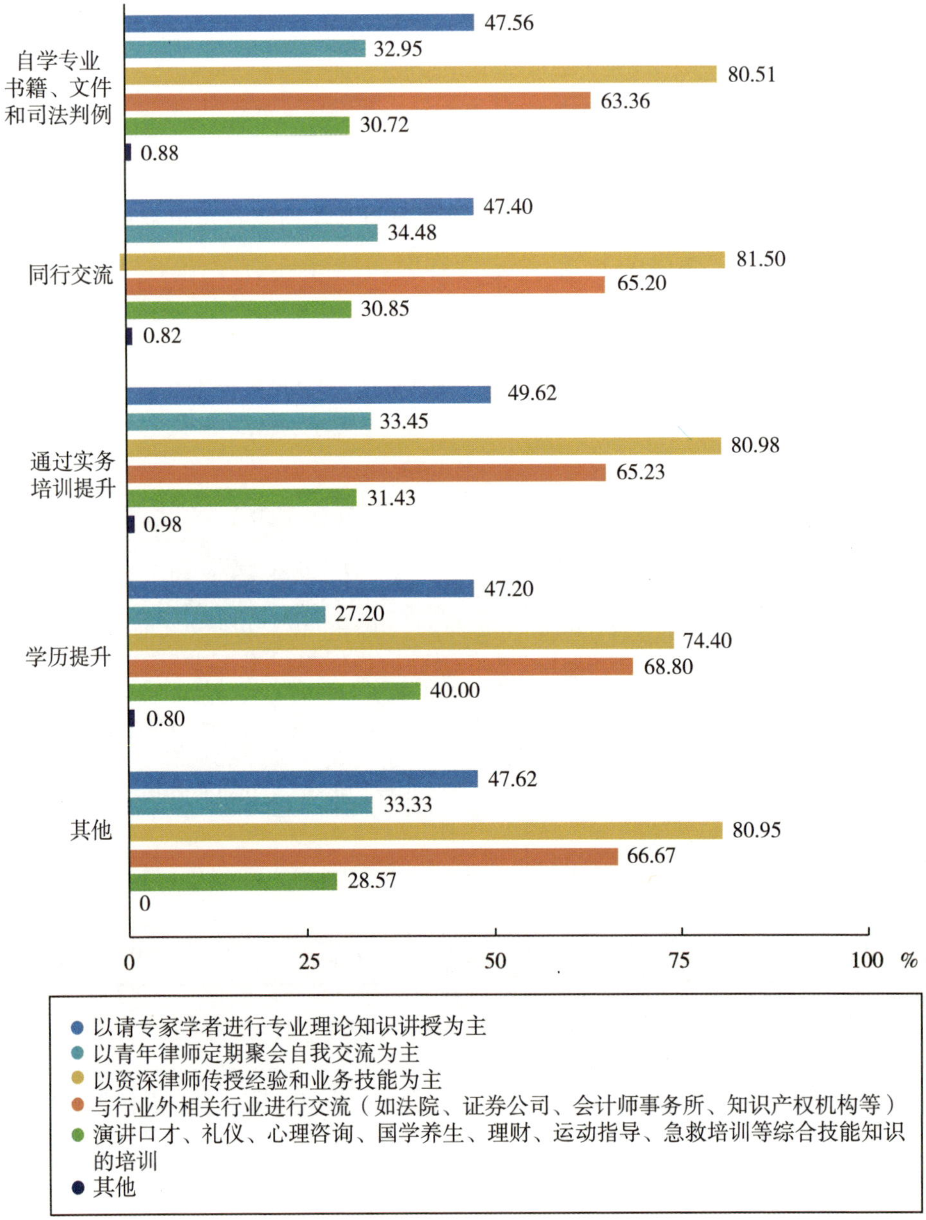

图3－94　青年律师希望律协举办培训或沙龙的主要内容与自我提升的主要方式的交叉对比示意

小结

1. 较年轻的青年律师，更乐于选择“青年律师定期聚会自我交流”的沙龙或培训内容。

2. 女性青年律师与男性青年律师相比，更倾向于选择“与行业外相关行业进行交流”“青年律师定期聚会自我交流”。

3. 本科学历的青年律师更希望得到“资深律师传授经验和业务技能”，学历越高，青年律师越希望通过“专家学者进行专业理论知识讲授”获得提升。

4. 随着执业年限的增加，“资深律师传授经验和业务技能”对青年律师的吸引力随之下降。

5. 联营所的青年律师，更加关注“与行业外相关行业进行交流”。

6. 主要从事诉讼业务的青年律师更倾向于“青年律师定期聚会自我交流”，从事非诉业务的青年律师更为关注“与行业外相关行业进行交流”。

7. 不同收入层级、不同案件来源的青年律师，所关注的培训或沙龙的内容亦呈现不同特点。

五、考虑转行的意愿和主要原因

（一）考虑转行的意愿

问卷调查显示，超过六成的青年律师目前没有考虑转行，超过三成的青年律师有考虑转行，仅有非常少部分的青年律师迫切考虑转行，占比约为 1.94%。（参见表 3－95、图 3－95）

表 3－95 青年律师考虑转行的意愿统计

选项	小计/人	比例/%
有考虑	728	35.31
没有考虑	1294	62.75
迫切转行	40	1.94
本题有效填写人数	2062	—

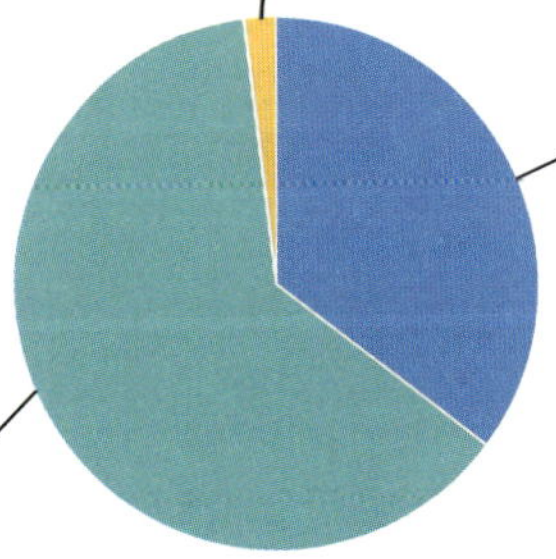

图3－95　青年律师考虑转行的意愿比例示意

（二）考虑转行的主要原因

问卷调查显示，如果转行，有八成左右的青年律师认为最主要的原因是“生活压力大，现有收入不足以支撑”；接近七成的青年律师认为主要原因是“找不到律师职业发展方向，对未来迷茫”；接近五成的青年律师认为主要原因是“工作压力大，身心无法承受”；有三成左右的青年律师认为主要原因是“感受不到职业荣誉感”；有一成左右的青年律师则选择了“发现更适合自己的职业”。（参见表3－96、图3－96）

表3－96　青年律师考虑转行的主要原因统计

选项	小计/人	比例/%
生活压力大，现有收入不足以支撑	617	80.34
工作压力大，身心无法承受	356	46.35
找不到律师职业发展方向，对未来迷茫	528	68.75
感受不到职业荣誉感	234	30.47
发现更适合自己的职业	77	10.03
其他	15	1.95
本题有效填写人数	768	—

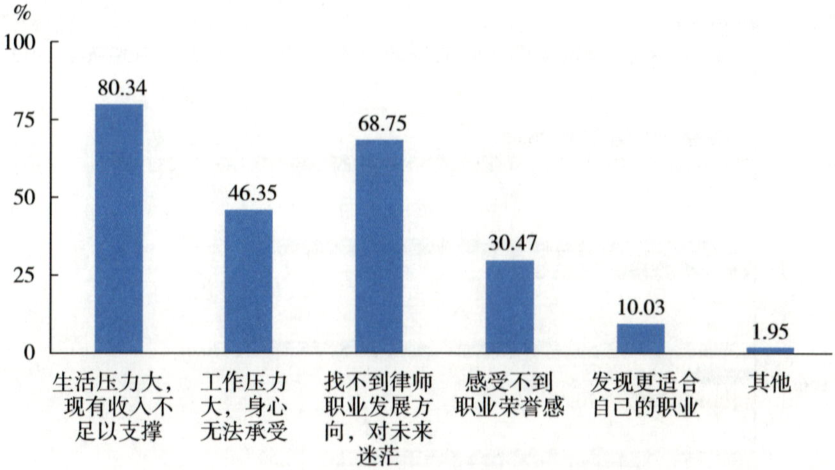

图 3-96 青年律师考虑转行的主要原因比例示意

(三)考虑转行的意愿与对律师执业前景看法的交叉对比

问卷调查显示,对律师职业前景持"非常乐观、很有希望"态度的青年律师,有超过九成的人没有考虑转行,占绝大部分;持"较为乐观、还可以"态度的,有超过七成的人没有考虑转行;持"迷茫"态度的,有超过三成的人没有考虑转行;持"比较悲观"态度的,有接近三成的人没有考虑转行;持"没有希望"态度的,接近一成的人没有考虑转行。可以看出,青年律师是否考虑转行,与其对律师职业前景的看法有较为密切的关系,态度越是乐观的青年律师,考虑转行的情况则越少。(参见表 3-97、图 3-97)

表 3-97 青年律师考虑转行的意愿与对律师执业前景看法的交叉对比统计

单位:人

对律师执业前景看法	考虑转行的意愿			答题人数
	有考虑	没有考虑	迫切转行	
非常乐观,很有希望	19	271	1	291
较为乐观,还可以	304	842	3	1149
比较悲观	200	79	8	287
没有希望	31	4	9	44
迷茫	162	92	19	273
其他	12	6	0	18

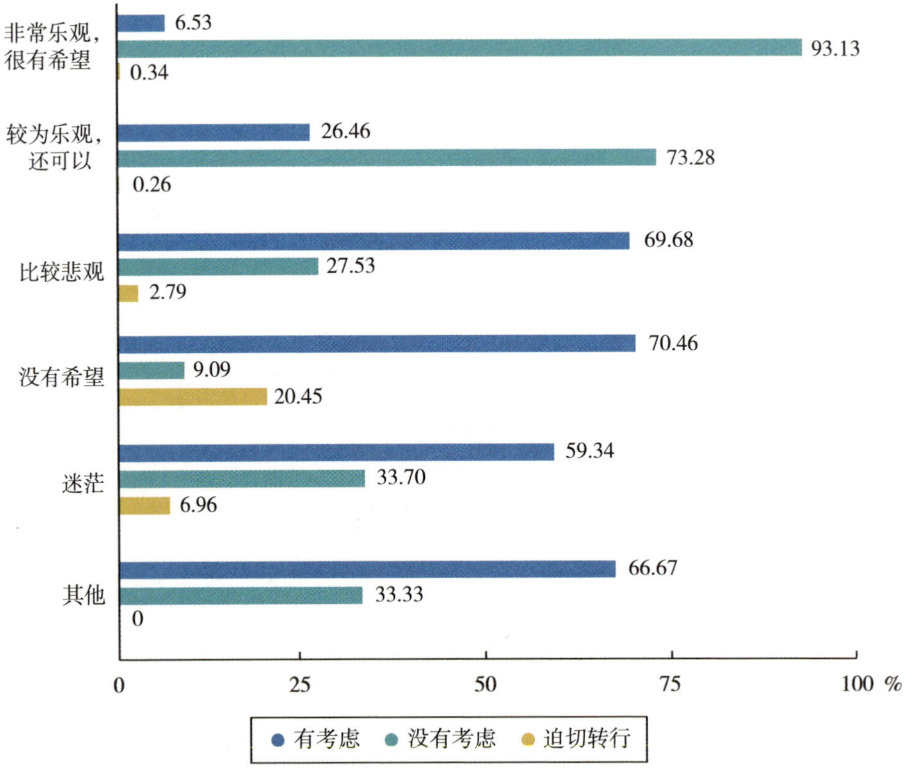

图3－97　青年律师考虑转行的意愿与对律师执业前景看法的交叉对比示意

(四)考虑转行的意愿与是否有职业规划的交叉对比

问卷调查显示，选择“有过职业发展规划，很清晰、具体”的青年律师中，没有考虑转行的人超过七成，占比约为73.21%；选择“有过职业发展规划，但不是很清晰、具体”的青年律师中，没有考虑转行的人超过六成，占比约为62.94%；选择“没有目前阶段的职业发展规划”的青年律师中，没有考虑转行的人接近五成，占比约为48.37%；选择“一直没有职业发展规划”的青年律师，有迫切转行意向的人数比例明显高比其他青年律师。由此可见，职业规划越清晰的青年律师，考虑转行的情况则越少。(参见表3－98、图3－98)

表3-98　青年律师考虑转行的意愿与是否有职业规划的交叉对比统计

单位:人

是否有职业规划	考虑转行的意愿			答题人数
	有考虑	没有考虑	迫切转行	
有过职业发展规划,很清晰、具体	115	347	12	474
有过职业发展规划,但不是很清晰、具体	461	810	16	1287
没有目前阶段的职业发展规划	121	119	6	246
一直没有职业发展规划	31	18	6	55

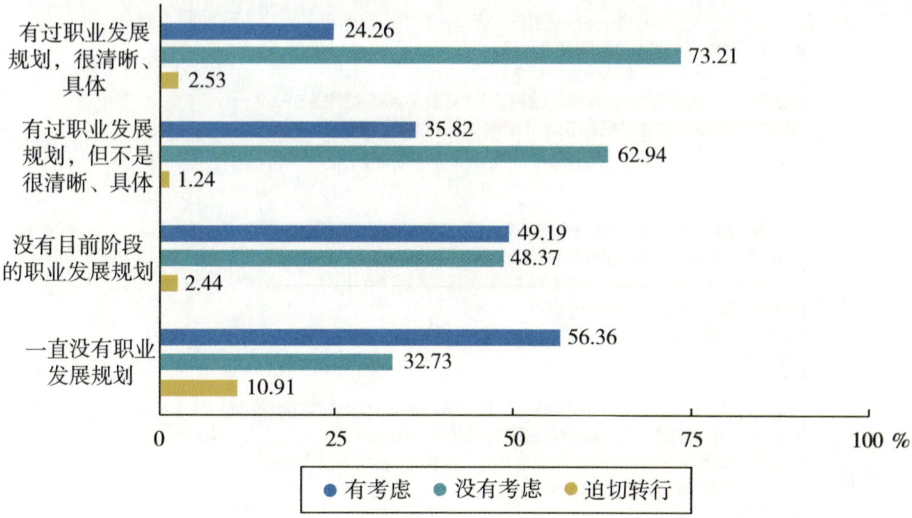

图3-98　青年律师考虑转行的意愿与是否有职业规划的交叉对比示意

(五)考虑转行的主要原因与律所职位的交叉对比

问卷调查显示,授薪专职律师中,如果考虑转行,选择“找不到律师职业发展方向、对未来迷茫”的人占比约为74.16%,比例高于其他职位的青年律师。同时,授薪专职律师中选择“工作压力大,身心无法承受”的人占比也高于其他职位的青年律师。非授薪专职律师中,选择“感受不到职业荣誉感”作为转行主要原因的比例约为32.61%,较高于合伙人(非主任)和授薪专职律师。(参见表3-99、图3-99)

表 3－99　青年律师考虑转行的主要原因与律所职位的交叉对比统计

单位：人

律所职位	考虑转行的主要原因						答题人数
	生活压力大，现有收入不足以支撑	工作压力大，身心无法承受	找不到律师职业发展方向，对未来迷茫	感受不到职业荣誉感	发现更适合自己的职业	其他	
主任	1	1	2	2	0	0	3
合伙人(非主任)	38	25	28	14	7	2	50
专职律师(授薪)	236	151	221	82	31	8	298
专职律师(非授薪)	342	179	277	136	39	5	417

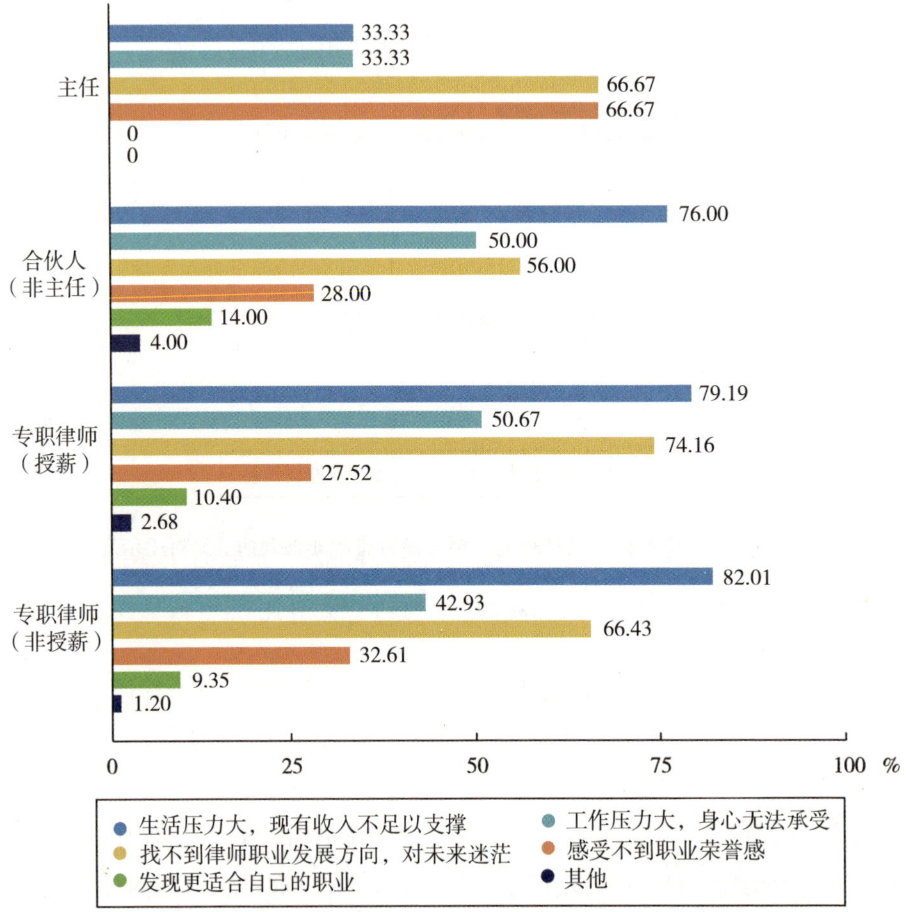

图 3－99　青年律师考虑转行的主要原因与律所职位的交叉对比示意

(六)考虑转行的主要原因与年龄的交叉对比

问卷调查显示,31～35岁年龄段的青年律师中,如果考虑转行,选择“感受不到职业荣誉感”的人数占比约为39.82%,略高于其他年龄段的青年律师。除此以外,各年龄段青年律师在各个选项中的人数比例大体相近。(参见表3－100、图3－100)

表3－100　青年律师考虑转行的主要原因与年龄的交叉对比统计

单位:人

年龄	考虑转行的主要原因						答题人数
	生活压力大,现有收入不足以支撑	工作压力大,身心无法承受	找不到律师职业发展方向,对未来迷茫	感受不到职业荣誉感	发现更适合自己的职业	其他	
30岁及以下	359	209	307	120	41	10	436
31～35岁	169	95	151	88	23	4	221
36～40岁	89	52	70	26	13	1	111

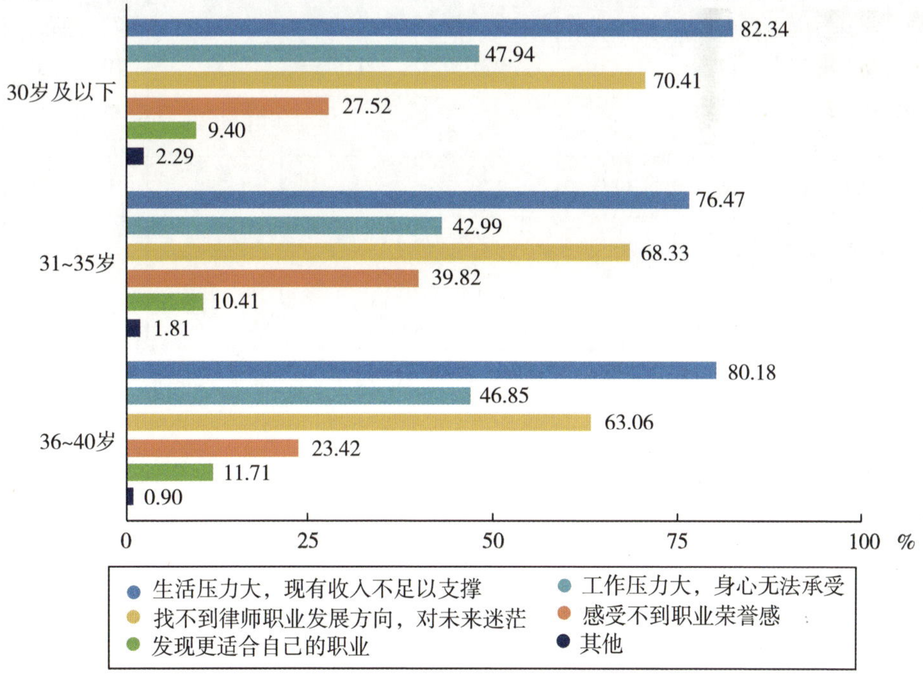

图3－100　青年律师考虑转行的主要原因与年龄的交叉对比示意

(七)考虑转行的主要原因与业务类型的交叉对比

问卷调查显示,从事非诉业务的青年律师,如果考虑转行,选择“工作压力大,身心无法承受”为转行主要原因的人数占比约为51.92%,略高于从事其他业务类型的青年律师;同时,选择“生活压力大,现有收入不足以支撑”的人数比例约为65.38%,较低于从事其他业务类型的青年律师。从事诉讼业务的青年律师,选择“生活压力大,现有收入不足以支撑”的占比约为82.77%,明显高于选择此项的从事非诉业务青年律师约65.38%的人数比例。(参见表3-101、图3-101)

表3-101 青年律师考虑转行的主要原因与业务类型的交叉对比统计

单位:人

业务类型	考虑转行的主要原因						答题人数
	生活压力大,现有收入不足以支撑	工作压力大,身心无法承受	找不到律师职业发展方向,对未来迷茫	感受不到职业荣誉感	发现更适合自己的职业	其他	
诉讼业务	317	183	272	116	33	10	383
非诉业务	34	27	36	17	6	1	52
综合性业务	216	114	170	81	29	3	269
根据律所和指导律师的分配决定	50	32	50	20	9	1	64

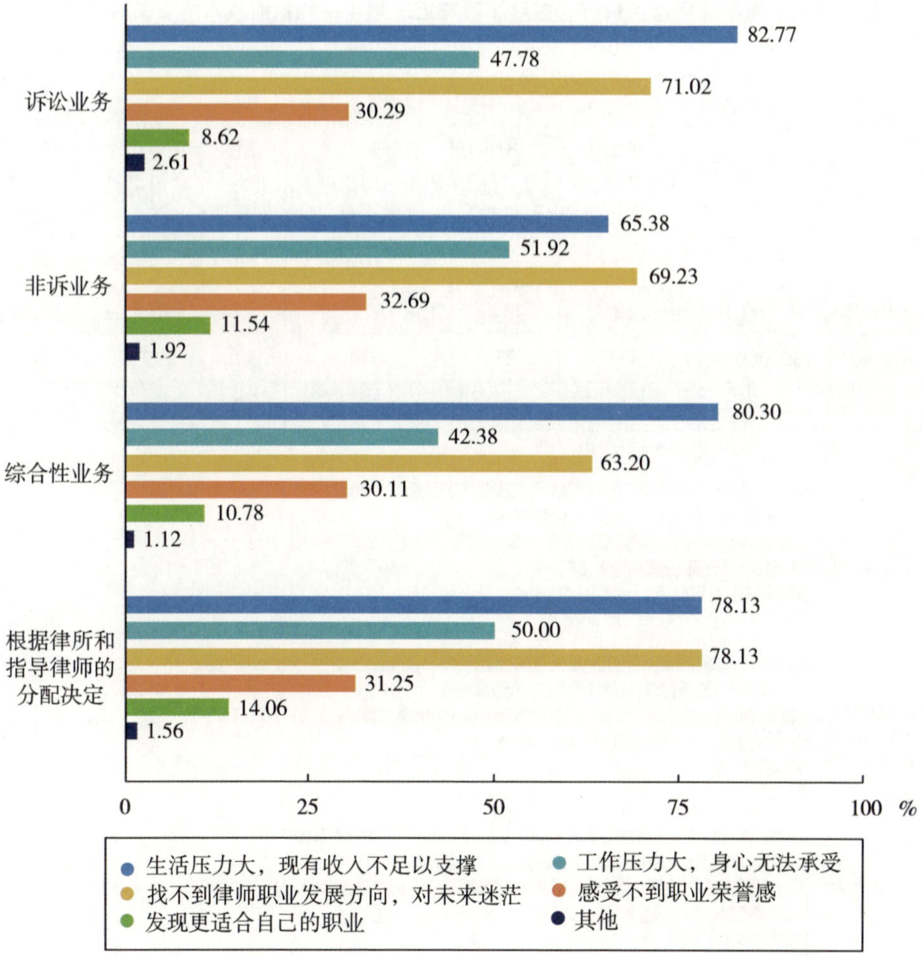

图 3－101　青年律师考虑转行的主要原因与业务类型的交叉对比示意

（八）考虑转行的主要原因与近三年年平均执业成本的交叉对比

问卷调查显示，近三年年平均执业成本支出在 100,001 ~ 150,000 元的青年律师中，如果考虑转行，选择“工作压力大，身心无法承受”作为转行主要原因的人数比例较明显高于其他成本区间的青年律师。（参见表 3－102、图 3－102）

表 3－102　青年律师考虑转行的主要原因与近三年年平均执业成本的交叉对比统计

单位：人

近三年年平均执业成本	考虑转行的主要原因						答题人数
	生活压力大，现有收入不足以支撑	工作压力大，身心无法承受	找不到律师职业发展方向，对未来迷茫	感受不到职业荣誉感	发现更适合自己的职业	其他	
50,000 元及以下	365	198	315	126	45	9	450
50,001～100,000 元	188	112	157	77	15	3	224
100,001～150,000 元	33	27	31	14	9	1	47
150,001 元及以上	31	19	25	17	8	2	47

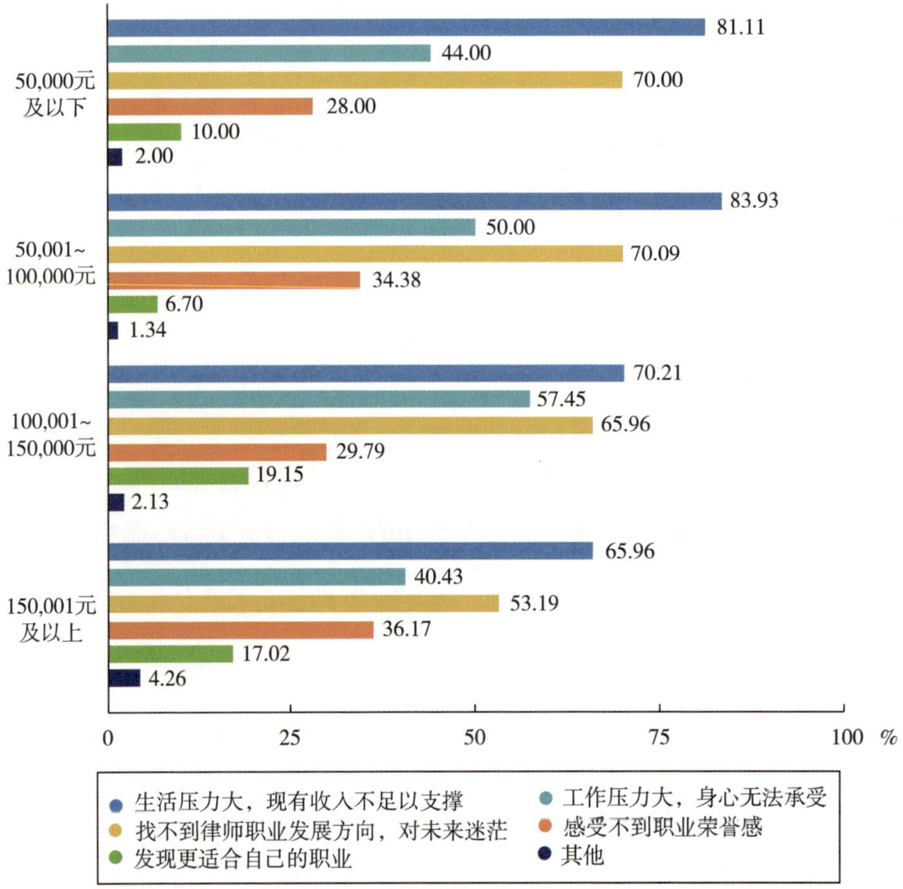

图 3－102　青年律师考虑转行的主要原因与近三年年平均执业成本的交叉对比示意

(九)考虑转行的主要原因与工作时长的交叉对比

问卷调查显示,每天工作时长基本超过 8 小时、经常加班的青年律师,如果考虑转行,选择"工作压力,身心无法承受"为转行主要原因的人数比例约为 60.44%,明显高于其他工作时长的青年律师。业务不多、工作时间较为宽裕的青年律师,选择"生活压力大,现有收入不足以支撑"的人数比例较高于其他工作时长的青年律师。(参见表 3-103、图 3-103)

表 3-103　青年律师考虑转行的主要原因与工作时长的交叉对比统计

单位:人

工作时长	考虑转行的主要原因						答题人数
	生活压力大,现有收入不足以支撑	工作压力大,身心无法承受	找不到律师职业发展方向,对未来迷茫	感受不到职业荣誉感	发现更适合自己的职业	其他	
每天基本超过 8 小时,经常加班	246	191	211	84	34	4	316
一般不超过 8 小时	74	31	72	38	11	4	100
业务不多,工作时间较为宽裕	161	66	137	63	14	3	187
不确定,时忙时闲	136	68	108	49	18	4	165

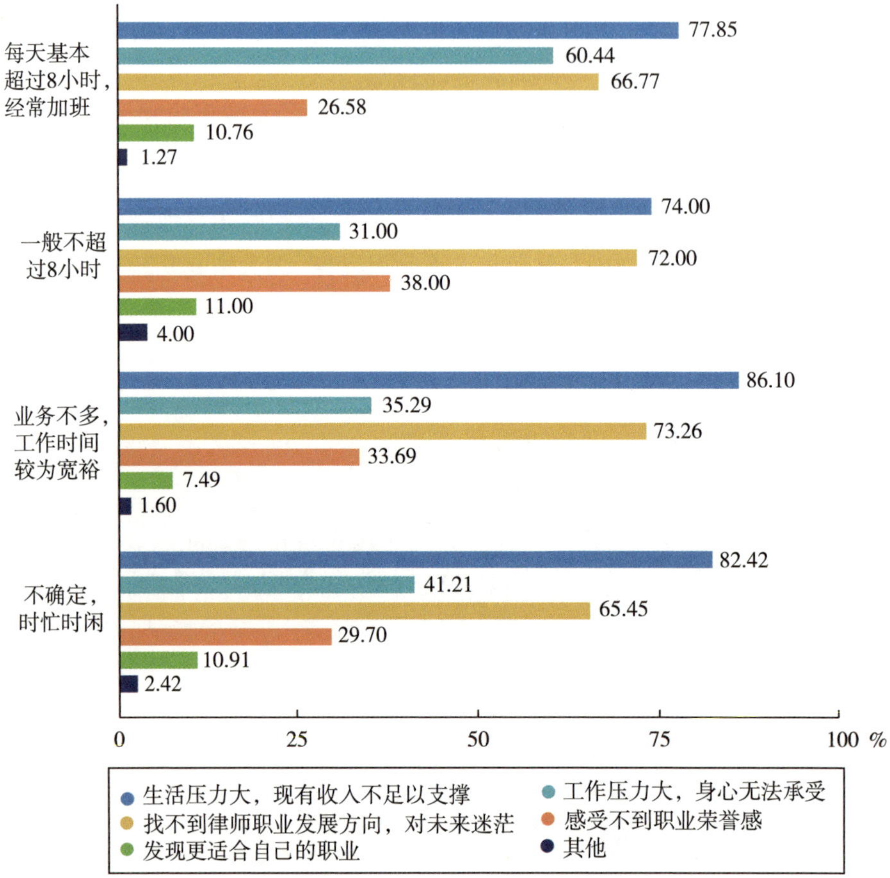

图3-103　青年律师考虑转行的主要原因与工作时长的交叉对比示意

小结

解决青年律师流失问题的办法，无非使其收入增加，压力减少，找到职业发展方向、感受到职业荣誉，得到幸福感。前面部分分析还发现，执业成本增加，生活压力大，现有收入不足以支撑选项的选择人数呈下降趋势，由此可见，成本增加的同时，律师的收入也在逐渐增加，而随着业务收入增加，青年律师对律师职业的发展和未来感到迷茫的情况有所缓解，信心得以增强，但这些也许都不是理想状态，希望青年律师在执业过程中尽可能的找到平衡。

六、对律师职业前景的看法

问卷调查显示，青年律师中对自己的律师职业前景的看法“较为乐观、还可以”的占比约为55.72%，“非常乐观、很有希望”的占比约为14.12%，“比较悲观”的占比约为13.92%，“迷茫”的占比约为13.24%，“没有希望”的占比约为2.13%。（参见表3－104、图3－104）

表3－104　青年律师对律师职业前景的看法统计

选项	小计/人	比例/%
非常乐观，很有希望	291	14.12
较为乐观，还可以	1149	55.72
比较悲观	287	13.92
没有希望	44	2.13
迷茫	273	13.24
其他	18	0.87
本题有效填写人数	2062	—

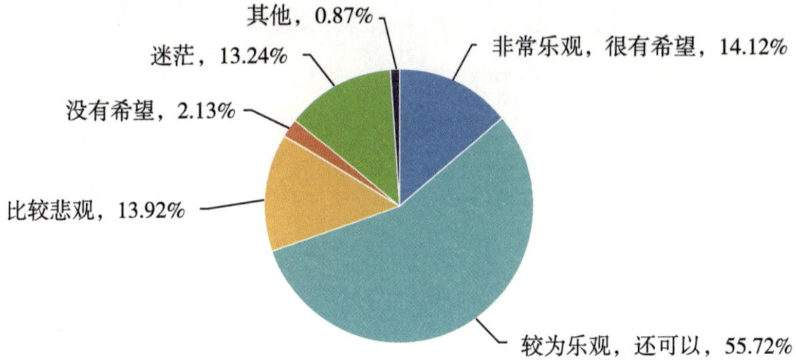

图3－104　青年律师对律师职业前景的看法比例示意

（一）对律师职业前景的看法与近三年年平均业务营收（税前）的交叉对比

问卷调查显示，随着年平均业务营收区间的增长，青年律师对于律师职业前景持“比较悲观”、“没有希望”，以及“迷茫”的群体人数比例总体呈下降趋势。（参见表3－105、图3－105）

表3－105　青年律师对律师职业前景的看法与近三年年平均业务营收（税前）的交叉对比统计

单位：人

近三年年平均业务营收（税前）	对律师职业前景的看法						答题人数
	非常乐观，很有希望	较为乐观，还可以	比较悲观	没有希望	迷茫	其他	
Q≤10万元	62	266	122	28	123	6	607
10万元＜Q≤15万元	42	303	75	10	84	4	518
15万元＜Q≤30万元	60	319	53	3	44	3	482
30万元＜Q≤45万元	25	111	19	1	10	3	169
45万元＜Q≤60万元	32	67	10	2	6	1	118
60万元＜Q≤80万元	19	26	2	0	2	1	50
80万元＜Q≤100万元	18	15	3	0	1	0	37
100万元＜Q	33	42	3	0	3	0	81

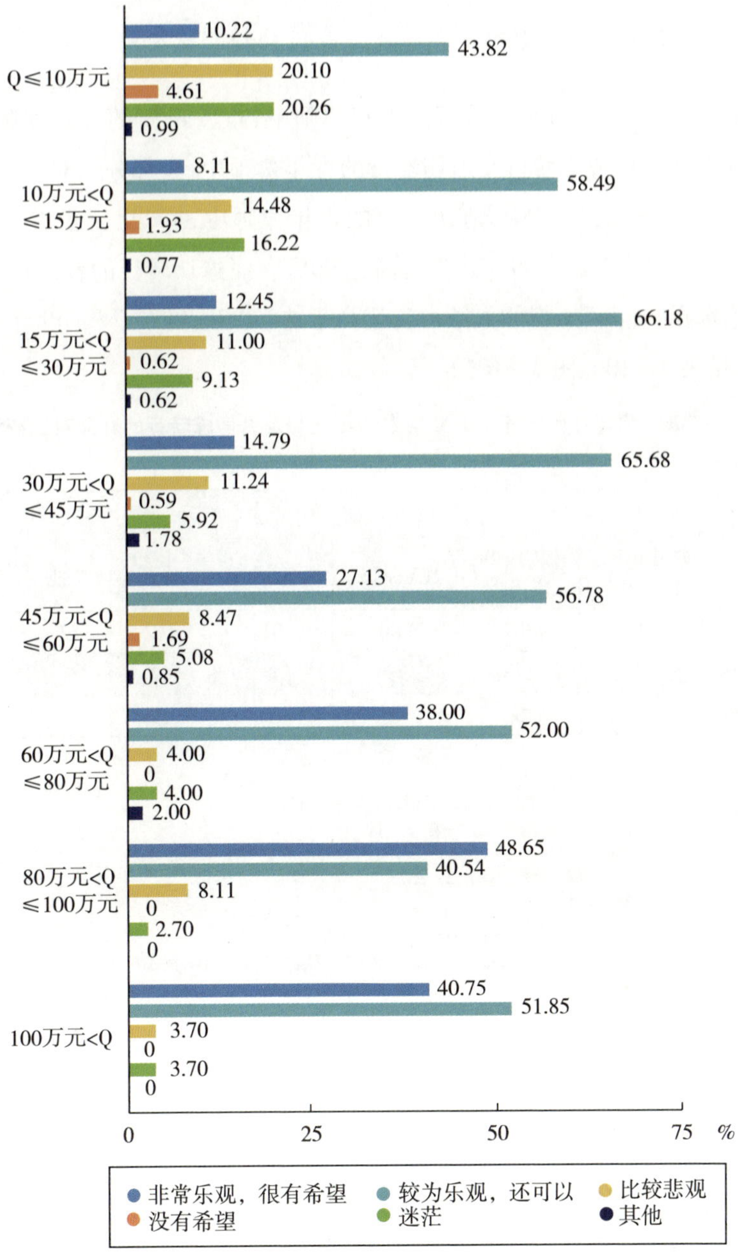

图 3－105　青年律师对律师职业前景的看法与近三年年平均业务营收(税前)的交叉对比示意

(二)对律师职业前景的看法与是否考虑转行的交叉对比

问卷调查显示,没有考虑转行的青年律师中,超过85%的人对律师职业前景持乐观态度。在考虑转行及迫切转行的青年律师中,大部分人对律师职业前景持有相对悲观态度。其中,迫切转行的青年律师中,持“比较悲观”“没有希望”“迷茫”态度的人数比例合计更是高达90%。而迫切转行的青年律师中,对职业前景选择“迷茫”态度的人数占比远高于选择“比较悲观”和“没有希望”的人。(参见表3-106、图3-106)

表3-106 青年律师对律师职业前景的看法与是否考虑转行的交叉对比统计

单位:人

是否考虑转行	对律师职业前景的看法						答题人数
	非常乐观,很有希望	较为乐观,还可以	比较悲观	没有希望	迷茫	其他	
有考虑	19	304	200	31	162	12	728
没有考虑	271	842	79	4	92	6	1294
迫切转行	1	3	8	9	19	0	40

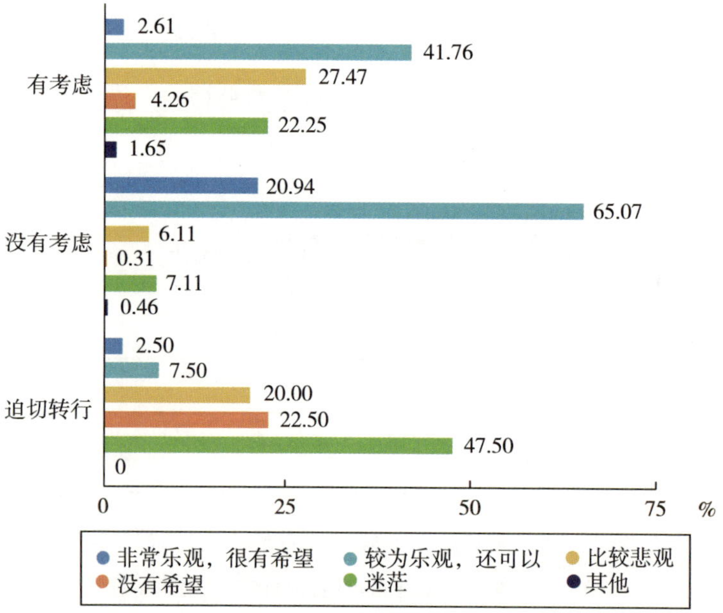

图3-106 青年律师对律师职业前景的看法与是否考虑转行的交叉对比示意

(三)对律师职业前景的看法与是否有职业规划的交叉对比

问卷调查显示,有过职业规划的青年律师中,对于律师职业前景持“非常乐观,很有希望”和“较为乐观,还可以”看法的人数比例更高,持“比较悲观”“没有希望”“迷茫”看法的人数比例较低;而缺乏职业规划的青年律师中,对职业前景持“非常乐观,很有希望”和“较为乐观,还可以”看法的人数比例明显更低,持“比较悲观”“没有希望”“迷茫”看法的人数比例明显更高。其中,一直没有职业发展规划的青年律师,认为律师职业前景“没有希望”和“迷茫”的人数比例明显高于有过职业发展规划的人群。(参见表3－107、图3－107)

表3－107　青年律师对律师职业前景的看法与是否有职业规划的交叉对比统计

单位:人

是否有职业规划	对律师职业前景的看法						答题人数
	非常乐观,很有希望	较为乐观,还可以	比较悲观	没有希望	迷茫	其他	
有过职业发展规划,很清晰、具体	148	252	37	6	27	4	474
有过职业发展规划,但不是很清晰、具体	131	775	186	21	164	10	1287
没有目前阶段的职业发展规划	8	110	50	12	63	3	246
一直没有职业发展规划	4	12	14	5	19	1	55

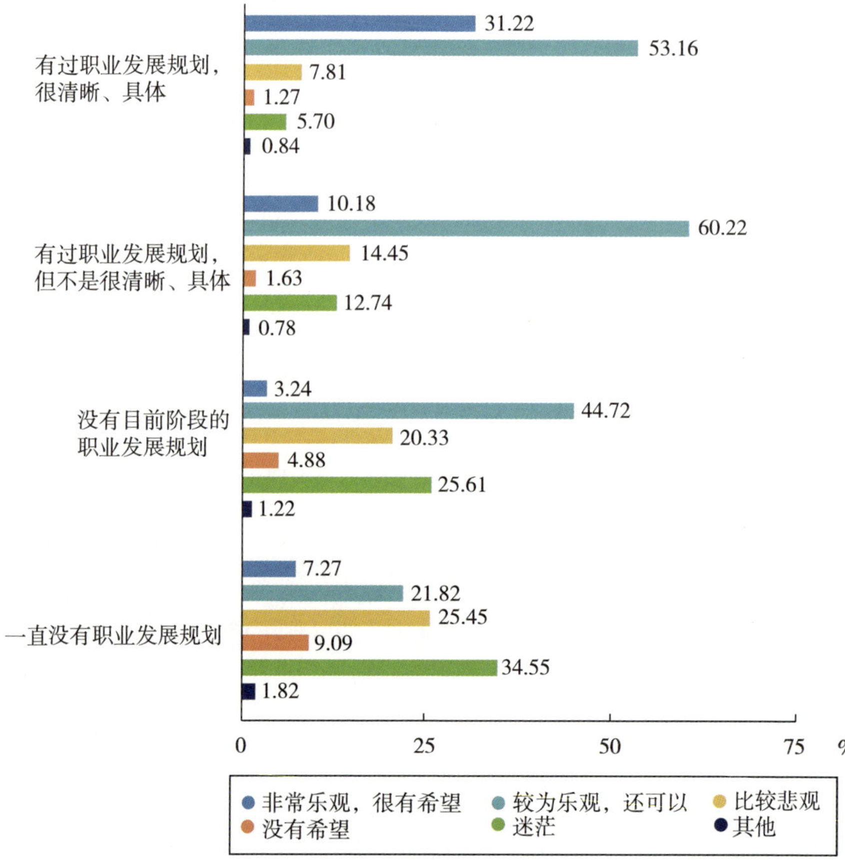

图 3－107　青年律师对律师职业前景的看法与是否有职业规划的交叉对比示意

(四)对律师职业前景的看法与身体健康自评情况的交叉对比

问卷调查显示,认为自身身体健康情况较好的青年律师对于律师职业前景持乐观态度的人数占比较高,认为自身身体健康情况较差的青年律师,对律师职业前景倾向于持悲观态度的人数比例更高。其中,认为自身身体情况为不健康的青年律师中,对律师职业前景持“非常乐观,很有希望”和“较为乐观,还可以”态度的人数比例合计仅占约 39.25%,不足四成。(参见表 3－108、图 3－108)

表 3－108 青年律师对律师职业前景的看法与身体健康自评的交叉对比统计

单位：人

身体健康自评	对律师职业前景的看法						答题人数
	非常乐观，很有希望	较为乐观，还可以	比较悲观	没有希望	迷茫	其他	
非常健康	55	58	10	5	10	1	139
良好	133	521	95	10	75	3	837
亚健康	81	459	128	19	136	10	833
一般	14	88	30	4	36	2	174
不健康	8	23	24	6	16	2	79

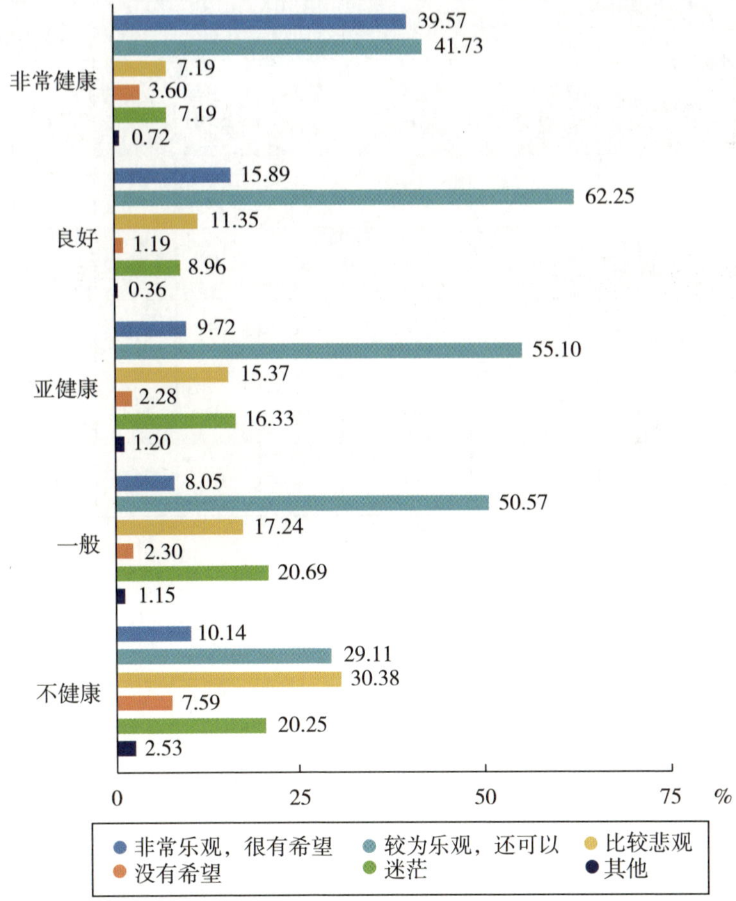

图 3－108 青年律师对律师职业前景的看法与身体健康自评的交叉对比示意

(五)对律师职业前景的看法与心理健康自评情况的交叉对比

问卷调查显示,认为自身心理健康情况正常的青年律师中,对于律师职业前景持乐观态度的人数占比较高,而在感到工作生活压力大、不稳定或时好时坏的青年律师中,对于律师职业前景持“比较悲观”和“迷茫”态度的人群比例明显高于自我心理评估为正常的青年律师。(参见表3-109、图3-109)

表3-109 青年律师对律师职业前景的看法与心理健康自评的交叉对比统计

单位:人

心理健康自评	对律师职业前景的看法						答题人数
	非常乐观,很有希望	较为乐观,还可以	比较悲观	没有希望	迷茫	其他	
正常	209	549	61	13	51	6	889
感到工作、生活单调	16	217	61	4	43	4	345
工作压力大、很烦躁	29	155	86	17	63	2	352
不稳定、时好时坏	36	224	78	10	113	5	466
其他	1	4	1	0	3	1	10

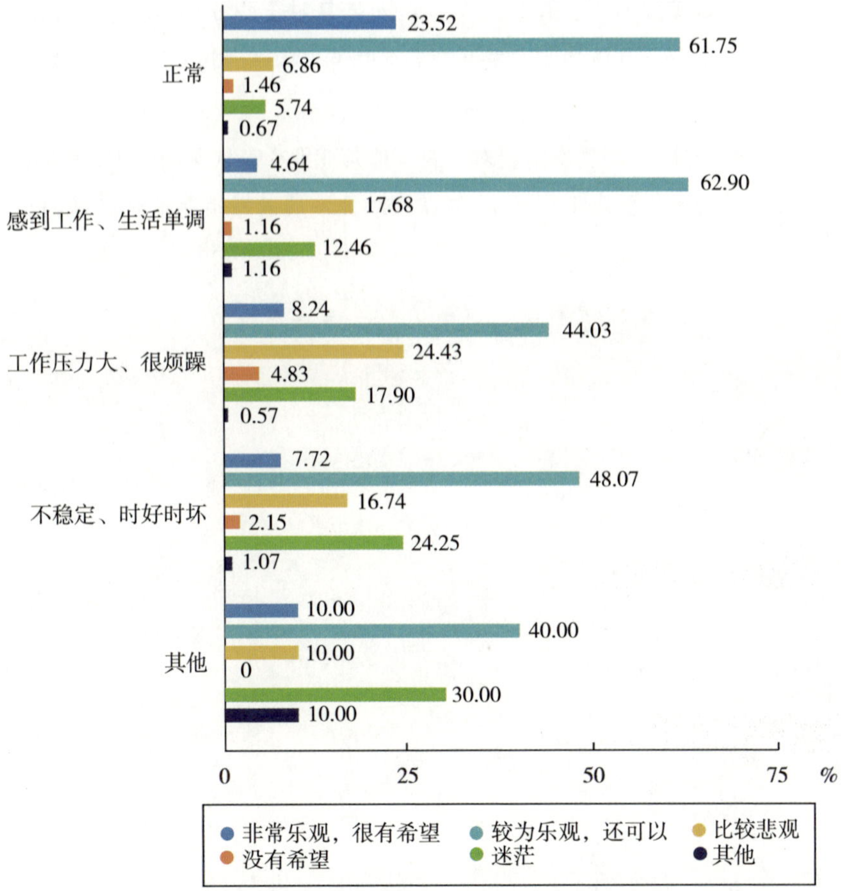

图 3－109　青年律师对律师职业前景的看法与心理健康自评的交叉对比示意

小结

1. 问卷调查显示，即使是在新冠疫情影响之下，仍有七成的受访青年律师对律师职业前景持乐观态度，认为律师职业前景没有希望的受访青年律师仅占约 2.13%。

2. 青年律师的业务营收水平是青年律师对于律师职业前景的看法及考虑是否转行的关键影响因素，帮助青年律师提高业务营收水平有助于转变青年律师对律师职业前景的消极看法。

3. 青年律师是否有职业发展规划与其对于职业前景的看法有较大关联，制定清晰、具体的职业发展规划有助于青年律师转变对律师职业前景的消极看法。

4. 身体、心理健康情况对于青年律师职业心态的影响较大，在身心健康评估情况较好的青年律师中，对律师职业发展前景持有乐观态度的比例更高。

第三节　新冠疫情对青年律师执业带来的影响（2022 年与 2018 年调研数据对比）

一、新冠疫情对青年律师执业带来的影响

问卷调查显示，超过 80% 的受访青年律师业务均受到新冠疫情不同程度的影响；仅有约 18.58% 的受访青年律师认为对业务影响不大或业务有所增长。（参见表 3－110、图 3－110）

表 3－110　新冠疫情对青年律师业务影响统计

选项	小计/人	比例/%
影响不大，没有变化	341	16.53
受到一定影响，业务有些下滑	751	36.42
受到较大影响，业务下滑较多	559	27.11
受到严重影响，业务严重大幅下滑	369	17.9
业务有所增长	42	2.04
本题有效填写人数	2062	—

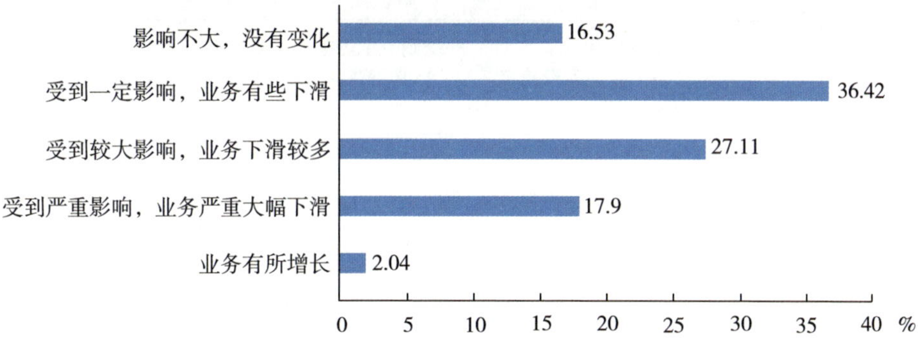

图 3－110　新冠疫情对青年律师业务影响比例示意

（一）新冠疫情对青年律师业务影响与其所在律所组织形式、人数规模的关联

问卷调查显示，青年律师业务受新冠疫情影响的程度与其所在律所的组织形式、人员规模的关联性不大。（参见图 3－111、图 3－112）

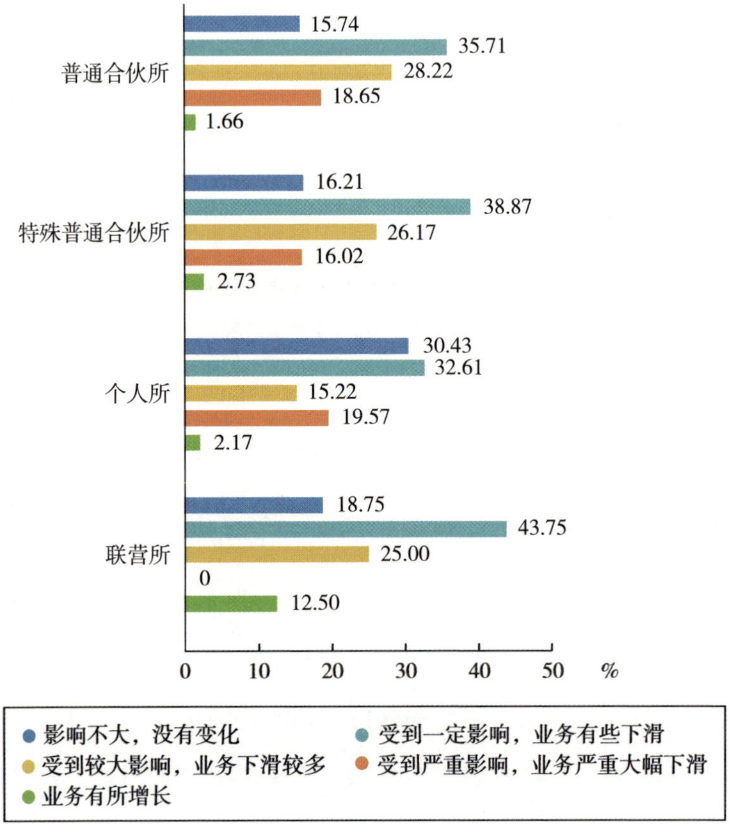

图 3－111　青年律师所在律所的组织形式与新冠疫情对业务影响的交叉对比示意

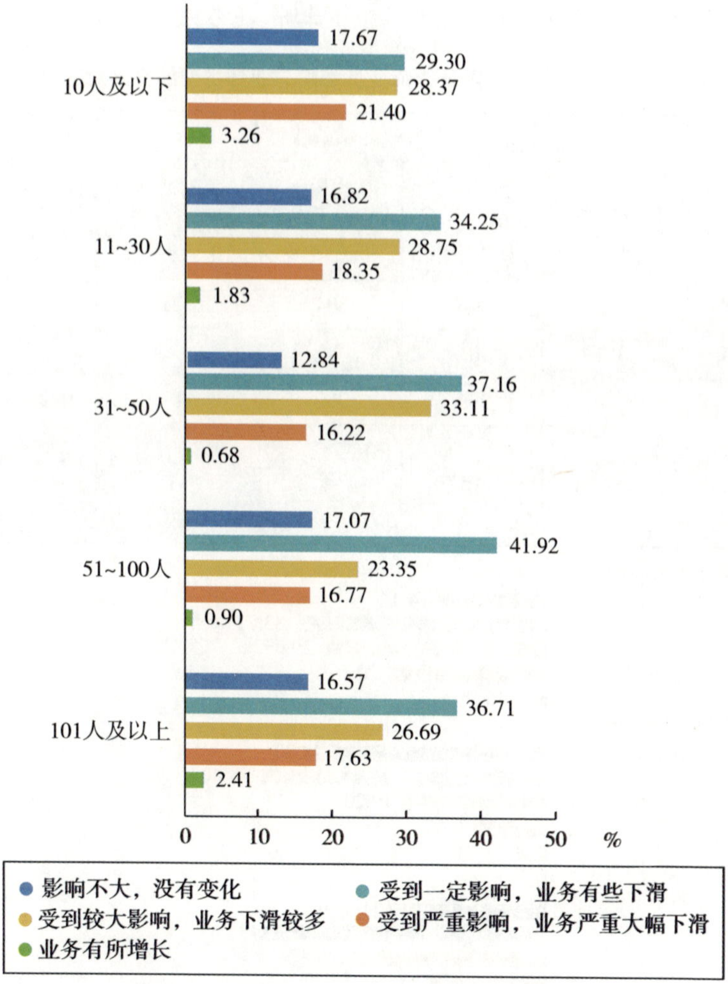

图3－112　青年律师所在律所规模与新冠疫情对业务影响的交叉对比示意

（二）新冠疫情对青年律师业务影响与业务类型的交叉对比

问卷调查显示，从事非诉业务的青年律师认为新冠疫情对业务“影响不大，没有变化”的占比约为28.80%，明显高于从事诉讼业务和综合性业务的青年律师；同时，从事诉讼业务的青年律师选择“受到严重影响，业务严重大幅下滑”的比例是从事非诉业务的青年律师的一倍。可见，新冠疫情对从事诉讼业务的青年

律师的影响程度要大于从事非诉业务的青年律师。（参见表3－111、图3－113）

表3－111　新冠疫情对青年律师业务影响与业务类型的交叉对比统计

业务类型	对业务影响程度					答题人数
	影响不大，没有变化	受到一定影响，业务有些下滑	受到较大影响，业务下滑较多	受到严重影响，业务严重大幅下滑	业务有所增长	
诉讼业务	148	346	304	213	15	1026
非诉业务	36	48	24	12	5	125
综合性业务	133	299	200	119	22	773
根据律所和指导律师的分配决定	24	58	31	25	0	138

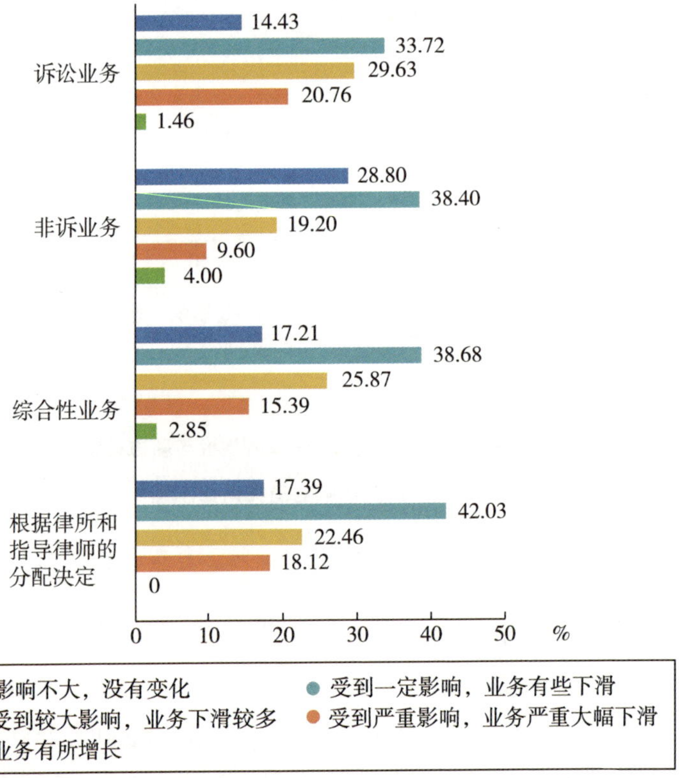

图3－113　新冠疫情对青年律师业务影响与业务类型的交叉对比示意

（三）新冠疫情对青年律师业务的影响与近三年年平均执业成本的交叉对比

问卷调查显示，近三年年平均执业成本在50,000元及以下的青年律师中，认为新冠疫情导致业务有不同程度下滑的占比达到了约77.81%，认为影响不大、没有变化的占比约为20.96%，认为业务有所增长的占比约为1.23%；近三年年平均执业成本在50,001～100,000元的青年律师中，认为新冠疫情导致业务有不同程度下滑的占比达到了约88.35%，认为影响不大、没有变化的占比约为9.79%，认为业务有所增长的占比为约1.86%；近三年年平均执业成本在100,001～150,000元的青年律师中，认为新冠疫情导致业务有不同程度下滑的占比达到了约82%，认为影响不大、没有变化的占比约14.00%；认为业务有所增长的占比约为4%；近三年年均执业成本在150,001元及以上的青年律师中，认为新冠疫情导致当前业务有不同程度下滑的占比达到了约81.12%，认为影响不大、没有变化的占比约12.77%，认为业务有所增长的占比约为6.11%。以上数据表明，近三年年均执业成本在50,000元及以下的青年律师受新冠疫情影响的程度要小于近三年年平均执业成本在50,000元以上的青年律师。此外，近三年年平均执业成本在150,001元及以上的青年律师，认为业务有所增长的占比要高于近三年年平均执业成本在150,000元及以下的青年律师。（参见表3－112、图3－114）

表3－112 新冠疫情对青年律师业务影响与近三年年平均执业成本的交叉对比统计

单位：人

近三年年平均执业成本	对业务影响程度					答题人数
	影响不大，没有变化	受到一定影响，业务有些下滑	受到较大影响，业务下滑较多	受到严重影响，业务严重大幅下滑	业务有所增长	
50,000元及以下	239	443	293	151	14	1140
50,001～100,000元	58	201	180	142	11	592
100,001～150,000元	21	48	36	39	6	150
150,001元及以上	23	59	50	37	11	180

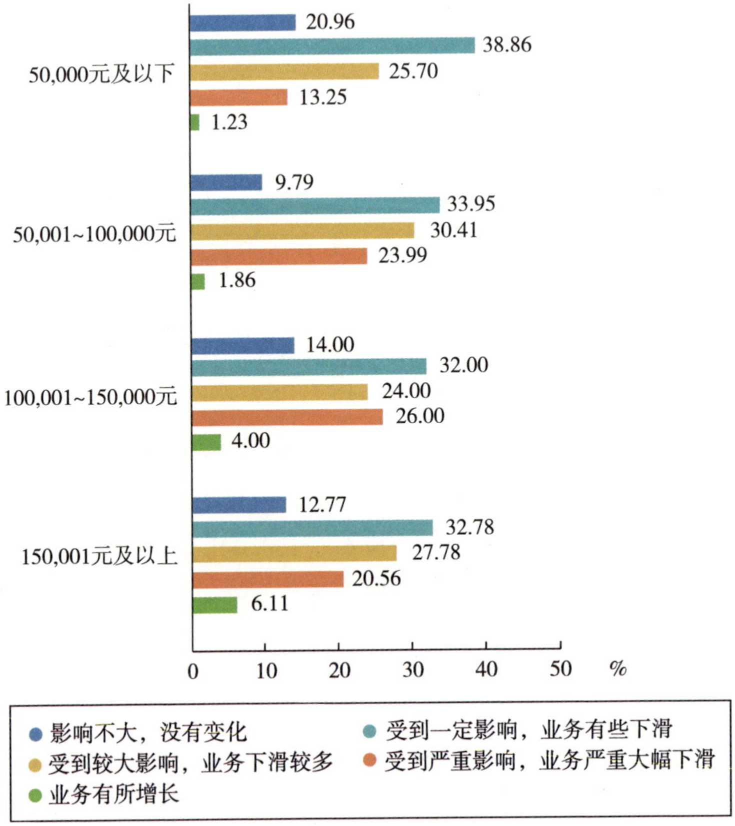

图 3－114　新冠疫情对青年律师业务的影响与近三年年平均执业成本的交叉对比示意

(四)新冠疫情对青年律师业务的影响与青年律师认为所在律所在青年律师培养方面的突出问题的交叉对比

问卷调查显示,无论青年律师受新冠疫情影响的程度如何,认为“没有制度、缺乏计划、培训不成系统”是其所在律所在青年律师培养方面的突出问题的占比均是最高的,均达到了50%以上。(参见表3－113、图3－115)

表 3-113　新冠疫情对青年律师业务的影响与青年律师认为所在律所在青年律师培养方面的突出问题的交叉对比统计

单位：人

新冠疫情对青年律师业务的影响	所在律所在青年律师培养方面的突出问题						答题人数
	没有制度、缺乏计划、培训不成系统	资深律师不愿花时间精力予以指导	合伙人不愿花钱投入	律师事务所不愿提供高端业务供青年律师学习、实践	重复低层次工作	其他	
影响不大，没有变化	215	89	88	100	126	33	341
受到一定影响，业务有些下滑	443	198	158	273	255	61	751
受到较大影响，业务下滑较多	369	169	153	225	222	28	559
受到严重影响，业务严重大幅下滑	235	128	126	176	124	20	369
业务有所增长	23	13	17	11	9	6	42

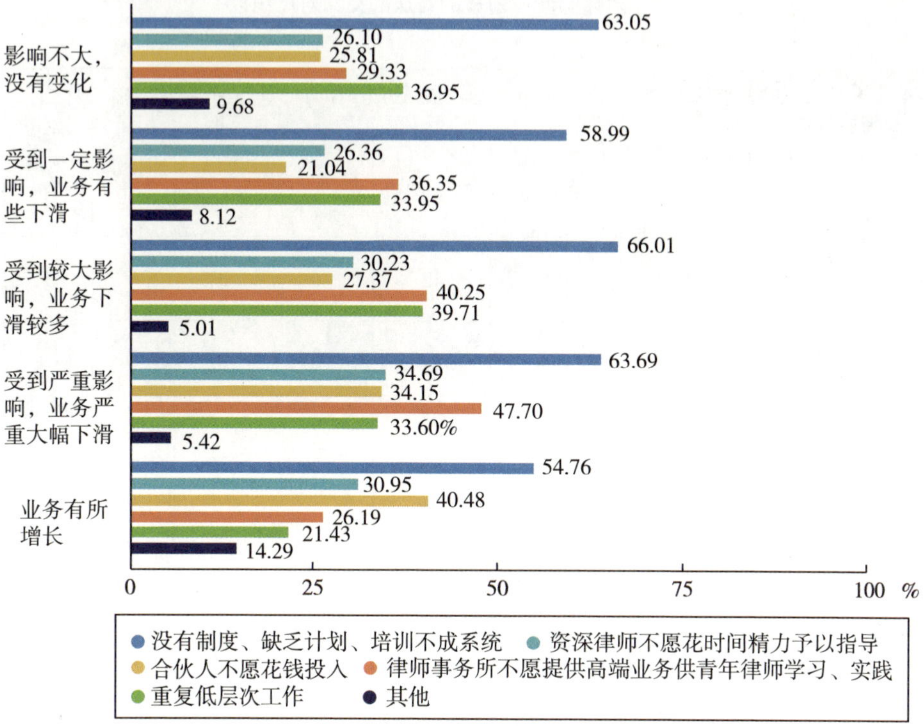

图 3-115　新冠疫情对青年律师业务的影响与青年律师认为所在律所在青年律师培养方面的突出问题的交叉对比示意

（五）新冠疫情对青年律师业务的影响与青年律师对律师职业前景的看法的交叉对比

问卷调查显示，在受到一定影响、业绩有些下滑和受到较大影响、业务下滑较多的两类青年律师群体中，有超过半数的人对律师职业前景仍持有"非常乐观，很有希望"或"较为乐观，还可以"的态度；在受到严重影响、业务严重大幅下滑的青年律师中，对律师职业前景持有"非常乐观，很有希望""较为乐观，还可以"态度的与持有"比较悲观""没有希望""迷茫"态度的比例几乎持平。其中，受到严重影响的青年律师中仅有约5.69%认为职业前景"没有希望"。由此可见，在新冠疫情的冲击下，青年律师对于职业前景的看法整体仍趋向乐观。（参见表3－114、图3－116）

表3－114　新冠疫情对青年律师业务的影响与青年律师对律师职业前景的看法的交叉对比统计

单位：人

新冠疫情对青年律师业务的影响	对律师职业前景的看法						答题人数
	非常乐观，很有希望	较为乐观，还可以	比较悲观	没有希望	迷茫	其他	
影响不大，没有变化	70	180	42	6	37	6	341
受到一定影响，业务有些下滑	112	474	77	8	76	4	751
受到较大影响，业务下滑较多	58	321	88	9	79	4	559
受到严重影响，业务严重大幅下滑	30	154	80	21	80	4	369
业务有所增长	21	20	0	0	1	0	42

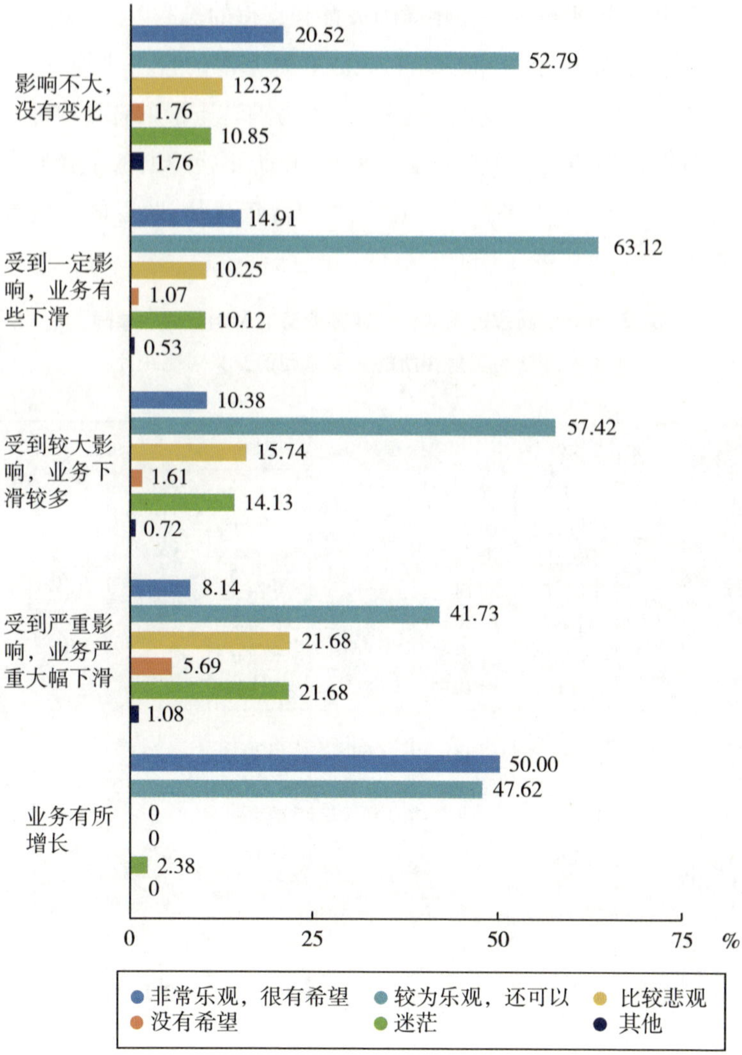

图 3-116　新冠疫情对青年律师业务的影响与青年律师对律师职业前景的看法的交叉对比示意

（六）新冠疫情对青年律师业务的影响与青年律师认为更换律所的主要原因的交叉对比

问卷调查显示，因新冠疫情业务受到严重影响、业务严重大幅下滑的青年律师中，选择“现有律所缺少对青年律师关怀和支持的机制”作为更换律所的主要原因的比例明显高于受到一定影响、业务有些下滑的青年律师，两者的比例差额接近10%。因新冠疫情受到一定影响、业务有些下滑的青年律师，选择“加入新律所的律师团队更有利于自身业务发展”作为更换律所的主要原因的比例明显高于受到严重影响、业务严重大幅下滑的青年律师，两者的比例差额接近10%。（参见表3－115、图3－117）

表3－115　新冠疫情对青年律师业务的影响与青年律师认为更换律所的主要原因的交叉对比统计

单位：人

新冠疫情对青年律师业务的影响	更换律所的主要原因								答题人数
	现有律所不能给自己的业务开拓赋能	加入新律所的律师团队更有利于自身业务发展	现有律所的品牌建设对自己的客户开拓没有帮助	新的律所提供更好的行政财务后勤支撑	现有律所缺少对青年律师关怀和支持的机制	新律所可以为青年律师提供公共案源	新律所的场地、办公环境更优越	其他	
影响不大，没有变化	229	195	98	69	120	126	31	11	341
受到一定影响，业务有些下滑	525	470	268	116	244	270	76	14	751
受到较大影响，业务下滑较多	429	319	204	96	200	205	45	13	559
受到严重影响，业务严重大幅下滑	273	189	134	56	158	162	34	6	369
业务有所增长	26	28	12	10	16	17	5	2	42

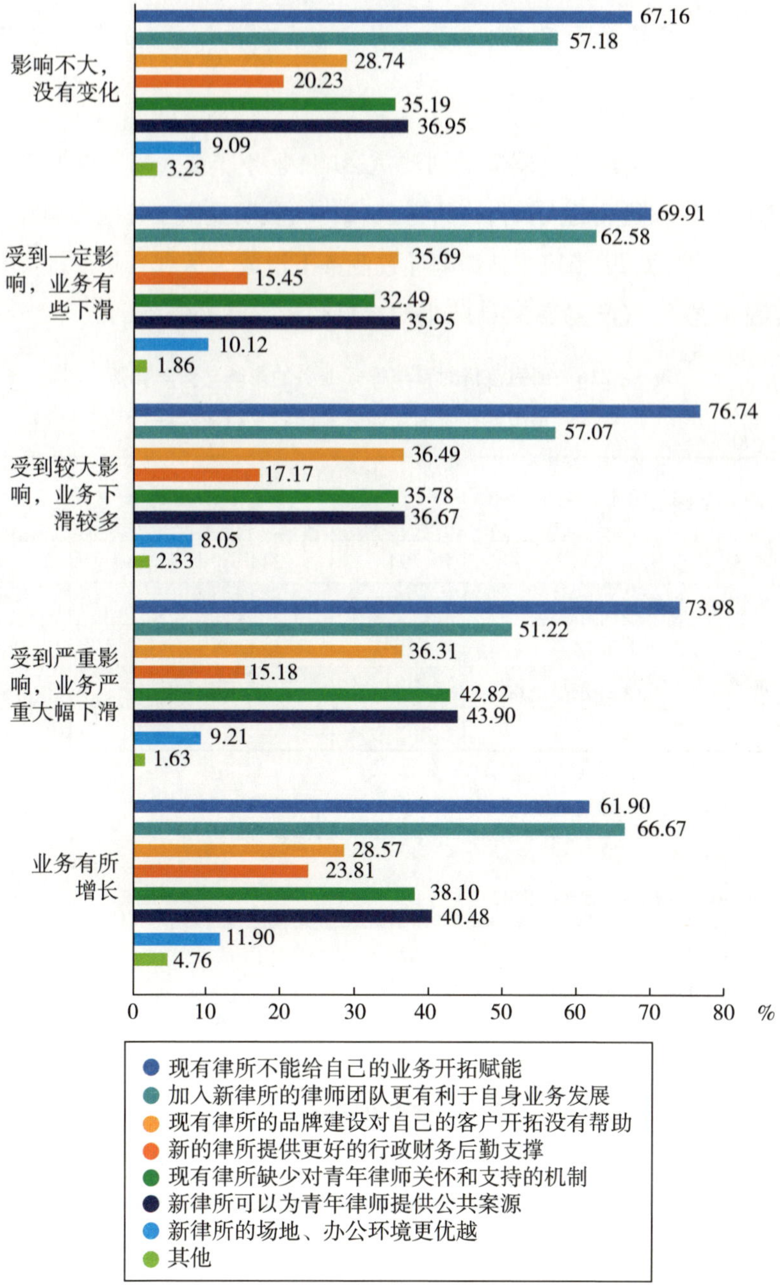

图 3－117　新冠疫情对青年律师业务的影响与青年律师认为更换律所的主要原因的交叉对比示意

(七)新冠疫情对青年律师业务的影响与青年律师考虑离开深圳执业意愿的交叉对比

问卷调查显示,因新冠疫情受到严重影响、业务严重大幅下滑的青年律师中,考虑离开深圳执业的人数占比约为38.21%,较明显高于其他影响程度的青年律师。由此可见,因新冠疫情影响导致业务下滑成为深圳青年律师离开深圳的重要因素之一。(参见表3-116、图3-118)

表3-216 新冠疫情对青年律师业务的影响与青年律师考虑离开深圳执业意愿的交叉对比统计

新冠疫情对青年律师业务的影响	考虑离开深圳执业意愿			答题人数
	有考虑	没有考虑	迫切离开	
影响不大,没有变化	94	244	3	341
受到一定影响,业务有些下滑	176	572	3	751
受到较大影响,业务下滑较多	164	392	3	559
受到严重影响,业务严重大幅下滑	141	218	10	369
业务有所增长	5	37	0	42

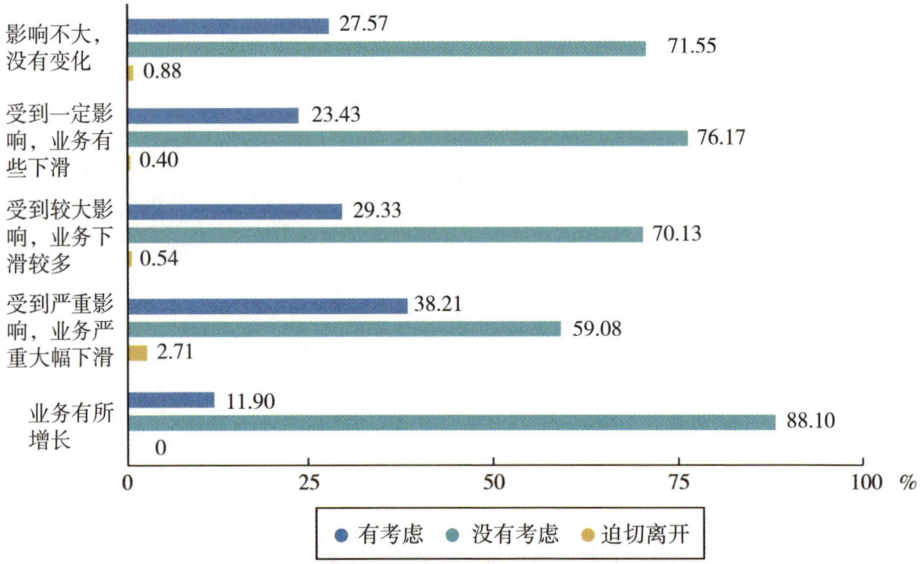

图3-118 新冠疫情对青年律师业务的影响与青年律师考虑离开深圳执业意愿的交叉对比示意

小结

问卷调查显示，新冠疫情对青年律师执业带来的影响是显著的，超过八成的受访青年律师认为业务受到新冠疫情不同程度的影响。首先，新冠疫情前后，2022年青年律师对职业前景持非常乐观看法的群体较2018年度有大幅降低，但仍有接近七成的受访青年律师对职业前景还是持乐观态度的。其次，新冠疫情对诉讼律师的影响要大于非诉律师，一定程度上反映了诉讼律师较于非诉律师在新冠疫情环境下的执业压力更大。最后，近三年年平均执业成本在50,000元及以下的受访青年律师受新冠疫情影响的程度要小于近三年年平均执业成本在50,001元及以上的受访青年律师。

二、2018年与2022年对比，青年律师生存与发展状况的主要数据变化

（一）2018年与2022年青年律师案件来源方式的对比

问卷调查显示，2018年青年律师的案件来源前三位分别是：亲友介绍，占比约为55.83%；原客户介绍，占比约为53.54%；自寻客户，占比约为38.09%。

2022年青年律师的案件来源前三位分别是：亲友介绍，占比约为67.80%；本所同事介绍，占比约为42.97%；原客户介绍，占比约为38.07%。

通过对比发现，相比2018年的数据，2022年亲友介绍的案源比例提高了约11.97%，原客户介绍的案源比例下降了约15.47%，自寻客户的案源比例下降了约17.24%，等待客户上门的案源比例下降了约18.43%。（参见表3－117、表3－118、图3－119）

表3－117　2018年青年律师的案件来源方式统计

选项	小计/人	比例/%
等待客户上门	462	28.66
自寻客户	614	38.09
原客户介绍	863	53.54

续表

选项	小计/人	比例/%
亲友介绍	900	55.83
律师事务所提供	234	14.52
指导律师或团队负责律师提供	450	27.92
其他律师介绍	396	24.57
其他	26	1.61
本题有效填写人数	1612	—

表3-118　2022年青年律师的案件来源方式统计

选项	小计/人	比例/%
亲戚朋友介绍	1398	67.80
本所同事介绍	886	42.97
外所同行介绍	381	18.48
第三方案源平台推荐	129	6.26
自寻客户(含自媒体)	430	20.85
原客户介绍	785	38.07
法律援助中心指派	132	6.40
客户自行上门	211	10.23
其他来源	135	6.55
本题有效填写人数	2062	—

图 3－119　2018 年与 2022 年青年律师的案件来源方式对比示意

(二)2018 年与 2022 年青年律师的压力主要来源的对比

问卷调查显示,2018 年有约 45.10% 的青年律师的主要压力为案源压力,生活压力、业务压力和对案件结果的压力都在 14% 左右。

2022 年有约 55.87% 的青年律师认为主要压力为案源压力,比 2018 年的数据提高了约 10.77%;来自业务压力的占比约为 13.43%,与 2018 年的数据相差不大;来自对案件结果的压力(如胜诉)的占比约为 9.31%,较明显低于 2018 年的 14.39%;来自处理与当事人、对方当事人、法官等关系的压力的占比约为 6.30%,略低于 2018 年的 8.31%。(参见表 3－119、表 3－120、图 3－120)

表 3－119　2018 年青年律师的压力主要来源统计

选项	小计/人	比例/%
生活压力	239	14.83
案源压力	727	45.10

续表

选项	小计/人	比例/%
业务压力	234	14.52
对案件结果的压力(胜诉等)	232	14.39
处理与当事人、对方当事人、法官等关系的压力	134	8.31
其他	46	2.85
本题有效填写人数	1612	—

表3-120　2022年青年律师的压力主要来源统计

选项	小计/人	比例/%
生活压力	282	13.68
案源压力	1152	55.87
业务压力	277	13.43
对案件结果的压力(胜诉等)	192	9.31
处理与当事人、对方当事人、法官等关系的压力	130	6.30
其他	29	1.41
本题有效填写人数	2062	—

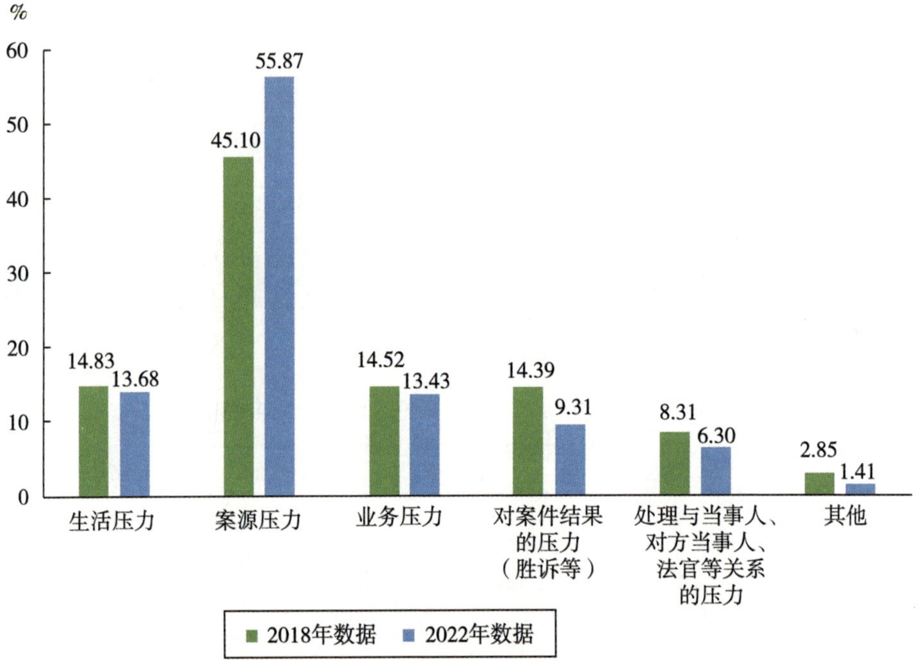

图3-120　2018年与2022年青年律师的压力主要来源对比示意

(三)2018 年与 2022 年青年律师的业务营收情况的对比

问卷调查显示,2018 年有约 31.95% 的青年律师年业务营收(税前)在 10 万元及以下区间,低于深圳市的平均工资标准;有约 61.97% 的青年律师年业务营收(税前)在 20 万元及以下区间;仅有约 13.96% 的青年律师的年业务营收(税前)超过 45 万元,达到深圳市律师行业 2016 年的执业律师收入平均标准。

2022 年有约 29.44% 的青年律师近三年年平均业务营收(税前)在 10 万元及以下,略低于 2018 年的 31.95%;有约 77.94% 的青年律师年平均业务营收(税前)在 30 万元及以下,与 2018 年的 77.11% 相差不大;有约 8.14% 的青年律师年平均业务营收(税前)在 60 万元以上,与 2018 年的 8.44% 相比差距也不大。(参见表 3-121、表 3-122、图 3-121)

表 3-121 2018 年青年律师的年业务营收(税前)情况统计

选项	小计/人	比例/%
Q≤10 万元	515	31.95
10 万元<Q≤20 万元	484	30.02
20 万元<Q≤25 万元	147	9.12
25 万元<Q≤30 万元	97	6.02
30 万元<Q≤35 万元	76	4.71
35 万元<Q≤40 万元	47	2.92
40 万元<Q≤45 万元	21	1.30
45 万元<Q≤50 万元	38	2.36
50 万元<Q≤55 万元	30	1.86
55 万元<Q≤60 万元	21	1.30
60 万元以上	136	8.44
本题有效填写人数	1612	—

表 3－122　2022 年青年律师近三年年平均业务营收（税前）情况统计

选项	小计/人	比例/%
Q≤10 万元	607	29.44
10 万元＜Q≤15 万元	518	25.12
15 万元＜Q≤30 万元	482	23.38
30 万元＜Q≤45 万元	169	8.20
45 万元＜Q≤60 万元	118	5.72
60 万元＜Q≤80 万元	50	2.42
80 万元＜Q≤100 万元	37	1.79
100 万元＜Q	81	3.93
本题有效填写人数	2062	—

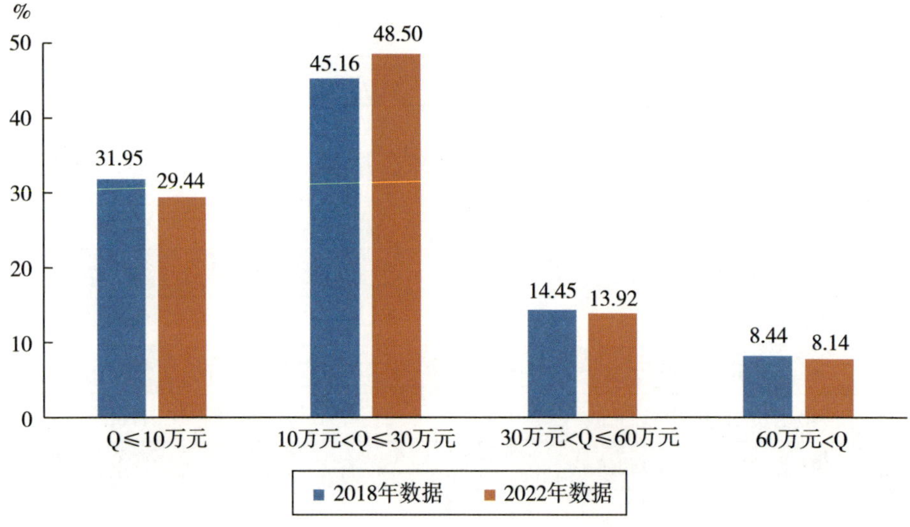

图 3－121　2018 年与 2022 年青年律师业务营收（税前）情况对比示意

（四）2018 年与 2022 年青年律师的体检频率的对比

问卷调查显示，2018 年青年律师每年体检一次的人数有 735 人，占比约为 45.60%；2022 年则是 629 人，占比约为 30.50%。两者对比发现，2022 年坚持一年一检的人数比例下降了约 15.10%。（参见表 3－123、表 3－124、图 3－122）

表 3－123　2018 年青年律师的体检频率统计

选项	小计/人	比例/%
没做过	417	25.86
半年	48	2.98
一年	735	45.60
两年	252	15.63
两年以上	160	9.93
本题有效填写人数	1612	—

表 3－124　2022 年青年律师的体检频率统计

选项	小计/人	比例/%
一年一次	629	30.50
两三年一次	684	33.17
感觉自己很健康比较少做	663	32.15
其他	86	4.18
本题有效填写人数	2062	—

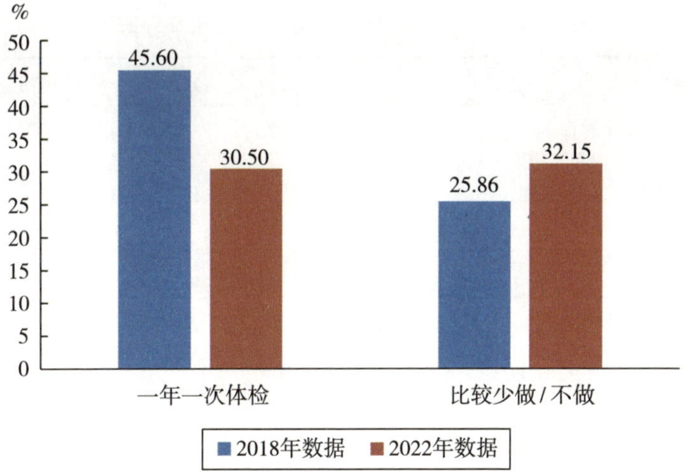

图 3－122　2018 年与 2022 年青年律师的体检频率对比示意

(五)2018 年与 2022 年青年律师的身体健康自评的对比

问卷调查显示,2018 年青年律师对自身身体健康状况的评估情况中,认为自己亚健康的约有 750 人,占比约为 46.53%;认为自己身体健康状况良好的有 578 人,占比约为 35.86%;认为自己身体健康状况非常健康的有 125 人,占比约为 7.75%;认为自己身体健康状况一般的有 121 人,占比约为 7.51%;认为自己身体健康状况不健康的有 38 人,占比约为 2.35%。

2022 年青年律师对自身身体健康状况的评估情况中,认为自己亚健康的有 833 人,占比约为 40.40%;认为自己身体健康状况良好的有 837 人,占比约为 40.59%;认为自己身体非常健康的有 139 人,占比约为 6.74%;认为自己身体健康状况一般的有 174 人,占比约为 8.44%;认为自己身体不健康的有 79 人,占比约为 3.83%。

通过 2018 年与 2022 年的数据对比可知,2022 年青年律师对自身身体健康状况评估为亚健康的比例有所下降,评估为良好的比例有所上升,但评估为非常健康的比例有所下降,评估为不健康和一般数据的比例则有所上升。(参见表 3－125、表 3－126、图 3－123)

表 3－125　2018 年青年律师的身体健康自评统计

选项	小计/人	比例/%
非常健康	125	7.75
良好	578	35.86
亚健康	750	46.53
一般	121	7.51
不健康	38	2.35
本题有效填写人数	1612	—

表3-126　2022年青年律师的身体健康自评统计

选项	小计/人	比例/%
非常健康	139	6.74
良好	837	40.59
亚健康	833	40.4
一般	174	8.44
不健康	79	3.83
本题有效填写人数	2062	—

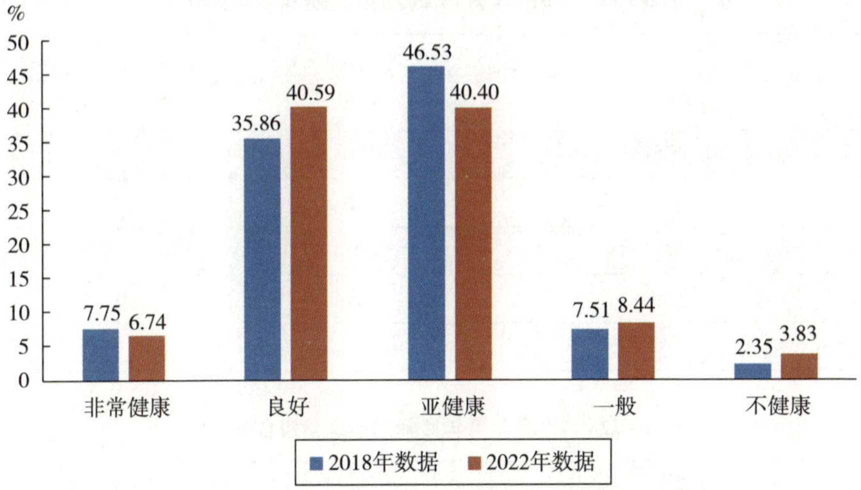

图3-123　2018年与2022年青年律师的身体健康自评对比示意

（六）2018年与2022年青年律师的心理健康自评的对比

问卷调查显示，2018年青年律师心理健康状况自评中，认为自己正常的有827人，占比约为51.30%；感到工作、生活单调的有156人，占比约为9.68%；认为自己工作压力大、很烦躁的有212人，占比约为13.15%；认为自己心理健康状况不稳定、时好时坏的有407人，占比约为25.25%；“其他”选项中填写的主要内容有压力、焦虑等。

2022年青年律师心理健康状况自评中，认为自己正常的有899人，占比约为43.11%；感到工作、生活单调的有345人，占比约为16.73%；认为自己工作压力大、很烦躁的有352人，占比约为17.07%；认为自己心理健康状况不稳定、时好时坏的有466人，占比约为22.6%；“其他”选项中填写的主要内容以压力、焦虑为主要关键词，甚至有“正在药物治疗”的答案。

通过2018年与2022年的数据对比可知，2022年青年律师对自身心理健康状况评估为健康的比例有所下降；自我评估为感到工作、生活单调以及工作压力大、很烦躁的比例有所上升，自我评估为不稳定、时好时坏的比例有所上升；其他情况的比例相差不大。（参见表3－127、表3－128、图3－124）

表3－127　2018年青年律师的心理健康自评统计

选项	小计/人	比例/%
正常	827	51.30
感到工作、生活单调	156	9.68
工作压力大、很烦躁	212	13.15
不稳定、时好时坏	407	25.25
其他	10	0.62
本题有效填写人数	1612	—

表3－128　2022年青年律师的心理健康自评统计

选项	小计/人	比例/%
正常	889	43.11
感到工作、生活单调	345	16.73
工作压力大、很烦躁	352	17.07
不稳定、时好时坏	466	22.61
其他	10	0.48
本题有效填写人数	2062	—

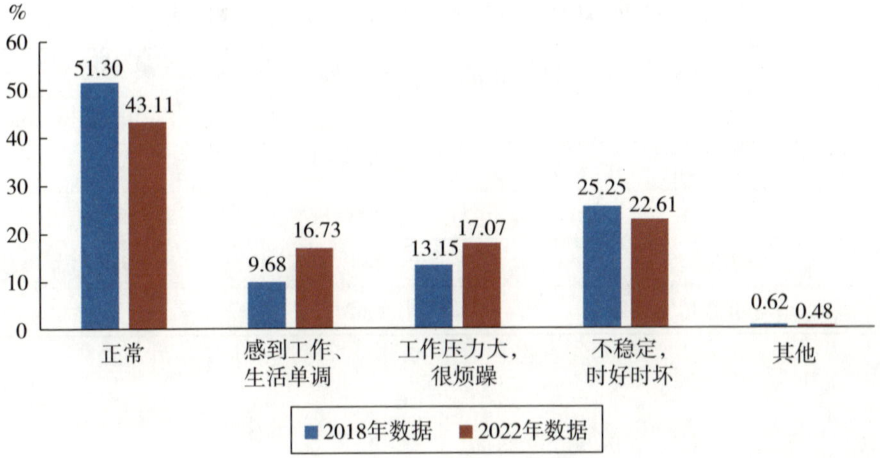

图 3－124　2018 年与 2022 年青年律师的心理健康自评对比示意

（七）2018 年与 2022 年青年律师曾经执业的律所数量的对比

问卷调查显示，2018 年青年律师只在 1 家律所执业的有 597 人，占比约为 37.03%；曾在 2 家律所执业的有 601 人，占比约为 37.28%；曾在 3 家律所执业的有 321 人，占比约为 19.91%；曾在 4 家及以上律所执业的有 93 人，占比约为 5.77%。

2022 年青年律师只在 1 家律所执业的有 715 人，占比约为 34.68%；曾在 2 家律所执业的有 804 人，占比约为 38.99%；曾在 3 家律所执业的有 400 人，占比约为 19.4%；曾在 4 家及以上律所执业的有 143 人，占比约为 6.94%。

对比 2018 年与 2022 年的数据，两者的各项数据相差不大。（参见表 3－129、表 3－130、图 3－125）

表 3－129　2018 年青年律师曾经执业的律所数量统计

选项	小计/人	比例/%
1 家	597	37.03
2 家	601	37.28
3 家	321	19.91
4 家及以上	93	5.78
本题有效填写人数	1612	—

表 3－130　2022 年青年律师曾经执业的律所数量统计

选项	小计/人	比例/%
1 家	715	34.68
2 家	804	38.99
3 家	400	19.40
4 家及以上	143	6.93
本题有效填写人数	2062	—

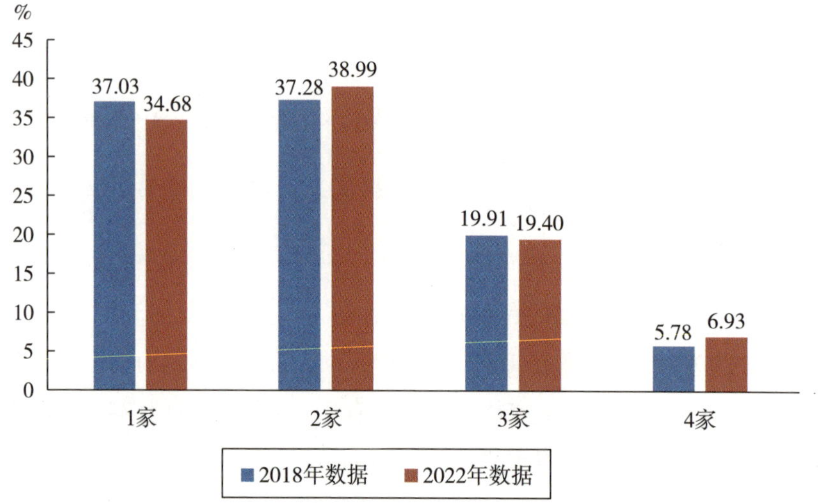

图 3－125　2018 年与 2022 年青年律师曾经执业的律所数量的对比示意

(八)2018 年与 2022 年青年律师从事的业务类型的对比

问卷调查显示,2018 年青年律师从事的业务类型中,从事诉讼业务的有 699 人,占比约为 43.36%;从事非诉业务的有 182 人,占比约为 11.29%;从事综合性业务的有 657 人,占比约为 40.76%;根据律所和指导律师的分配决定的有 74 人,占比约为 4.59%。

2022 年青年律师从事的业务类型中,从事诉讼业务的有 1026 人,占比约为 49.76%;从事非诉业务的有 125 人,占比约为 6.06%;从事综合性业务的有 773 人,占比约为37.49%;根据律所和指导律师的分配决定的有 138 人,占比约为

6.69%。

通过2018年与2022年的数据对比可知，各项数据较为接近，其中2022年从事诉讼业务的比例略有增加，从事非诉业务、综合性业务的比例略有下降。（参见表3-131、表3-132、图3-126）

表3-131　2018年青年律师从事的业务类型统计

选项	小计/人	比例/%
诉讼业务	699	43.36
非诉业务	182	11.29
综合性业务	657	40.76
根据律所和指导律师的分配决定	74	4.59
本题有效填写人数	1612	—

表3-132　2022年青年律师目前从事的业务类型统计

选项	小计/人	比例/%
诉讼业务	1026	49.76
非诉业务	125	6.06
综合性业务	773	37.49
根据律所和指导律师的分配决定	138	6.69
本题有效填写人数	2062	—

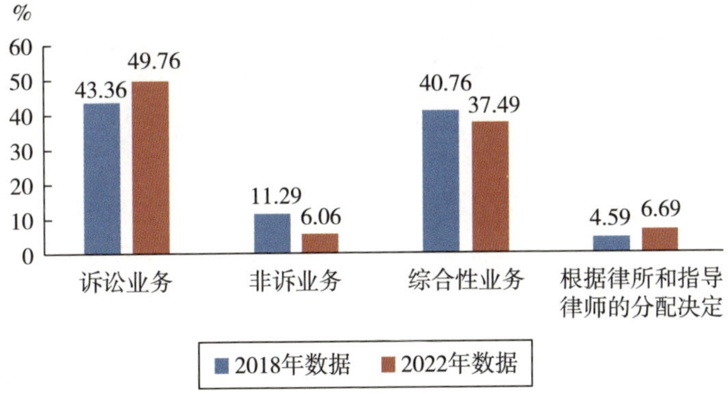

图3-126　2018年与2022年青年律师从事的业务类型对比示意

（九）2018 年与 2022 年青年律师对律师职业前景看法的对比

问卷调查显示，2022 年青年律师对职业前景持“非常乐观”看法的人数比例比 2018 年度下降了约 24.17%，下降比例超过一半，下降幅度较大；对律师职业前景持“比较悲观”“迷茫”“没有希望”看法的人数比例均有所增加，其中持“比较悲观”“迷茫”看法的人数比例上升均超过了 8%。（参见图 3－127）

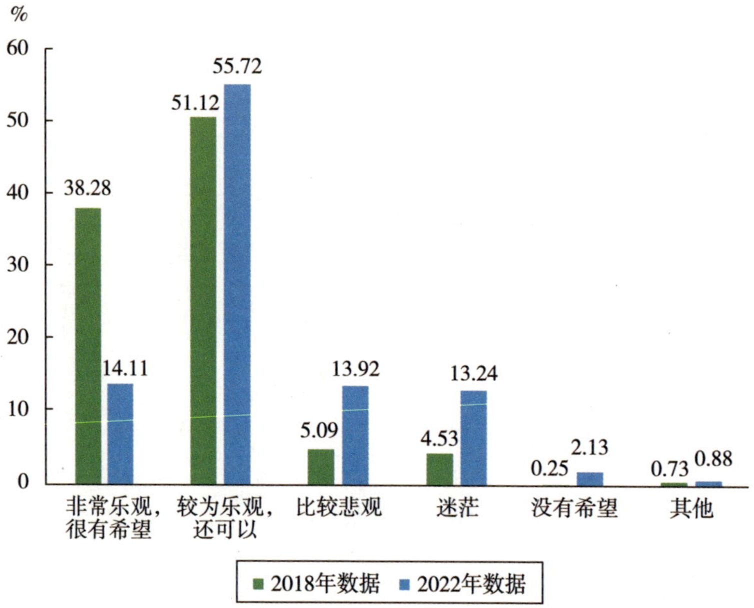

图 3－127　2018 年与 2022 年青年律师对律师职业前景看法的对比示意

（十）2018 年与 2022 年青年律师的工作时长的对比

问卷调查显示，2018 年有接近四成的青年律师每天工作时长超过 8 小时，具体占比约为 38.59%；“业务不多，工作时间较为宽裕”的不到两成；“不确定，时忙时闲”的占比则约为 25.31%。

2022 年每天工作时长超过 8 小时的青年律师已经超过四成；“业务不多，工作时间较为宽裕”的比例不到两成；有约 23.04% 的青年律师工作时长不确定，时忙时闲。

通过2018年与2022年的数据对比可知，2022年青年律师每天工作时长超过8小时的比例有所上升；“业务不多，工作时间较为宽裕”的比例也有所上升；“不确定，时忙时闲”的比例接近，变化不大。（参见表3-133、表3-134、图3-128）

表3-133　2018年青年律师的工作时长统计

选项	小计/人	比例/%
每天基本超过8小时，经常加班	622	38.59
一般不超过8小时	330	20.47
业务不多，工作时间较为宽裕	252	15.63
不确定，时忙时闲	408	25.31
本题有效填写人数	1612	—

表3-134　2022年青年律师的工作时长统计

选项	小计/人	比例/%
每天基本超过8小时，经常加班	843	40.88
一般不超过8小时	339	16.44
业务不多，工作时间较为宽裕	405	19.64
不确定，时忙时闲	475	23.04
本题有效填写人数	2062	—

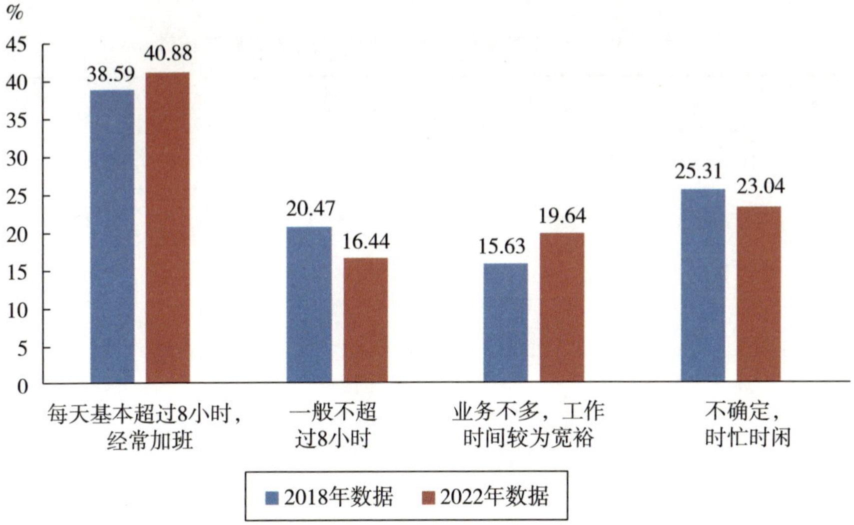

图3-128　2018年与2022年青年律师的工作时长对比示意

三、2018 年与 2022 年青年律师业务发展困境及执业环境主要数据变化

（一）2018 年与 2022 年青年律师对业务发展困境看法的对比

问卷调查显示，2018 年高达约 82.32% 的青年律师认为“社会人脉资源不足”是其业务发展的主要困境，有约 67.49% 的青年律师则认为“难以接触高端业务”是其业务发展的主要困境。除此以外，与专业能力提升有关的问题也是青年律师的重要考量因素，其中，约 40.69% 的青年律师选择“专业知识、理论基础不扎实”，约44.17% 的青年律师选择“缺乏系统培训”。“其他”选项填写的内容主要集中表述为团队建设与管理、案源拓展及时间问题。

2022 年有约 81.96% 的青年律师认为“社会人脉资源不足”是其业务发展的主要困境，与 2018 年的 82.32% 相差不大，其次是“难以接触高端业务”，占比约为 65.13%，略低于 2018 年的 67.49%。比较明显不同的是，2022 年青年律师认为“专业知识、理论基础不扎实”是其业务发展主要困境的占比约为 29.83%，明显低于 2018 年的 40.69%；同时，2022 年青年律师认为“缺乏系统培训”是其业务发展主要困境的占比约为 30.12%，也明显低于 2018 年的 44.17%。（参见表 3－135、表 3－136、图 3－129）

表 3－135　2018 年青年律师对业务发展困境看法统计

选项	小计/人	比例/%
专业知识、理论基础不扎实	656	40.69
实务机会少	449	27.85
难以接触高端业务	1088	67.49
社会人脉资源不足	1327	82.32
缺乏系统培训	712	44.17
其他	53	3.29
本题有效填写人数	1612	—

表 3-136 2022 年青年律师对业务发展困境看法统计

选项	小计/人	比例/%
专业知识、理论基础不扎实	615	29.83
实务机会少	597	28.95
难以接触高端业务	1343	65.13
社会人脉资源不足	1690	81.96
缺乏系统培训	621	30.12
其他	44	2.13
本题有效填写人数	2062	—

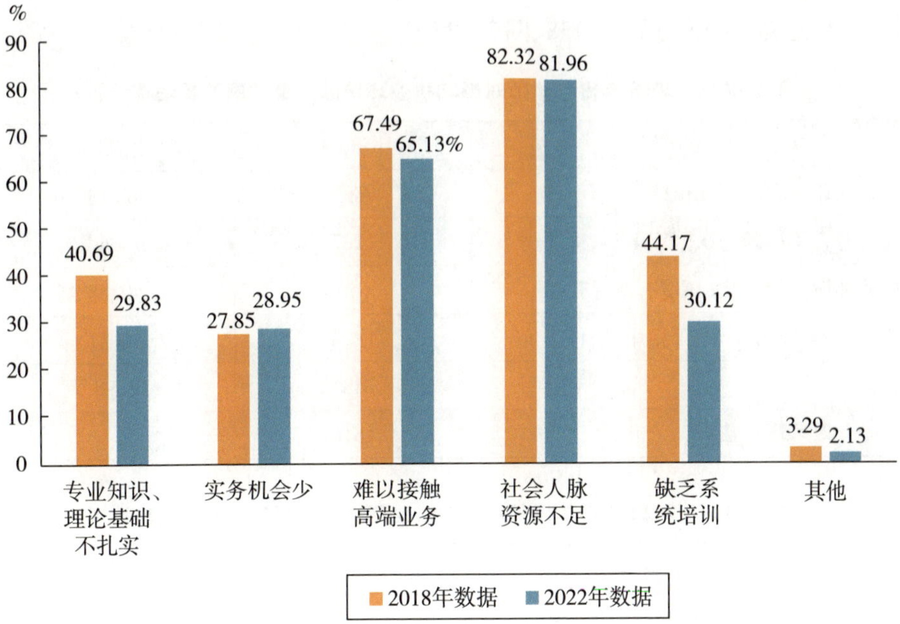

图 3-129 2018 年与 2022 年青年律师对业务发展困境看法的对比示意

(二)2018 年与 2022 年青年律师对影响执业环境的主要问题的看法对比

问卷调查显示,2018 年有约 80.21% 的青年律师认为“竞争激烈、压力大、同行相斥、争相压价”是影响青年律师成长执业环境的主要问题;有约 73.64% 的青年律师认为“社会对青年律师认同度不高、案源少”是主要问题;有约

42.18%的青年律师认为"律师执业权利得不到保障"是主要问题;有约40.88%的青年律师认为"执业环境不好,司法环境有待提升"是主要问题。"其他"选项中填写内容主要为专业系统的培训少、青年律师社会资源有限、执业成本高等。

2022年有约85.60%的青年律师认为"竞争激烈、压力大、同行相斥、争相压价"是影响青年律师成长的执业环境的主要问题,高于2018年的80.21%;其次是"社会对青年律师认同度不高、案源少",占比约为74.93%,略高于2018年的73.64%;"执业环境不好,司法环境有待提升"的占比约为39.67%,略低于2018年的40.88%。比较明显不同的是,2022年有约为37.29%的青年律师认为"律师执业权利得不到保障"是主要问题,相较于2018年的42.18%有明显下降。(参见表3-137、表3-138、图3-130)

表3-137 2018年青年律师对影响执业环境的主要问题的看法统计

选项	小计/人	比例/%
律师执业权利得不到保障	680	42.18
社会对青年律师的认同度不高、案源少	1187	73.64
执业环境不好,司法环境有待提升	659	40.88
竞争激烈、压力大、同行相斥、争相压价	1293	80.21
其他	48	2.98
本题有效填写人数	1612	—

表3-138 2022年青年律师对影响执业环境的主要问题的看法统计

选项	小计/人	比例/%
律师执业权利得不到保障	769	37.29
社会对青年律师的认同度不高、案源少	1545	74.93
执业环境不好,司法环境有待提升	818	39.67
竞争激烈、压力大、同行相斥、争相压价	1765	85.60
其他	49	2.38
本题有效填写人数	2062	—

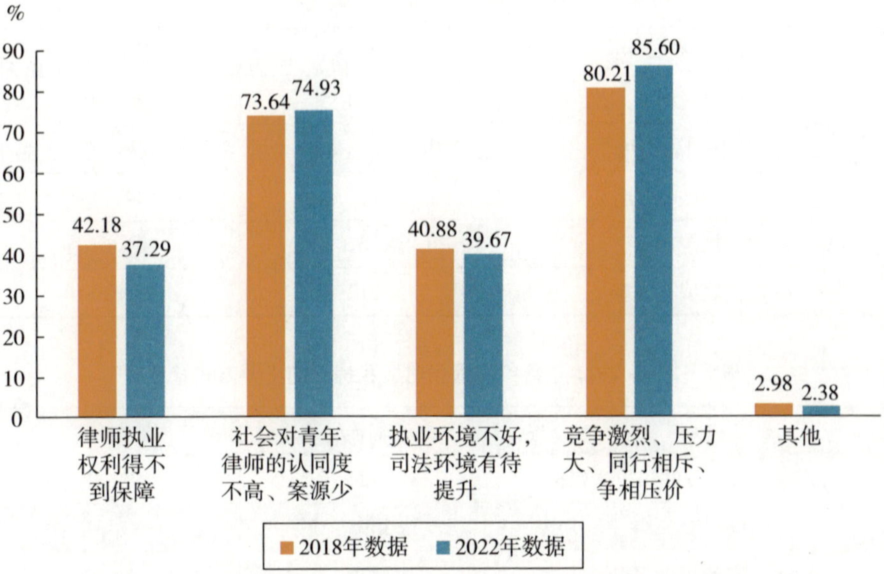

图 3-130　2018 年与 2022 年青年律师对影响执业环境的主要问题的看法的对比示意

四、2018 年与 2022 年青年律师其他方面的数据变化对比

（一）2018 年与 2022 年青年律师平时自我提升的主要方式的对比

问卷调查显示，2018 年超过八成青年律师平时以自学的方式自我提升；选择“脱产读研或留学”的人数比例不到一成。

2022 年超过九成青年律师以“自学专业书籍、文件和司法判例”方式自我提升；选择“同行交流”“通过实务培训提升”的比例均在 70% 左右。

通过 2018 年与 2022 年的数据对比可知，青年律师通过提升学历或留学等方式自我提升的占比均较低。（参见表 3-139、表 3-140、图 3-131）

表 3-139　2018 年青年律师平时自我提升的主要方式统计

选项	小计/人	比例/%
自学	1294	80.27
向其他律师请教、交流	1071	66.44

续表

选项	小计/人	比例/%
参加培训	1043	64.70
多接触实务、边干边学	1232	76.43
脱产读研或留学	76	4.71
其他	26	1.61
本题有效填写人数	1612	—

表 3－140　2022 年青年律师平时自我提升的主要方式统计

选项	小计/人	比例/%
自学专业书籍、文件和司法判例	1924	93.31
同行交流	1595	77.35
通过实务培训提升	1435	69.59
学历提升	125	6.06
其他	21	1.02
本题有效填写人数	2062	—

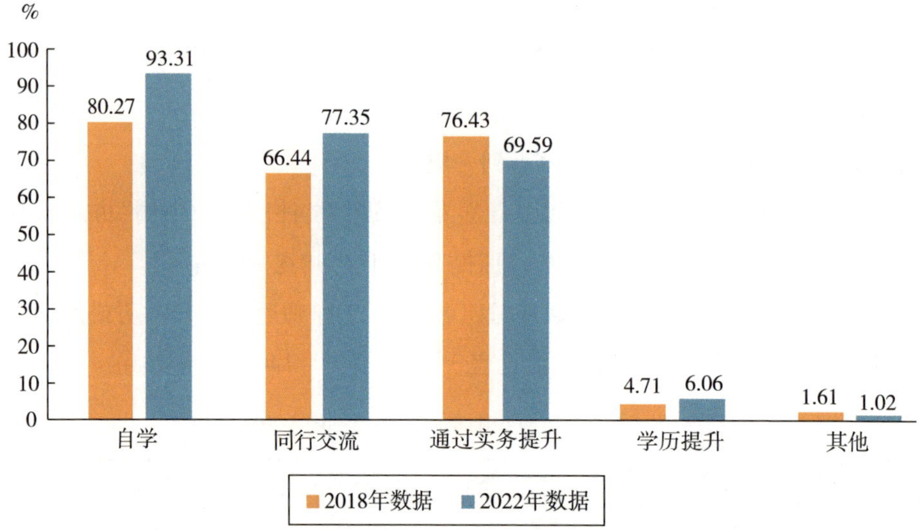

图 3－131　2018 年与 2022 年青年律师自我提升的主要方式对比示意

(二)2018年与2022年青年律师对所在律所认同感的对比

问卷调查显示,2018年青年律师中有约57.01%的人对所在律所很有感情、有认同感、愿意在本所发展;2022年青年律师中对所在律所很有感情、愿意长期在该所发展的人仅占约33.17%,2022年的比例下降幅度较大,下降比例约为23.84%。(参见表3-141、表3-142、图3-132)

表3-141　2018年青年律师对所在律所的认同感统计

选项	小计/人	比例/%
很有感情、有认同感、愿意在本所发展	919	57.01
没有认同感,希望去更好的律师事务所发展	158	9.80
无所谓,只是执业的场所而已	412	25.56
临时在该所,等时机成熟时离开	123	7.63
本题有效填写人数	1612	—

表3-142　2022年青年律师对所在律所的认同感统计

选项	小计/人	比例/%
很有感情,愿意在该所长期发展	684	33.17
有感情,但最多是作为执业平台	771	37.39
有感情,但无长期打算,等待时机成熟会选择离开	441	21.39
已有离开的打算	166	8.05
本题有效填写人数	2062	—

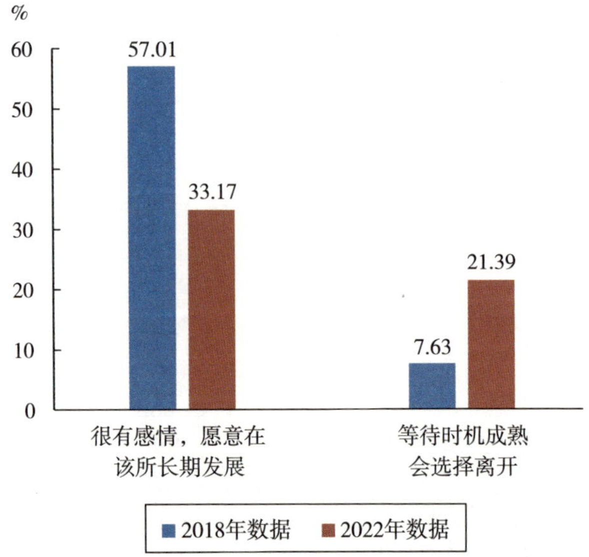

图 3－132　2018 年与 2022 年青年律师对律所认同感情况的对比示意

(三)青年律师认为所在律所在青年律师培养方面的突出问题的对比

问卷调查显示,2018 年青年律师认为所在律所在青年律师培养方面的突出问题,排在前三位的依次是“没有制度、缺乏计划、培训不成系统”“重复低层次工作”“资深律师不愿花时间精力予以指导”;2022 年青年律师认为所在律所在青年律师培养方面的突出问题,排在前三位的依次是“没有制度、缺乏计划、培训不成系统”“律所不愿意提供高端业务供青年律师学习、实践”“重复低层次工作”。以上突出问题中,“没有制度、缺乏计划、培训不成系统”是青年律师认为律所在青年律师培养方面最突出的问题,2018 年的占比约为 66.63%,2022 年的占比约为 62.32%,占比均超过六成。(参见表 3－143、表 3－144、图 3－133)

表 3－143　2018 年律所在青年律师培养方面的突出问题统计

选项	小计/人	比例/%
没有制度、缺乏计划、培训不成系统	1074	66.63
资深律师不愿花时间精力予以指导	689	42.74
合伙人不愿花钱投入	589	36.54

续表

选项	小计/人	比例/%
律所不愿提供高端业务供青年律师学习、实践	670	41.56
重复低层次工作	697	43.24
其他	118	7.32
本题有效填写人数	1612	—

表 3－144　2022 年律所在青年律师培养方面的突出问题统计

选项	小计/人	比例/%
没有制度、缺乏计划、培训不成系统	1285	62.32
资深律师不愿花时间精力予以指导	597	28.95
合伙人不愿花钱投入	542	26.29
律所不愿提供高端业务供青年律师学习、实践	785	38.07
重复低层次工作	736	35.69
其他	148	7.18
本题有效填写人数	2062	—

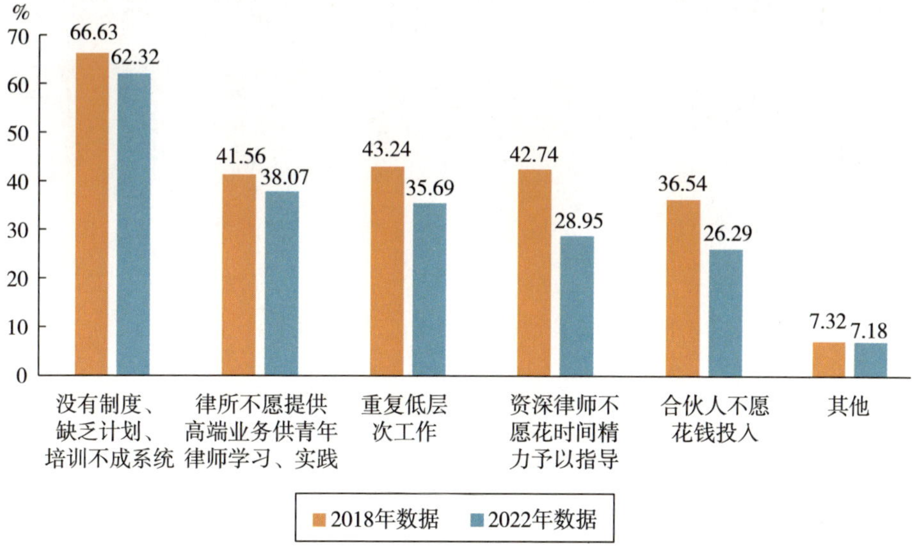

图 3－133　2018 年与 2022 年青年律师认为律所在青年律师培养方面的突出问题的对比示意

CHAPTER

4

第四章

改善青年律师执业成长环境的措施与建议

青年律师是行业的基石和未来，青年律师的成长和发展事关律师事业的高质量可持续发展。党的二十大报告对青年和青年工作有专门的重要论述，并提出全党要把青年工作作为战略性工作来抓，为新时代青年律师工作指明了前进方向。近年来，深圳市律师协会始终坚持以问题为导向，通过深入调研，准确把握青年律师成长与发展过程中的困难和需求，有的放矢，在帮助青年律师提高执业技能、搭建青年律师展示平台、增强青年律师执业荣誉感等方面进行了创新和探索。

一、回顾

2018 年，深圳市律师协会完成对千名青年律师生存状况的调研后，在原有青年律师传统优秀活动、计划的基础上不断创新，如在持续实施“十年千人”计划，举办“传道 · 传业 · 传承”对话活动沙龙的基础上，同步推出一系列有针对性的举措，近万人次青年律师参与其中。可以说，2018 年青年律师调研报告的整理发布，为青年律师工作的开展打下了坚实的基础，指明了方向：

1. 2018 年问卷调查显示，超过七成的青年律师愿意承办法律援助案件，但接近七成的青年律师没有办理过法律援助案件。深圳市律师协会青年律师工作委员会（以下简称协会青工委）走访全市法律援助处，就青年律师办理法援案件过程中的热点和难点问题深入交流沟通。撰写《深圳青年律师办理法律援助案件情况调查报告》谏言人大代表，在深圳市司法局和深圳市财政局的大力支持和推动下，于 2019 年 9 月提高法律援助补贴标准，并降低或取消办理法律援助案件律师的准入门槛，努力为青年律师拓展业务创造条件。

2. 2018 年问卷调查显示，九成以上的青年律师执业以来没有在相关杂志上发表过法律专业文章。针对青年律师写作较少，缺乏平台展示的问题，《深圳青年律师文摘》（电子杂志）创刊号于当年“五四”青年节发布，该展示平台受到青年律师欢迎，在青年律师群体中产生广泛影响。协会青工委和部分投稿被录用的青年律师进行了座谈交流，听取意见与心声。

3. 2018年问卷调查显示，在青年律师对律师身份认同方面，认为自豪、有职业荣誉感的超过六成，但其他选项仍接近四成。为了增强青年律师职业荣誉感，以庆祝改革开放40周年暨深圳市律师协会成立30周年纪念大会为契机，协会组织青年律师于莲花山公园经济特区纪念园举行宣誓仪式，并同步发布"青囊计划"助力青年律师更好发展。让青年律师执业更有仪式感，不忘初心。

4. 2018年问卷调查显示，超过七成青年律师认为社会对青年律师的认同度不高、案源少是影响青年律师成长执业的主要问题。协会青工委通过举办青年律师"青年律师悦读书"和"青年律师脱口秀"等活动帮助青年律师内强素质、外树形象，让社会各界更了解青年律师。

5. 2018年问卷调查还显示，超过四成青年律师认为专业知识、理论基础不扎实（专业能力问题）是影响青年律师执业最为关键的主要困境；有接近三成的青年律师认为专业能力问题是主要困境。与此同时，只有约2.67%的青年律师表示从未参加过律师协会的培训，对培训的效果评价积极。协会青工委通过举办"青年律师成长"系列沙龙，助力青年律师在理论和实务方面的提升。

此外，协会采取减免会费、通过"青囊计划"发放新执业青年律师福利等方式对青年律师给予支持。协会青工委还通过走访律所、举办律所青年律师联席会议，以期更深入地了解青年律师的发展困难、发展需要，号召律所给予青年律师更多的扶持。

二、现状

2020年，突如其来的新冠疫情打乱了各行业的发展，律师业亦遇到前所未有的困难，尤其是青年律师的业务拓展可谓举步维艰。对于本就不易的青年律师而言无疑是雪上加霜。但是，深圳律师行业规模仍在高速发展，特别是律师执业人数在2022年突破2万人大关，深圳青年律师人数更从原来的6000余人快速增长至如今的12,000余人。

为此，协会青工委收集需求，并与部分律所联系优秀课程，开展线上分享、学习直播，希望在一定程度上缓解青年律师的焦虑和压力。随着疫情变化情况，协会还邀请专家举办心理调适等专题讲座，缓解会员心理压力，解决青年律师面对疫情所产生的焦虑、抑郁等负面情绪等。疫情有所缓解时期，积极协调律师复工困难，帮助律所有序复工，希望尽快回到正常轨道。即便如此，律师业务开展仍面临着巨大的困难和挑战。律师会见、参与庭审不时暂停、延期，出差、办案也因各地疫情政策，或无法前行，或出发后滞留于当地。律所业务的锐减、收缩，同样不可避免地影响着青年律师的收入。

尽管面临巨大的压力，但深圳青年律师在这场疫情中以不同方式通力配合、积极参与疫情防控各项工作，在复工复产指引，为疫情受困个人、企业提供法律帮助，为经济发展提供法律服务等工作起到了中坚力量、模范作用。这非常难得，从今年的问卷调查情况同样可以发现这一点，例如，超过80%的受访青年律师表示业务受到新冠疫情不同程度的影响，但问卷调查同时显示，即使是在疫情冲击之下，仍有七成的受访青年律师对律师职业前景持乐观态度，即便在发展处境较艰难的时刻，青年律师们仍热心公益，愿意奉献时间、精力和专业回馈社会，勇于承担社会责任。

在此情况下，协会既关注到青年律师的努力，又注意到他们面临的困境，故再次启动深入调研，希望能够为青年律师纾困赋能、帮其渡过难关。2022年4月1日，深圳市律师协会出台《深圳律师行业纾困十条》，对于30岁以下的在深圳实习并首次申请执业的青年律师继续减免会费。举办“会长恳谈会”，更近距离地与青年律师对话，倾听他们的困难和建议。集中表彰一批在行业内表现优秀的青年律师，推动深圳律师行业人才梯队建设，鼓舞和激励广大青年律师及律师行业从业者推进行业持续发展。近来举办的青年律师讲书人大赛、停摆两年后重启的第二十届律师运动会上，都活跃着青年律师的身影，丰富了青年律师的文体生活，促进交流互鉴。

为了让青年律师行稳致远，待将来抓住机遇，有更好的发挥，协会发布“雏鹰振飞计划”重点帮扶执业3年以下的青年律师转型突围，提升个人职业素养、掌握执业技能、缓解职场压力。协会以统一购买、达成合作等方式提供企查查、北大法宝、聚法案例等账户福利助力深圳律师，尤其是青年律师提升工作效率。

同时,抓住"企业合规""社会治理"等律师业务发展新需求领域,提前部署,为青年律师创造更多机会,强化内功,迎接挑战,以待更好地翱翔。

三、建议

(一)司法行政部门

1. 2022年问卷调查显示,约有37.29%的青年律师认为"律师执业权利得不到保障"是影响青年律师成长执业环境的主要问题,相较于2018年的数据(42.18%)略有下降。这显然离不开深圳市各级司法行政部门在创造更好环境,重视、保障律师执业权利方面所做的努力。另外,接近四成的青年律师希望进一步完善执业权益保护,说明律师行业仍需要司法行政部门在积极协调人民法院、人民检察院、公安机关等落实律师执业权益保障方面给予更多支持,如畅通案件查询、联系渠道,依法确保律师调查权、审限制度落实到位,共同促进法律职业共同体建设和发展。

2. 青年律师热心公益,愿意奉献时间、精力、专业回馈社会,承担社会责任,但通过2018年和2022年的问卷调查数据对比,青年律师在承办法律援助案件方面没有明显改观,仍有超过七成的青年律师未办理过法律援助案件,与超过七成的青年律师愿意办理法律援助案件的反差没有得到明显改善,期待司法行政部门积极创造条件,为青年律师办理法律援助案件提供更多便利措施。

(二)律师协会

1. 2022年问卷调查显示,超过八成青年律师选择希望通过"建立扶持、激励青年律师的政策机制"来提高执业能力。协会可制定出台"深圳市律师事务所扶持青年律师发展的指导意见",鼓励律所在青年律师的培训、帮扶、保障、交流、激励等方面给予青年律师执业更多的帮助和便利。鼓励律所设立青年律师发展基金,制定公共案源分配机制,对于执业初期的青年律师给予公共案源支持、必要费用减免等扶持举措。

2. 充分挖掘青年律师尤其是执业初期的青年律师,在成长不同阶段所面临的实际问题和需求，如整合优秀律师的执业经验和办案技能，出台新执业律师实战读本，快速提升执业初期青年律师的工作效率和实务操作能力。同时，协会应定期开展新执业青年律师执业风险防范和警示教育，提高其执业风险防范意识和能力。

3. 多渠道、跨行业搭建青年交流平台，组织青年团体之间交流学习，共同探讨分享职业经验、执业困惑和社会热点等问题。同时，组织青年律师积极参与国内、国际的行业论坛，加强行业内外青年交流与互动，拓宽青年律师视野，促进交流与合作。

4. 加强青年律师宣传表彰工作，对于参与法律援助、社区公众普法、法治志愿团讲师等促进深圳法治建设，以及热心参与社会公益、疫情防控工作等表现突出的青年律师给予表彰及宣传，树立青年律师良好的社会形象，增强青年律师执业归属感和荣誉感。

5. 针对不少青年律师反映的同行间低价竞争，以及法律服务公司通过虚假承诺、夸大宣传等不正当方式吸揽客户的现象。协会应当制定行业低价恶性竞争行为的查处规则，优化律师执业环境，鼓励和保护会员之间的公平竞争，同时积极向有关政府主管部门反应诉求，打击法律服务公司的虚假宣传违法行为，促进法律服务市场的良性可持续发展。

（三）律师事务所

1. 问卷调查显示，约55.43%青年律师所在的律所没有专门的青年律师指导机构。针对这一现状，应鼓励律所设立青年律师工作机构，专门负责研讨青年律师发展需求，助力青年律师破解发展中的困境和问题，帮助青年律师快速成长。

2. 问卷调查显示，无论对目前律所的认同感是何种程度的青年律师，认为“没有制度、缺乏计划、培训不成系统”是其所在律所青年律师培养方面的突出问题的占比均是最高的。因此，律所应建立青年律师的培养体系，制订培训培养计划、组织各类专业技能培训，创造丰富多样的外部培训和实践机会，满足青年律师的培训需求，是青年律师成长的重中之重。

3. 问卷调查显示,超过六成的青年律师有过职业发展规划,但不是很清晰、具体,一成左右的青年律师没有目前阶段的职业发展规划。同时,职业规划也会影响青年律师对律所的选择。律所须响应青年律师发展需求,在初期阶段引导、鼓励、支持青年律师适应职业环境,开办职业规划专题讲座,探索职业规划发展。并且总结经验,研究形成指导青年律师职业规划方案,不仅帮助青年律师提升,让青年律师看到前景、希望,也有助于为律所留住人才。

4. 问卷调查显示,在影响青年律师成长执业环境的主要问题上,有约74.93%的青年律师认为“案源少”是最主要的问题;同时,有约55.87%的青年律师认为目前最大的压力为案源压力。因此有必要通过探索律所内部多元化合作机制和内部团队协助机制,协调公共案源、法律援助案件,竭力为青年律师拓展案源和提高收入。

5. 问卷调查显示,青年律师认为自己身体状况为亚健康和一般的合计占比约为48.84%;认为自己心理健康状况非正常(包括工作生活单调、压力大烦躁、不稳定)的占比约为56.4%。由此可见,近一半青年律师的身心健康都不同程度地出现了问题,律所有必要关注青年律师成长中的身心健康问题,尤其是加强青年女律师权益保障,关爱青年女律师婚姻、生育等问题,促进青年律师群体生活和身心健康成长和发展。

6. 律所应设立青年律师发展基金,专项用于开展本所青年律师工作,通过开展评先评优活动为青年律师设置相应奖励,同时加强对青年律师的宣传表彰工作,进一步提升青年律师的荣誉感和职业感。

(四)青年律师自我提升和发展

1. 青年律师应充分认识律师行业的新生态,制定自己的职业规划,虚心向指导老师和同行优秀律师请教学习,刻苦钻研、久久为功。

2. 青年律师应规范执业,坚守职业道德与执业纪律,以德才兼备作为对自身的基本要求,绝不触碰职业道德和执业纪律的红线。

3. 青年律师要热爱法律行业,常怀感恩之心,不辜负所在律所和指导老师的培养,增强对行业特别是对律所的归属感和责任感。

4. 青年律师要时刻保持学习的心态，多渠道、多平台、多维度提高自我素养。同时需要多“走出去”，参与各类演讲比赛、论坛，发表文章等行业内外的交流活动，展现自我的同时，拓展人际交往和增长社会阅历。

5. 青年律师要培养阳光乐观的心态，加强身体锻炼，唯有拥有了健康的体魄和乐观积极的心态，才能更好地服务社会、服务当事人。